faça a pergunta certa

faça a
pergunta
certa

JEFF WETZLER

faça a pergunta certa

Tradução
Sandra Martha Dolinsky

1ª edição

best.
business
Rio de Janeiro | 2024

CIP-BRASIL. CATALOGAÇÃO NA PUBLICAÇÃO
SINDICATO NACIONAL DOS EDITORES DE LIVROS, RJ

W553f

Wetzler, Jeff
    Faça a pergunta certa / Jeff Wetzler ; tradução Sandra Martha Dolinsky. - 1. ed. - Rio de Janeiro : Best Business, 2024.

    Tradução de: Ask
    ISBN 978-65-5670-047-2

    1. Comunicação. 2. Perguntas e respostas. 3. Pensamento crítico. I. Dolinsky, Sandra Martha. II. Título.

24-93874

CDD: 153.42
CDU: 159.955

Meri Gleice Rodrigues de Souza - Bibliotecária - CRB-7/6439

Título em inglês: Ask: Tap Into the Hidden Wisdom of People Around You for Unexpected Breakthroughs In Leadership and Life

Copyright © 2024 by Jeffrey R. Wetzler
Copyright da tradução © 2024 by Editora Best Seller Ltda.

Capa: Adaptada do design original de Amanda Kain
Copyright da capa © 2024 by Hachette Book Group, Inc.

Ilustrações do interior do livro por Kendal Dooley

Esta edição foi publicada mediante acordo com a Hachette Go, um selo da Perseus Books, LLC, uma subsidiária do Hachette Book Group, Inc., Nova York, Nova York, EUA. Todos os direitos reservados.

Todos os direitos reservados. Proibida a reprodução, armazenamento ou transmissão de partes deste livro, através de quaisquer meios, sem prévia autorização por escrito.

Texto revisado segundo o Acordo Ortográfico da Língua Portuguesa de 1990.

Direitos exclusivos de publicação em língua portuguesa somente para o Brasil adquiridos pela
Best Business, um selo da Editora Best Seller Ltda.
Rua Argentina, 171 – Rio de Janeiro, RJ – 20921-380 – Tel.: (21) 2585-2000, que se reserva a propriedade literária desta tradução.

Impresso no Brasil

ISBN 978-65-5670-047-2

Seja um leitor preferencial Record.
Cadastre-se no site www.record.com.br
e receba informações sobre nossos
lançamentos e nossas promoções.

Atendimento e venda direta ao leitor:
sac@record.com.br

Aos meus mentores.

*Minha maior esperança é que este livro possa canalizar,
amplificar e transmitir aquilo que há de mais
sábio e o amor que tive a sorte de receber de vocês.*

Quem é sábio?
Aquele que aprende com cada pessoa,
como diz o ditado:
De todos os que me ensinaram, ganhei entendimento.

— Pirkei Avot 4:1

SUMÁRIO

Nota do autor — 11

Prefácio de Amy Edmondson — 13

INTRODUÇÃO: Um convite a um superpoder — 17

PARTE I: O PROBLEMA INVISÍVEL QUE AFLIGE RELACIONAMENTOS

Introdução à Parte I — 29

CAPÍTULO 1: O não dito — 31
O que você mais precisa saber e que as pessoas não vão lhe dizer?

CAPÍTULO 2: Por que as pessoas retêm informações — 45
Por que as pessoas não nos dizem aquilo que mais precisamos saber?

PARTE II: O ASK APPROACH™

Introdução à Parte II — 63

CAPÍTULO 3: Escolha a curiosidade — 65
Como você pode despertar sua curiosidade para fazer novas descobertas e conexões inesperadas?

CAPÍTULO 4: Crie um espaço seguro 95
Como fazer com que as pessoas se sintam confortáveis para falar sobre coisas difíceis?

CAPÍTULO 5: Faça perguntas de qualidade 115
Quais perguntas fazer para melhor explorar o conhecimento daqueles ao seu redor?

CAPÍTULO 6: Escute para aprender 139
Como escutar o que alguém está tentando lhe dizer?

CAPÍTULO 7: Reflita e reconecte-se 159
Como colocar as conversas em prática?

PARTE III: APLICANDO O ASK APPROACH NA LIDERANÇA E NA VIDA

Introdução à Parte III 179

CAPÍTULO 8: Faça da pergunta o *seu* superpoder 181
Como se tornar um excelente inquiridor?

CAPÍTULO 9: Faça da pergunta o superpoder de sua *organização* 201
Como desbloquear a inteligência coletivo de sua equipe?

CAPÍTULO 10: Faça da pergunta o superpoder da *próxima geração* 219
Como deixar de reprimir a curiosidade das crianças e incentivá-las a perguntar?

EPÍLOGO: Viva as perguntas, conserte o mundo 237

Agradecimentos 245

Notas 257

Obras consultadas 269

NOTA DO AUTOR

OS NOMES E AS HISTÓRIAS MENCIONADOS NO LIVRO VARIAM ENTRE REAIS E fictícios. Quando nomes e sobrenomes reais são citados nas histórias, é com a permissão das pessoas envolvidas ou porque já são de domínio público. Quando apenas o primeiro nome é utilizado, as histórias são adaptadas por meio da alteração desses e de detalhes importantes para proteger o anonimato. Além disso, em alguns casos, acrescentei vários exemplos a um relato para enfatizar a questão defendida.

PREFÁCIO

É UM PRAZER OFERECER ALGUMAS REFLEXÕES INICIAIS PARA ESTE NOVO E notável livro sobre o desafio de aprender o que mais precisamos saber sobre as pessoas ao nosso redor. Acredito que o sucesso das organizações atuais — tanto do setor público quanto do privado — dependerá da nossa vontade de enfrentar essa situação, de modo individual e coletivo. Este livro explica por que essa questão é importante, por que persistir e como podemos melhorar o nosso desempenho.

Nas minhas pesquisas e no magistério na Harvard Business School, descobri que inúmeros executivos e estudantes de MBA estão presos a formas de comunicação que os impedem de alcançar seus objetivos. A maioria obteve sucesso por saber as respostas certas, e, infelizmente, isso incutiu neles o hábito de pensar de forma pouco curiosa, o que influencia de maneira sutil, porém problemática, suas interações sociais. Para evoluir, é preciso renovar a curiosidade inata e expressá-la em novas perguntas, e ao mesmo tempo aprender a escutar atentamente as respostas fornecidas. Todos nós *precisamos* aprender com quem trabalhamos e convivemos. Neste livro de fácil leitura, compassivo, inteligente e útil, Jeff Wetzler nos ensina a fazer justamente isso.

Nas páginas a seguir, você conhecerá habilidades práticas que o ajudarão a liderar de maneira humilde, baseadas no questionamento — algo de que você e sua empresa precisam desesperadamente. Enquanto estive pesquisando um assunto semelhante nas últimas três décadas, Jeff dedicava seus renomados talentos à descoberta das melhores maneiras de ajudar as pessoas a dominar a arte de aprender com os outros. Muito me alegra que ele tenha feito isso. O resultado desse trabalho, apresentado nesta obra, é tão atemporal como oportuno.

Comecemos com o atemporal. Jeff e eu tivemos o privilégio de estudar com mestres pensadores e profissionais, entre os quais se destaca um de meus orientadores de doutorado em Harvard, Chris Argyris, que, em sua longa e produtiva jornada intelectual, iniciada há mais de seis décadas, descobriu e analisou pela primeira vez os padrões de pensamento e habilidades elucidadas neste livro. Jeff e eu também tivemos o prazer de aprender com a aluna mais obstinada de Chris, minha amiga — que também já foi minha coautora — Diana Smith, cujo trabalho explica de forma brilhante a persistência da dinâmica prejudicial de não aprendizagem individual e em grupo, além de simplificar as ideias e habilidades de que precisamos para não empacarmos. Tudo isso deu a Jeff (e a mim) confiança para dizer que o aprendizado interpessoal em equipes e empresas sempre determinou até que ponto as pessoas cooperam, resolvem problemas e alcançam metas impressionantes juntas. Mas, como documentou Argyris, nosso condicionamento social impede a prática da aprendizagem necessária para prosperarmos nesse caminho. Além disso, essas descobertas robustas criam desafios atemporais.

Por que falar sobre isso? Porque os problemas que enfrentamos hoje — nas empresas, nas escolas, nas organizações sem fins lucrativos e na política — nunca foram tão espinhosos nem tão importantes. Vivemos em tempos incertos, com pontos de vista concorrentes e muitas vezes polarizados em todos os lugares. O mundo contemporâneo, com sua velocidade cada vez maior, sua esmagadora densidade de informação e a enorme complexidade das empresas e dos ambientes em que elas operam, apresenta desafios únicos à comunicação.

Tudo se resume a isto: ter a capacidade de tomar as melhores decisões possíveis diante de conflitos depende de manter conversas de alta qualidade, motivadas por uma intenção genuína de aprender e resolver problemas juntos; substituir mentalidades e hábitos de controle unilateral por aqueles de descoberta mútua. Segundo minha experiência, mentalidades e hábitos de descoberta mútua são raros, mas, felizmente, podem ser aprendidos. E é por isso que este livro é importante e oportuno.

PREFÁCIO

Por fim, em minhas pesquisas explorei como ambientes psicologicamente seguros proporcionam a aprendizagem, a experimentação, o trabalho em equipe e a inovação nas empresas. Uma coisa essas pesquisas deixaram clara: a segurança psicológica no trabalho não é a norma, e o instinto de autoproteção pode superar o instinto de aprender, crescer e contribuir. Mas quando as pessoas praticam a curiosidade, o cuidado e o compromisso de fazer a diferença, ajudam a criar espaços seguros que promovem a franqueza e a aprendizagem mútua. É por isso que concordo de forma tão veemente quando Jeff afirma que líderes, equipes e organizações comprometidos a *praticar a arte de perguntar* têm uma vantagem competitiva sobre aqueles que permanecem fechados a isso. Este livro nos ensina a aprender com as pessoas mais importantes em sua vida e em seu trabalho e, assim, a resolver problemas juntos.

Faça a pergunta certa faz um trabalho notável ao construir pontes sobre o abismo entre a teoria referente a esta área (apresentada em meio século de pesquisas e dados sobre aprendizagem interpessoal, em cujo desenvolvimento atuaram pessoas como eu) e a prática. O conhecimento produzido nas faculdades voltadas para o empreendedorismo, como a minha, só tem valor quando traduzido em ações concretas que todos possam praticar. O dom de Jeff reside em traduzir importantes informações de pesquisa em etapas que podem ser aprendidas. Além disso, aprender a perguntar aos outros o que realmente pensam, sabem e sentem nunca foi tão relevante.

Espero que você aproveite a leitura.

Amy Edmondson
Professora de Liderança e Gestão, Novartis Harvard Business School
Autora de O tipo certo de erro: A ciência de falhar bem[1]

INTRODUÇÃO

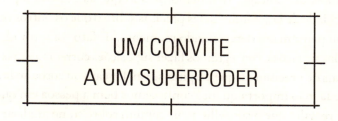

UM CONVITE A UM SUPERPODER

SE VOCÊ PUDESSE TER UM SUPERPODER, QUAL ESCOLHERIA? Quando pesquisadores fizeram essa pergunta aos estadunidenses, duas respostas empataram no primeiro lugar: *ler a mente dos outros*[1] *e viajar no tempo.*[2]

Já adiantando: este livro não fala sobre viagens no tempo. Ele aborda o nosso desejo de descobrir o que os outros realmente pensam, sentem e sabem, e um roteiro para desenvolver esse superpoder que tanta gente — inclusive eu e talvez *você*, já que comprou este livro — deseja ter há tanto tempo.

Talvez você sinta que há uma riqueza de conhecimento ao seu redor. Talvez tenha a sensação de que as pessoas não lhe dizem certas coisas ou que suavizam o que pensam (e há grandes chances de que você tenha razão). Talvez se sinta preso, repetindo os mesmos erros ou padrões frustrantes de relacionamento. Talvez desconfie — corretamente — que descobrir o que as pessoas evitam contar permitiria coisas valiosas, como crescimento, aprendizado e conexão. Talvez queira obter uma perspectiva crítica, melhorar relacionamentos, encontrar soluções mais inteligentes e tomar decisões mais acertadas e com mais rapidez, e ao mesmo tempo aliviar o fardo de ter que tomá-las sozinho. Se você se identifica com alguma dessas situações, saiba que não é o único. É por isso que tantas pessoas, inclusive eu, querem ter a capacidade de saber o que habita o coração e a mente dos outros.

Por que alguns dos entrevistados para a pesquisa citada *não* escolheram o superpoder de ler mentes? Talvez acreditem que já sabem "ler" as pessoas muito bem. Mas não devem ser tão bons nisso quanto pensam. Uma pesquisa realizada por Nick Epley, professor de ciência comportamental na Universidade de Chicago, tem demonstrado que as pessoas *superestimam* sua capacidade de fazer inferências precisas sobre o que os outros realmente sentem ou pensam em determinado momento.[3] É fato comprovado que, na maioria das situações, conseguimos fazer suposições corretas apenas com um pouco mais de precisão do que palpitar se vai dar cara ou coroa ao lançarmos uma moeda, não importa quanto conhecemos bem a pessoa em questão.[4]

Epley ressalta que o conselho mais comum sobre como analisar a mente alheia não funciona. *Leia a linguagem corporal das pessoas.* Acontece que as pessoas são muito ruins nisso.[5] *Coloque-se no lugar delas.* Também não funciona. Como Epley e seus colegas Tal Eyal e Mary Steffel descobriram por meio de 25 experimentos, tentar adotar a perspectiva do outro pouco contribui para tornar nossa análise mais precisa.[6]

Na verdade, existe apenas *uma* coisa que a pesquisa demonstrou de forma consistente e precisa que nos permite descobrir o que os outros sabem, pensam e sentem: **perguntar.** "A única coisa que descobrimos na nossa pesquisa capaz de nos fazer entender melhor o que se passa na mente de outra pessoa é perguntar a ela", diz Epley.[7]

Mas é mais fácil falar do que fazer, especialmente quando há muito em jogo. Nessas situações, questionar pode estar tão fora de alcance quanto ler a mente, viajar no tempo ou ficar invisível (também no topo da lista de superpoderes mais desejados dos estadunidenses). Muita gente teme que fazer uma pergunta acabe constrangendo a nós ou ao outro. Esse medo poderia ser superado com facilidade, não fosse o infeliz fato de que pouca gente é *ensinada* à arte e à ciência de perguntar. Embora existam muitos livros que nos incentivam e ensinam a compartilhar o que *nós* sabemos, pensamos e sentimos — ótimos livros, como *Radical Candor* e a fantástica obra de Brené Brown —, pouco foi escrito sobre como *extrair* melhor o que os *outros* sabem, pensam e sentem. Se combinar essa escassez de conhecimento com normas sociais que enfatizam a autossuficiência, a competição e a prevenção de conflitos, você começará a entender por que tanta gente evita fazer perguntas.

INTRODUÇÃO

Com este livro, quero mudar isso. Quero oferecer o superpoder mais desejado a qualquer pessoa que esteja disposta a aprender não só a fazer as melhores perguntas, como também a engajar, de forma que elas sejam bem-vindas e as respostas sejam honestas e gratificantes para todos os envolvidos.

Basicamente, eu acredito com muita convicção em três coisas:

1. Quando todos tivermos esse superpoder, estaremos mais informados, mais criativos e mais conectados. O mundo será um lugar melhor.

2. Esse tipo de superpoder pode ser *aprendido*; não é como ejetar teias de aranha dos dedos ou voar sobre edifícios. Você só precisa dominar algumas práticas específicas.

3. A maioria das pessoas ainda não aprendeu essas práticas, e aqui reside uma oportunidade incrível.

Passei os últimos 25 anos ajudando pessoas a trabalhar e aprender juntas em vários tipos de ambientes. Prestei consultoria a altos executivos de empresas da Fortune 500 no mundo todo, supervisionei o treinamento de milhares de professores, coordenei equipes de pessoas com diversas experiências e habilidades e até criei uma organização próspera do zero. Enquanto tudo isso acontecia, eu via o mesmo padrão surgir repetidas vezes. Independentemente do contexto, da função, *muitas vezes, as pessoas não conseguem aprender com os outros ao seu redor.*

MEU CAMINHO ATÉ *FAÇA A PERGUNTA CERTA*

Este livro provavelmente não existiria se eu não houvesse conhecido Chris Argyris, um renomado professor da Harvard Business School. Chris também era diretor da empresa de consultoria empresarial Monitor Group, da qual passei a fazer parte logo após a faculdade. Um homem greco-estaduni-dense brilhante, de cabelo branco ralo, sobrancelhas grossas e escuras e um sorriso curioso, ele passava a maior parte dos dias na Monitor, escondido em seu escritório sem janelas, lendo e escrevendo. Já que sua reputação como um dos maiores especialistas mundiais em aprendizagem organizacional e comunicação havia sido a razão de eu entrar na empresa, um dia reuni coragem para bater em sua porta e me apresentar. Isso deu início a um diálogo contínuo que mudaria minha vida. Os frutos da busca de Chris — busca de uma vida inteira — por descobrir por que as pessoas não aprendem mais umas com as outras ficaram gravados na minha compreensão de mim mesmo e das pessoas ao meu redor. E, a partir do Capítulo 1, você se aprofundará nos métodos mais fascinantes de Chris.

Grande admirador das teorias desenvolvidas por ele, comecei a aplicá-las no meu trabalho de gestor e consultor. Os meus esforços iniciais foram, no máximo, meio estranhos. Pelo que me lembro, a primeira vez que coloquei as ideias dele em prática foi com um subordinado direto chamado James. Depois de orientá-lo, respirei fundo e disse: "James, o que você acha do que acabei de dizer?", ao que ele respondeu: "Na verdade… achei desmotivador." Fiquei chocado; ele não transpareceu nenhum sinal dessa reação. Se eu não lhe perguntasse, teria ido embora sem perceber que havia acabado de enfraquecer nosso relacionamento, que James ficaria ali questionando seu futuro comigo naquele projeto. Além disso, não teríamos tido a subsequente conversa sobre o projeto, que acabou revelando informações que cada um de nós detinha, mas que não compartilhava com o outro — uma falha de comunicação que poderia ter prejudicado o trabalho, sem falar na nossa relação. Saí da interação pensando: "Poxa, foi estranho e constrangedor, mas, no fim das contas, um aprendizado incrível para nós dois. Quem será o próximo?"

Com o tempo e a prática contínua, minhas tentativas a princípio estranhas começaram a parecer mais naturais. Assumi mais responsabilidade na empresa, como assegurar que os consultores da Monitor no mundo todo, bem como os principais clientes, aprendessem e aplicassem os métodos pioneiros de Chris. Isso me deu a oportunidade de trabalhar com líderes de Nova York a Los Angeles, de Milão a Munique, de Seul a Tóquio, em organizações que iam desde empresas da Fortune 500 até grandes organizações não governamentais como o Banco Mundial. Durante anos, desenvolvi substancialmente meu kit de ferramentas trabalhando com mentores incríveis na Monitor, entre os quais estavam duas outras lendas nas áreas de sistemas familiares e dinâmica organizacional: David Kantor e Diana Smith.

Notei que havia três padrões consistentes nos líderes com quem trabalhava, independentemente do tipo de organização ou do continente em que se situava. Primeiro, eles relatavam muitas vezes, com espanto, que aquele *era o conteúdo mais poderoso que já haviam aprendido em sua trajetória profis-*

INTRODUÇÃO

sional e que parecia fácil e valia todo o esforço. Em segundo lugar, que eles tomavam consciência, muitas vezes pela primeira vez, de como suas ações bloqueavam os resultados que mais desejavam, prejudicavam relacionamentos e interrompiam a aprendizagem. O padrão mais importante que observei foi o terceiro: assim que começavam a trabalhar com aqueles conceitos, melhoravam muito depressa e logo abriam novas possibilidades para si próprios e para as pessoas que os rodeavam. Essas experiências confirmaram o que eu suspeitava quando era um jovem recém-formado: que eu tinha nas mãos uma preciosidade, um conjunto simples de ideias e ferramentas que poderiam desbloquear a aprendizagem, auxiliar na tomada de melhores decisões e fortalecer relacionamentos no mundo todo.

Deixei a consultoria empresarial para ingressar na organização educacional sem fins lucrativos Teach For America (TFA), onde, no início, eu parecia um peixe fora d'água. Eu era o "cara corporativo", contratado para ajudar a organização a desenvolver milhares de novos professores em todo o país e a melhorar seu desempenho. Foi uma transição violenta, e muitos colegas a princípio viam com ceticismo um especialista em gestão com pouca experiência adentrar aquele novo setor. Basta dizer que a experiência foi humilhante e que aprendi muitas lições da maneira mais difícil. Se eu não houvesse passado a década anterior desenvolvendo as práticas apresentadas neste livro, sem dúvida teria fracassado. No entanto, fiquei lá por dez gratificantes anos, durante os quais pude ajudar a TFA a crescer, a inovar e a influenciar a educação de milhões de estudantes em todo o país.

Isso nos traz ao presente. Desde 2015, sou cofundador e um dos CEOs da Transcend, ao lado de um colega e amigo próximo, Aylon Samouha. A Transcend se dedica a reinventar e modernizar a educação básica em todos os aspectos. A base do nosso trabalho é ouvir alunos, professores, pais e empregadores sobre como construir as escolas do futuro e aprender com eles. É uma organização e um modelo que não existiriam sem os superpoderes de *Faça a pergunta certa*, que me permitiram recrutar, liderar e reter talentos diversificados e de alto nível; angariar dezenas de milhões de dólares de investidores; apoiar os líderes mais visionários e comunidades vanguardistas em todo o país; e aprender e crescer constantemente como líder. O mais importante, porém, é que permitem que eu me conecte com as pessoas — muitas vezes pelas diferenças — por compreender melhor aonde vão, quem são e o que é importante para elas na vida.

O ATO DE PERGUNTAR E SUAS RECOMPENSAS MÚTUAS

Como você verá neste livro, as pessoas nem sempre contam a história toda logo de cara. Quase sempre há um pano de fundo que não será revelado a menos que façamos a pergunta certa. E essa história mais profunda é ainda mais interessante e importante que a primeira que obtemos.

Qual é a história mais profunda que me motivou a aprender a perguntar e a ouvir?

Isso remonta à minha infância e a como os fatos ocorridos nessa fase da vida moldaram minha maneira de agir. Na minha cidade, eu era uma das poucas crianças judias. Ações explícitas e sinais sutis ao meu redor faziam com que eu me sentisse um forasteiro que não estava seguro. Eu achava que estaria em segurança se permanecesse calado, então, aprendi a observar e a ouvir. Bastante. E quando me expressava, fazer perguntas me parecia mais seguro do que falar a minha opinião. Para a minha sorte, eu era um garoto curioso, tinha muitos questionamentos. Quando você utiliza uma estratégia de sobrevivência dia após dia, ela começa a se tornar seu jeito de ser.

No ensino médio, eu já era menos tímido. Fazia mágicas, um hobby sério na minha família durante muitas gerações. Mas a mágica também nos treina a não mostrar as cartas; é isso que faz a ilusão funcionar. Acabei levando essa tendência para a idade adulta, na forma de um instinto padrão de guardar as coisas dentro de mim.

O resultado de tudo isso foi que, durante grande parte da vida, fui uma pessoa cheia de ideias, conhecimentos e opiniões, inclusive segredos, que permaneciam *dentro da minha cabeça*. Meu sonho era que alguém — um amigo, colega ou convidado de uma festa — me perguntasse: "O que você acha, Jeff?" Para ser sincero, às vezes *ainda* sou essa pessoa, que fica em silêncio até que alguém me dê "permissão" para falar. Talvez você se identifique com isso.

Tudo isso para dizer: por experiência própria, cresci sabendo que as pessoas poderiam descobrir muitas informações legais se me fizessem mais perguntas. Em algum ponto do processo de amadurecimento, esse anseio solitário se transformou em um insight muito mais significativo: *se eu guardo tantas coisas para mim, talvez os outros também guardem*. E se eu considerar as milhares de pessoas com quem já cruzei na vida, quantas coisas terei perdido? Quantos conhecimentos, quantas histórias e soluções que pairavam na cabeça dos outros foram perdidos para sempre porque o mundo conspirou para fazê-los achar que seus pensamentos não tinham valor ou seriam desmerecidos por terceiros?

Hoje em dia, tenho ainda mais consciência do quanto isso é verdade e de como alguns grupos e indivíduos são mais afetados que outros por essa situação. Por exemplo, a história estadunidense segue demonstrando que falar abertamente é mais arriscado para os negros que para os brancos. Muitos grupos sub-representados confrontam esta realidade dolorosa de uma forma ou de outra, e sofrem ainda mais, porque o autossilenciamento é um fardo pesado. Dados de um estudo famoso, o Framingham Offspring Study, mostraram que as mulheres que se mantinham em silêncio no casamento tinham uma probabilidade quatro vezes maior de morrer nos dez anos seguintes ao estudo inicial, mesmo depois de controlar outros fatores de risco conhecidos, como tabagismo, pressão arterial e os efeitos do envelhecimento.[8]

Enquadrar esse fato como uma questão de vida ou morte pode parecer extremo, mas carregar o fardo do silêncio constante pode ter um impacto real na nossa saúde física e mental. Além disso, ao se calar, as pessoas privam seus colegas, suas equipes e comunidades de seu valoroso ponto de vista. Tanto como consultor quanto como líder de minhas equipes e organizações, pude ver a sabedoria confinada na mente de colegas, funcionários, clientes e até de chefes.

O lado bom é que, se adotar as abordagens deste livro, não apenas você colherá benefícios, mas também as pessoas com quem procura aprender. Aqueles que têm medo de falar vão concluir que, quando estiverem com você, estarão seguros. Poderão expressar o que sabem, sentem e acreditam. Assim sendo, perguntar é mais que uma simples ferramenta de aprendizagem: é um ato de cuidado que nos conecta com quem está a nossa volta.

Em outros casos, suas perguntas podem despertar alguém para a própria sabedoria. Nem todos vivem a experiência empoderadora de ser reconhecidos como especialistas ou mentores valiosos, mas quem realiza esse feito pode atingir seu potencial e contribuir de maneiras que ninguém imaginava.

Quando damos aos outros a oportunidade de falar aberta e honestamente, estamos oferecendo um presente, um convite à autenticidade. E, de fato, pesquisas mostram que falar de forma mais honesta traz todos os tipos de benefícios, incluindo melhora da saúde física e mental, além de tornar as relações pessoais mais gratificantes.[9]

24 FAÇA A PERGUNTA CERTA

E os benefícios não se limitam a você e ao outro. Imagine o que seria possível se conseguíssemos desbloquear o talento coletivo que reside em cada equipe e organização. Como seria criar uma geração de crianças conectadas pelo desejo comum de aprender umas com as outras? Como isso poderia ajudar a reverter a crescente polarização ao nosso redor? O que seria possível no mundo se nos relacionássemos com todas as pessoas que conhecemos, mesmo aquelas de quem discordamos veementemente, como se pudéssemos aprender algo com elas?

O ASK APPROACH™

Agora, mais de vinte e cinco anos depois de ter entrado na sala de Chris na Monitor, sintetizei tudo o que aprendi, ensinei e experimentei no **Ask Approach**™, uma metodologia baseada em pesquisas e testada na prática que pode ser dominada e aplicada passo a passo.

Seu treinamento começa na **Parte I**: você aprenderá *por que* as pessoas não compartilham o que pensam — as barreiras específicas que as levam a se reprimir e se calar. Também aprenderá quais tipos de informação elas têm *menos probabilidade* de compartilhar. (Dica: é o que você mais precisa saber!)

Na **Parte II**, você será apresentado ao **Ask Approach** em cinco passos que pode usar para desbloquear aprendizado, crescimento e conexão em qualquer área da vida.

Passo 1: Escolha a curiosidade. Vou guiá-lo por uma poderosa mudança de mentalidade a qual o impedirá de fazer suposições apressadas que limitam o aprendizado e prejudicam os relacionamentos.

Passo 2: Crie um espaço seguro. Muitas pessoas hesitam em falar mesmo quando são perguntadas. Neste livro, você aprenderá a encorajar os outros a se abrirem e a dizerem aquilo que temem ou não querem, tornando mais confortável, fácil e atraente compartilhar seus pensamentos.

Passo 3: Faça perguntas de qualidade. Conheça as perguntas de maior impacto que você deveria fazer, mas não faz, com roteiros, soluções alternativas e ideias para acompanhamento.

Passo 4: Escute para aprender. Todos nós sabemos como é importante ouvir o que as pessoas dizem, e essa prática triplica a informação que você poderá *escutar* e garante que chegue ao resultado certo.

INTRODUÇÃO

Passo 5: Reflita e reconecte-se. Você aprenderá a avaliar quais informações são de fato valiosas e a traduzir o valor delas em ação, tomando medidas para manter o ritmo de aprendizagem e aprofundar seus relacionamentos ao longo do caminho.

Por fim, na **Parte III**, você se tornará capaz de incorporar suas novas habilidades em toda sua vida: no trabalho, em casa e no mundo.

Você pode marcar as páginas, grifar trechos e ler este livro com amigos e colegas — e eu espero que o retire da prateleira sempre que encontrar situações em que aprender com os outros seja realmente importante. Quando chegar aos exercícios, recomendo que reserve um tempo para fazê-los, pois farão a diferença entre conhecer o conteúdo e colocá-lo, de fato, em prática. Você também pode acessar as principais ferramentas e os métodos apresentados neste livro em um só lugar visitando o site www.AskApproach.com (em inglês).

UM RISCO QUE VALE A PENA

Aprender uma maneira mais profunda e humilde de interagir com as pessoas importantes na sua realidade não é algo livre de riscos. Exige muito trabalho e coragem, além de uma boa dose de investimento emocional. É quase impossível se abrir à aprendizagem sem, às vezes, sentir-se vulnerável e exposto, e é por isso que tão poucos se dispõem a fazer isso. Entretanto, quanto mais as pessoas se disponibilizam, mais fácil isso se torna. Esta é uma oportunidade de sair na frente, não importa em que fase da vida você esteja.

Depois de ver tantas pessoas terem sucesso com estas práticas, sei que qualquer um é capaz de aplicá-las, e é por isso que vale a pena o esforço. **Haverá, pelo menos, três benefícios:**

1. **Melhores resultados.** Você tomará decisões mais inteligentes com base em uma gama mais completa e precisa de informações, será cocriador de soluções mais inovadoras; superará os conflitos mais rapidamente; e se tornará mais produtivo e criativo.

2. **Relacionamentos mais fortes.** Você se conectará de forma mais profunda com as pessoas, mesmo se elas não parecerem, falarem ou pensa-

rem como você. Todos serão recompensados ao desbloquear o fluxo de informações, e mais confiança e conexão florescerão.

3. **Crescimento e evolução em alta velocidade.** Você receberá feedbacks mais honestos e sugestões úteis, além de descobrir seus pontos cegos. Quando aprender se tornar parte de você, será muito mais seguro experimentar e até hesitar. Livre-se do fardo de fingir que tem todas as respostas e você crescerá de maneira profunda e inesperada.

Enquanto escrevo este livro, o mundo desperta para o imenso poder da inteligência artificial por meio do advento dos chatbots alimentados por grandes modelos de linguagem. Embora a IA esteja mudando muitos aspectos da vida, parece improvável que chegue a substituir a capacidade exclusivamente humana de se conectar com outros seres humanos de forma a produzir uma aprendizagem significativa e mútua. Em outras palavras, a tecnologia por si só nunca será suficiente para produzir esses benefícios. No entanto, como você verá nos Capítulos 3, 5 e 6, existem maneiras novas e interessantes de usar a tecnologia para potencializar seus esforços para aprender e aplicar o Ask Approach.

Seja usando IA, seja fazendo tudo à moda antiga, veja mais alguns benefícios que eu mesmo obtive — e vi outros obterem — ao usar o Ask Approach. Você gostaria de ver algum destes resultados em seu trabalho ou em sua vida?

- Descobrir qual é sua *verdadeira* posição em um relacionamento importante e o que fazer para melhorar as coisas.
- Sair de um conflito persistente com resultados satisfatórios para todas as partes, e diferentes do que qualquer um poderia ter imaginado.
- Identificar falhas fatais em seu plano *antes* de perder tempo e recursos implementando-o.
- Entender por que as pessoas o tratam de determinada maneira e como você as afeta.
- Ajudar e apoiar pessoas de quem você gosta (colegas de equipe, família, amigos) de todas as maneiras realmente necessárias para elas, mesmo quando hesitam em pedir.

INTRODUÇÃO

- Unir indivíduos com perspectivas diversas, criar conexões mais profundas, realizar coisas incríveis e extrair força das diferenças de cada um.

VAMOS LÁ

Espero que você já esteja começando a entender por que acredito que perguntar é nada menos que um superpoder. Embora *Faça a pergunta certa* esteja cheio de dicas práticas e até de frases específicas para descobrir o que você mais precisa saber sobre os outros, é de suma importância ter em mente que o conjunto de ferramentas apresentado nesta obra configura uma aprendizagem contínua. Ao fazer mais e melhores perguntas — a nós mesmos e às pessoas ao nosso redor —, nos preparamos para o crescimento e a renovação ininterruptos.

Toni Morrison disse certa vez: "Se há um livro que você deseja ler, mas ainda não foi escrito, então escreva-o."[10] Pois bem, este é um livro que eu mesmo *preciso* ler e reler. Como você verá nos capítulos a seguir, eu *ainda* tenho experiências nas quais percebo que as pessoas sabiam coisas importantes que só descobri tarde demais. Ainda há momentos em que tiro conclusões precipitadas e me esqueço de ser curioso. Tenho muitos pontos cegos que atrapalham o processo. O ato de pesquisar e escrever este livro me ajudou a recordar a importância da curiosidade e do questionamento, especialmente nos momentos em que acho que tenho absoluta razão, julgo os outros e sou rigoroso, algo bem típico do ser humano. Não pensei duas vezes antes de compartilhar esses momentos aqui porque acredito que meus problemas, minhas deficiências e meus fracassos vão ser úteis para você tanto quanto minhas habilidades e meus sucessos.

Minha maior esperança é que este livro abra mentes para o poder e a possibilidade de aprender com todas as pessoas que conhecemos, para melhorar nossos relacionamentos, nossos empreendimentos e nossas comunidades.

PARTE I

O problema invisível que aflige relacionamentos

NESTA PARTE, MERGULHAREMOS EM UM FENÔMENO QUE CHAMAMOS DE "o não dito". Refere-se aos pensamentos, aos sentimentos e às ideias que as pessoas têm, mas muitas vezes não contam.

No Capítulo 1, exploraremos as coisas mais importantes que os outros guardam na mente e no coração e nunca nos contam, e examinaremos as consequências disso.

No Capítulo 2, veremos as razões pelas quais as pessoas retêm informações, incluindo as quatro maiores barreiras ao compartilhamento.

CAPÍTULO 1

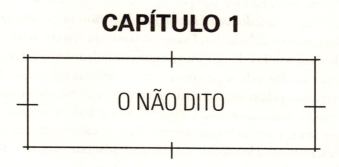

O NÃO DITO

Pergunta essencial: O que você mais precisa saber e que as pessoas não vão lhe dizer?

JÁ FOI *O ÚLTIMO* A SABER ALGO IMPORTANTÍSSIMO PARA VOCÊ E DESCOBRIU DEPOIS que algumas pessoas poderiam ter lhe dado uma pista, mas não o fizeram? Já vi isso acontecer mais vezes do que posso contar com pessoas que orientei, e ainda assim fiquei pasmo quando aconteceu comigo.

A Teach For America é uma organização sem fins lucrativos de âmbito nacional que recruta e treina recém-formados para lecionar em escolas de baixa renda, além de construir um movimento de líderes que trabalham pela igualdade educacional. Depois de quase uma década de consultoria em gestão, eu me tornei diretor de aprendizagem da organização, encarregado de ajudar a organização a dimensionar e melhorar a formação e o desempenho dos professores em todo o país. Mas meu trabalho lá teve um início bastante difícil.

Com menos de um ano no cargo, recebi um telefonema urgente. Jade, uma importante líder da minha equipe, estava me ligando para informar que o Northwest Summer Institute — um dos nossos cinco locais de treinamento **de verão** — enfrentava grandes problemas, e faltavam poucos meses para o **início do programa**. Esses institutos forneciam aos nossos recém-formados boa parte do treinamento que receberiam antes de começarem a de fato atuar nas salas de aula. Ou seja, se não conseguíssemos resolver a situação, um quinto dos nossos professores não estaria preparado para lecionar quando as aulas começassem.

Cada instituto tinha uma equipe, cujo trabalho, durante os doze meses *anteriores* ao início de todos os treinamentos de verão, era garantir que todos os detalhes estivessem alinhados. Essas equipes eram responsáveis pelas instalações de salas de aula e dormitórios na universidade anfitriã, pelas parcerias com sistemas escolares da região para as aulas práticas em cursos de verão, pela contratação e pelo treinamento de uma centena de funcionários encarregados de tudo, como a instrução, a alimentação e o deslocamento dos nossos professores de uma atividade para a outra. E quem estava comandando essas equipes? Eu. Havia estado em contato com eles e seus líderes consistentemente durante o ano e acreditava ter feito todo o possível para sermos bem-sucedidos.

Mas ali estava Jade, ligando para dizer que os principais elementos de um instituto de verão inteiro não estavam funcionando. As salas de aula da universidade anfitriã não estavam disponíveis nos horários programados; as escolas que haviam concordado que nossos professores conduzissem aulas práticas em seus cursos de verão desistiram da ideia; e as instituições de ensino que mantiveram os cursos de verão na programação estavam seguindo um currículo diferente do que esperávamos. Os principais membros da equipe responsável pela supervisão e instrução dos nossos novos professores não tinham a experiência nem as competências necessárias para realizar a formação de alto nível de que precisávamos, e alguns já haviam se demitido.

Meu coração estava acelerado quando desliguei. Fiquei olhando em silêncio para a tela em minhas mãos, atordoado, tentando processar aquela situação. Imaginei quinhentos novos professores do Northwest Institute se levantando em protesto. Pior ainda, imaginei quinhentas salas de aula no outono sem os professores bem treinados que seus alunos mereciam.

Depois de um momento de pânico, perplexo, pensei por quê, o ano todo, eu estivera tão inconsciente dos problemas que surgiam, apesar das muitas conversas que havia tido com minha equipe durante o processo. Segundo o que Jade havia descoberto, esses problemas estavam se desenrolando havia meses. Por que eu só fiquei sabendo naquele momento, quando talvez fosse tarde demais para mudar o rumo das coisas?

Felizmente, Jade agiu de forma heroica. Ela foi até o local de treinamento e trabalhou intensamente com a equipe, dia e noite, para resolver todos os problemas nas semanas anteriores ao início do programa. No fim, o instituto funcionou direitinho, e os professores foram preparados. Mas se ela não tivesse conseguido realizar esse pequeno milagre, se não tivesse refeito meses de planejamento em poucas semanas, o programa teria sido um fracasso.

Como fui pego tão de surpresa? Durante todo o tempo de preparação, eu verifiquei o andamento de tudo, procurei saber de que tipo de ajuda a equipe precisava e sempre ficava com a impressão de que, apesar de uns pequenos contratempos, as coisas estavam encaminhadas. Acontece que a equipe estava se esforçando para resolver os problemas da melhor maneira possível, mas não haviam me informado o grau das dificuldades nem solicitado minha ajuda. Resumindo, eu não sabia a real situação, pois os membros da equipe não me contavam. Embora eu fizesse muitas perguntas nas nossas reuniões, a abordagem que havia adotado não incentivava meus colegas a se sentirem seguros para serem francos sobre os desafios enfrentados, uma informação crucial que eu precisava saber *antes* que chegássemos ao ponto crítico.

Até aquele momento, eu acreditava que tínhamos relações de trabalho genuínas, que podíamos falar aberta e diretamente. Mas algo impedia as pessoas de falar nos momentos que mais importavam.

O pior foi que comecei a me perguntar: se, apesar dos riscos, eles não compartilharam informações comigo desta vez, que outros pensamentos, crenças e sentimentos podem estar guardando para si?

A COLUNA DA ESQUERDA

No início da minha carreira, aprendi um nome para esse padrão aflitivo e comum de retenção de informação. Foi no meu primeiro emprego depois da faculdade, na Monitor Group. Como empresa de consultoria, o sucesso da Monitor dependia da nossa capacidade de encontrar informações com potencial para gerar as melhores soluções para as organizações dos nossos clientes. Para desenvolver recomendações de qualidade, informações de todos os tipos precisavam fluir continuamente, de nossa equipe para os nossos clientes e vice-versa.

Por causa disso, a Monitor investia pesado na compreensão do que poderia bloquear a capacidade de as pessoas aprenderem umas com as outras e o que poderia fazer a respeito disso. Chris Argyris, o professor que mencionei na Introdução, era a liderança intelectual necessária para colocar o esforço em ação. Chris atuava na Harvard Business School e na Graduate School of Education, e tinha como missão compreender e superar os obstáculos à aprendizagem das pessoas nas organizações.

O trabalho desempenhado por Chris com líderes de empresas do mundo todo começava, muitas vezes, com *o caso das duas colunas*. Ele pedia a alguém que traçasse uma linha vertical no meio de uma folha de papel em branco. A coluna da direita conteria um diálogo real — até onde a memória da pessoa permitisse — de uma interação recente. Na coluna da esquerda, ela anotaria os pensamentos e sentimentos que teve durante a interação, mas que guardou para si.

Para que você tenha uma ideia de como era, deixo aqui um exemplo simples. O redator do caso era um gerente de projeto de uma empresa de consultoria, e ele interagia com uma cliente que considerava difícil:

PENSAMENTOS E SENTIMENTOS NÃO DITOS DO GERENTE	DIÁLOGO REAL
Você só pode estar de brincadeira! Nós nos reunimos três vezes na semana passada! Cada vez que temos que nos preparar para uma reunião com você, interrompemos o processo de pesquisa, e isso atrasa tudo.	Cliente: Gostaria de marcar uma reunião com você para discutir a pesquisa que sua equipe está fazendo.
Vou ver se consigo enrolar essa cliente um pouco para conseguirmos trabalhar.	Eu (Gerente): Ok, é sempre um prazer nos reunirmos. A equipe está coletando os dados, talvez seja melhor que o encontro aconteça quando tivermos analisado os números.
Sei que você está preocupada com o cronograma, e eu também! Estamos atrasados porque *VOCÊ* fica mudando de ideia toda vez que nos reunimos. Se eu fizer mais alterações, o custo do projeto vai ultrapassar o orçamento e vamos perder o prazo. Daí, a equipe será desfeita e nós dois vamos nos ferrar.	Cliente: Na verdade, prefiro fazer a reunião antes, porque estou preocupada com o cronograma. Tenho uma apresentação para o conselho e preciso de alguns dados. Também tenho umas ideias e informações novas para você.
	Eu (Gerente): Claro, vamos marcar uma reunião de acordo com a sua disponibilidade.

Observe quanta coisa o redator do caso evita dizer à cliente e note a dissonância entre a mensagem transmitida e o que ele pensa de verdade.

No final deste capítulo, você terá a oportunidade de fazer este exercício redigindo seu próprio caso de duas colunas. Se você for como a maioria das pessoas, incluindo eu, sua coluna da esquerda vai acabar lotada. Talvez pense (mas não diga) coisas como:

> *Como ela não entende que essa ideia é péssima?*
> Ou:
> *Você não tem ideia do que sua equipe está fazendo. Por que não cala a boca e nos ouve?*
> Ou:
> *Estou muito decepcionado com você.*
> Ou:
> *Ela acha mesmo que a culpa é minha? Não percebe que tudo já estava errado antes de eu entrar na equipe?*

Seja o que for que você pense ou sinta, uma coisa é certa: se está na coluna da esquerda, não é dito. Isso significa que o outro não tem acesso a essa informação. E isso é um problema, porque por trás dos palavrões ou julgamentos severos que ficam na sua cabeça, muitas vezes há um tesouro de pensamentos, sentimentos e informações importantes que o outro nunca vem a saber.

Sabe o que mais é verdade? A pessoa com quem você interage também tem uma coluna da esquerda. Isso significa que *ela* tem uma mina de ouro de informações, experiências, sentimentos e ideias aos quais *você* não tem acesso.

Preciso deixar claro que *nem tudo* da coluna da esquerda de nosso interlocutor é útil ou necessário. Uma parte do que encontramos ali é resultado do diálogo interno da pessoa, suas inseguranças ou seus julgamentos mesquinhos (todos nós os temos!). Por exemplo, não precisamos saber se ela acha que nosso novo corte de cabelo deixa nossa testa muito grande, ou se ela nos acha inteligentes. Mas enterradas na lama das colunas da esquerda dos outros muitas vezes estão pérolas de sabedoria. Ao aplicar as técnicas deste livro, você aprenderá a convidar seus interlocutores a compartilhar as percepções e experiências *mais* úteis e relevantes deles e a distinguir quais informações devem ser incluídas em seu repertório.

Enquanto estive na Monitor e em subsequentes funções de liderança, usei a técnica das duas colunas para ajudar a mim e aos outros — fossem consultores, clientes, líderes, funcionários ou colegas — a refletir sobre interações e desenvolver habilidades para comunicar de forma mais produtiva.[1] Ler as colunas da esquerda desses casos é como olhar por uma janela secreta que dá para uma mina de ouro de informações, pontos de vista e sentimentos importantes que vivem trancados na cabeça e no coração dos outros. As pessoas que interagem com eles nunca têm acesso a essas inestimáveis informações.

Ver a ruptura no aprendizado de meus colegas de trabalho, e na vida cotidiana de amigos e familiares — é impactante. É como assistir a um acidente de trem — que poderia ser evitado — em câmera lenta, esperando pela colisão aparentemente inevitável. Apesar de ver isso nas pessoas que ajudava e de estudar esse padrão durante minha carreira, eu mesmo ainda caio nas mesmas armadilhas nas minhas interações, nos meus papéis de líder, como pai ou membro da comunidade.

Quando não conseguimos reconhecer e superar as barreiras que levam as pessoas ao nosso redor a reter informação, abrimos mão de um enorme aprendizado, que está bem diante do nosso nariz! Além disso, quando ignoramos tanta informação valiosa, sofremos as consequências: tomamos decisões piores; não encontramos soluções criativas para problemas urgentes; nossos relacionamentos tornam-se superficiais ou se deterioram; nosso crescimento profissional e pessoal fica estagnado; deixamos de alcançar nosso potencial e de alimentar o dos outros. Todo mundo sofre.

Com o Ask Approach, como você verá neste livro, ajudamos as pessoas a passar informações úteis, mas não ditas, da coluna da esquerda para a da direita, e assim expressá-las em benefício de todos.

A MINA DE OURO NAS COLUNAS DA ESQUERDA DOS OUTROS

Uma das coisas que aprendi ao observar esse fenômeno em muitos contextos diferentes é que existem padrões previsíveis quanto aos *tipos de informação* que as pessoas tendem a guardar para si. Ao saber quais joias escondidas procurar, podemos começar a abrir as portas para o conhecimento. Com base nas centenas de casos que li ao longo dos anos, no treinamento de outras pessoas e em pesquisa em ciências sociais, identifiquei as **4 coisas mais importantes que tendemos a não revelar:**

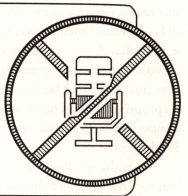

> **O que as pessoas guardam para si**
>
> 1. As dificuldades e frustrações... e no que precisam de ajuda.
> 2. Aquilo no que *realmente* acreditam ou o que sentem sobre uma questão... e de onde vem seu ponto de vista.
> 3. Feedbacks sinceros sobre você... e *sugestões que o ajudariam a melhorar*.
> 4. Os sonhos e as ideias mais ousados... que temem que parecerem loucura.

Vou contar uma história para ilustrar como funciona esse padrão.

Allison, uma gerente ambiciosa e bem-sucedida de uma empresa de marketing de médio porte, orgulha-se de fazer as coisas acontecerem e superar suas metas, ao mesmo tempo que cuida de todas as pessoas que trabalham para ela. Recentemente, contratou Dahlia para a função de gerente de projetos, com a intenção de ajudar outras pessoas e ela mesma, e tinha certeza de que havia encontrado a pessoa perfeita para o cargo. Dahlia havia crescido em seu trabalho anterior, no qual conquistou a reputação de especialista em gerenciamento de projetos.

Durante os primeiros três meses, tudo parecia estar indo bem. Dahlia logo desenvolveu conhecimento sobre a empresa, fazia ótimas perguntas e se adaptou à cultura. Com o passar do tempo, porém, começou a perder prazos, a deixar a peteca cair, o que é um sério problema para uma gerente de projetos. No início, Allison não deu muita importância a isso. O filho de Dahlia teve uma infecção na garganta, talvez ela estivesse apenas tentando equilibrar tudo. Com o tempo, porém, esse padrão persistiu e acabou piorando. Ela não cumpria prazos e não comparecia a diversas reuniões, sem explicação. Logo, colegas da empresa inteira passaram a ligar para Allison reclamando que a nova gerente de projetos não estava dando conta do recado.

Allison ficou arrasada. Essa nova contratação, com a qual havia ficado tão entusiasmada, não daria certo?

Ansiosa, decidiu mandar uma mensagem para Dahlia convocando uma reunião para o dia seguinte.

Quando chegou à salinha de reuniões, Dahlia já estava lá, remexendo-se na cadeira, nervosa. Seus ombros estavam rígidos. Allison notou as olheiras dela — provavelmente havia tido uma longa noite dividida entre o trabalho e a família. A gestora se compadeceu; ela também tinha família e sabia como era estressante quando um filho ficava doente. Não queria gerar mais preocupações para Dahlia, mas também sabia que, pelo bem da empresa e da própria sanidade, não poderia deixar aquela situação continuar por mais tempo. Então, depois de uma troca constrangida de gentilezas, ela respirou fundo e começou:

— Dahlia — disse, tentando ao máximo manter o olhar nos olhos da funcionária —, quero dividir com você umas observações e preocupações que tenho. Vejo que você está perdendo o ritmo, e estou preocupada. Acho que vamos começar a atrasar o projeto.

— Eu sei — respondeu Dahlia depressa. — Desculpe, passei um momento difícil com meu filho, que ficou doente, mas estou correndo atrás e logo deve estar tudo nos eixos.

Era justamente isso que Allison esperava que ela dissesse, de modo que já estava preparada para responder.

— Lamento por seu filho, de verdade. Mas, pensando bem, já estávamos ficando para trás antes de ele adoecer.

Então, Allison notou uma leve mudança em Dahlia. Sua mandíbula ficou um pouco mais tensa. Ela estava na defensiva? Caso precisasse fornecer mais evidências para esclarecer o assunto, Allison repassou mentalmente alguns exemplos concretos de equívocos de Dahlia, que havia pensado antes da reunião.

— É verdade. Há muita coisa para fazer, mas sei que dou conta — respondeu Dahlia. — Duas semanas, no máximo.

Ela abriu a boca para dizer algo mais, só que se conteve. Allison pensou que ela continuaria a dar justificativas e, quando a moça se silenciou, não insistiu.

— Fico feliz em ouvir isso — respondeu Allison —, porque a equipe está contando com você.

A gerente de marketing saiu da sala aliviada. Havia tido uma conversa difícil, mas Dahlia concordou em não se deixar abater. Allison estava receosa mas otimista, acreditava que as coisas voltariam aos eixos. Mais um problema resolvido, era o que ela esperava.

Porém, Dahlia saiu da reunião se sentindo diminuída, desanimada, com uma perspectiva totalmente diferente. O pânico a dominou quando se deu conta de que havia concordado com algo que não poderia cumprir. O que podia fazer? Não queria decepcionar Allison de novo, mas também estava ressentida por causa do aparente desinteresse da chefe em saber o *motivo* de ela ter atrasado tanto o trabalho. O maior problema não era o filho estar doente, embora isso dificultasse a situação. Na opinião de Dahlia, o verdadeiro problema era a estrutura do fluxo de trabalho naquela empresa. Allison não sabia como as coisas eram desorganizadas e o quanto demandavam da funcionária, nem parecia se importar com isso.

Embora Dahlia tenha se desculpado por ter descumprido os prazos e concordado em melhorar seu desempenho, guardou para si informações absolutamente úteis. Se estivéssemos lendo um caso de duas colunas escrito por ela, veríamos os seguintes pensamentos e sentimentos *não ditos* na seção da esquerda:

PENSAMENTOS E SENTIMENTOS NÃO DITOS DE DAHLIA	O QUE CADA PESSOA DISSE
Allison está muito estressada. Sei que ela é durona e nunca deixa a peteca cair.	Allison: Dahlia, quero dividir com você umas observações e preocupações que tenho. Vejo que você está perdendo o ritmo, e estou preocupada. Acho que vamos começar a atrasar o projeto.
É claro que não tenho escolha, só me resta dizer que vou dar conta. Isso é o que ela quer ouvir. Não quero que ela pense que sou incompetente.	Dahlia: Eu sei. Desculpe, passei um momento difícil com meu filho, que ficou doente, mas estou correndo atrás e logo deve estar tudo nos eixos.
Faço gerenciamento de projetos há mais de uma década! No fundo, sei que é impossível que eu, ou qualquer outra pessoa, dê conta de tudo que me foi atribuído. Allison não tem noção do que os outros departamentos estão me pedindo para fazer. Direi sim porque sou nova e quero causar uma boa impressão. Não quero perder este emprego.	Allison: Lamento por seu filho, de verdade. Mas, pensando bem, já estávamos ficando para trás antes de ele adoecer.

E outra coisa de que Allison não tem noção: essa empresa é ineficiente além da conta. As solicitações que recebo de três departamentos diferentes são praticamente as mesmas. As pessoas duplicam tarefas sem nem saber. É muito desperdício de tempo e dinheiro, e ela só dá importância ao fato de que estou umas semanas atrasada?!	Dahlia: É verdade. Há muita coisa para fazer, mas sei que dou conta. Duas semanas, no máximo.
Se Allison me permitisse, eu poderia criar um sistema de acompanhamento de projetos como o que desenvolvi na última empresa em que trabalhei. Isso nos ajudaria a priorizar projetos e economizar tempo e dinheiro para a empresa. Permitiria que Allison e o vice-presidente examinassem todos os projetos e vissem o que eu vejo; não só as redundâncias, mas também que alguns projetos estão muito desalinhados com nossa estratégia, pelo menos na minha opinião. Pena que a única preocupação dela é a minha estúpida lista de tarefas.	Allison: Fico feliz em ouvir isso, porque a equipe está contando com você.

Como vimos ao ler o diálogo, nada do que está na coluna da esquerda de Dahlia surgiu na conversa com Allison. Nada foi dito. Allison foi embora pensando que havia feito o árduo trabalho de "lidar" com o problema, mas a maneira como conduziu a reunião a afastou da experiência que com tanto entusiasmo buscou obter ao contratar Dahlia. Ela saiu da sala mais alheia aos fatos do que quando entrou. Allison também não sabia como Dahlia a via: como uma gestora exigente para quem a única resposta aceitável era "Deixa comigo, chefe".

Para Allison, teria sido útil saber tudo o que consta na coluna da esquerda. Ela poderia ter obtido uma visão crítica sobre a disfunção que existia na empresa e compartilhá-la com o presidente da divisão. Além disso, poderia ter recorrido à experiência de Dahlia para melhorar o fluxo de trabalho e os sistemas de gestão de projetos, e ao mesmo tempo, ter gerenciado a nova funcionária. Se ela tomasse conhecimento dos efeitos do seu estilo **agressivo**,

O NÃO DITO

Allison poderia tomar medidas para ajudar as pessoas a se sentirem mais à vontade para falarem com ela. Tudo isso poderia ter feito dela uma líder mais bem-sucedida e tornado o relacionamento com sua subordinada muito mais produtivo, confiável e honesto. Sem as informações que Dahlia guardou para si, a conversa foi apenas uma forma de tapar a ferida e não tratou questões mais profundas no relacionamento e na organização.

Observamos apenas Dahlia, mas Allison, claro, também tinha pensamentos e sentimentos não expressos. Sua coluna da esquerda estava cheia de preocupações sobre as pressões que recebia para entregar no prazo, de esperanças de que Dahlia oferecesse ideias para melhorar o fluxo de trabalho e de observações que outras pessoas da empresa lhe disseram sobre o trabalho da funcionária. Imagine como Dahlia — e o relacionamento delas — poderia ter se beneficiado se ela houvesse tido acesso aos pensamentos e sentimentos não expressos de Allison. Em cada interação, todos os envolvidos têm colunas da esquerda, e quando informações importantes são omitidas, todos são prejudicados.

O NÃO DITO É INVISÍVEL, MAS ESTÁ AO NOSSO REDOR

O abismo tácito entre Allison e Dahlia é muito comum. A difusão desse padrão está bem documentada em estudos de organizações no mundo todo. Em um estudo realizado com gestores de áreas como farmacêutica, publicidade e serviços financeiros, **mais de 85%** das pessoas entrevistadas admitiram não ter conversado com seus chefes sobre uma preocupação em pelo menos uma ocasião, apesar de achar que a questão era importante. Além disso, **quase três quartos (74%)** dessas pessoas disseram que colegas também estavam cientes do problema e também não se sentiam à vontade para falar.[2] Quando questionados se sentiam-se confortáveis para falar *no geral* sobre questões preocupantes, **quase metade (49%)** dos funcionários afirmou que não.[3] Imagine o custo para uma organização quando metade das pessoas não compartilha informações ou opiniões sobre o que lhes diz respeito!

Mas isso não se limita às interações ocorridas em empresas nem às relações "verticais" entre os gestores e seus subalternos. Embora os exemplos deste livro foquem as interações que ocorrem no local de trabalho, o fenômeno existe em todas as áreas da nossa vida. Todo ser humano tem uma coluna da esquerda em cada interação realizada ao longo do dia. Isso significa que esses mesmos padrões de pensamentos e sentimentos não expressos — e, portanto, oportunidades perdidas de aprender e se conectar — podem acontecer em qualquer tipo de relacionamento. Imagine o médico que não sabe que seu paciente se recusa a tomar o medicamento prescrito porque não quer revelar seu medo dos efeitos colaterais. Ou o pai que não faz ideia de que a filha adolescente sofre de ansiedade e não fala sobre isso porque não quer ser julgada. Ou a irmã que não percebe que o irmão se distanciou dela por causa de um ressentimento antigo que ele guarda, mas do qual nunca falou. Peço que, ao ler os capítulos seguintes, você analise de que maneira esse fenômeno se manifesta em vários relacionamentos da sua vida. Aposto que encontrará mais exemplos do que imagina. Como exploraremos no próximo capítulo, a dinâmica da diferença — seja de poder, cultura, gênero, raça, estilo de funcionamento ou muitos outros — agrava o fato de as pessoas não aprenderem umas com as outras.

Apesar de ser um problema difundido e dispendioso, descobri que podemos superá-lo. Podemos aprender com aqueles que nos cercam, e de uma forma eficaz, transformadora e, talvez o mais importante, *mutuamente* benéfica. Quando as muitas pessoas com quem trabalhei começaram a tomar as medidas certas, um mundo de possibilidades se abriu. O que elas aprenderam com seus clientes, colegas, amigos e familiares transformou decisões, equipes e relacionamentos; reduziu o medo, a ansiedade e o constrangimento que tantos de nós sentem ao participar de conversas potencialmente tensas. Essa mudança de comportamento coloca todos os envolvidos no mesmo barco, e não em posições antagônicas, e os leva a descobrir e trabalhar em conjunto em novas ideias incríveis. Os benefícios podem ser imediatos e duradouros.

Tudo isso é possível, e a maior parte deste livro (começando na Parte II) se dedica a apresentar o Ask Approach para que *você* descubra o que mais precisa aprender com as pessoas ao seu redor. Contudo, antes de descobrir como colher essas recompensas, você precisa entender a resposta a uma pergunta aparentemente simples: *Por que as pessoas não dizem aquilo que você mais precisa saber?*

Essa é a pergunta essencial que abordaremos no Capítulo 2. Para tirar o máximo proveito dela e aprofundar seu aprendizado neste capítulo, faça os exercícios propostos abaixo antes de prosseguir.

RESUMO DOS PONTOS-CHAVE

Pergunta essencial: O que você *mais* precisa saber, mas provavelmente as pessoas não lhe contarão?

1. Em cada interação, as pessoas escondem na coluna da esquerda muito do que pensam e sentem, que é uma mina de ouro de informações. Por exemplo:

   - Suas dificuldades... e de que tipo de ajuda precisam.
   - O que pensam ou sentem de verdade sobre um **assunto**... e de onde vêm suas opiniões.
   - Feedbacks sinceros sobre você... e sugestões sobre como você pode melhorar.
   - Ideias e sonhos mais audaciosos... que temem parecerem loucura.

2. Infelizmente, na maioria das vezes, as pessoas não conseguem obter essas informações dos outros. Isso tem um grande custo em termos de decisões, soluções, relacionamentos e eficácia.

3. Esse problema invisível está em toda parte: nas empresas, nas famílias, nas comunidades e nos relacionamentos próximos.

EXERCÍCIOS

1A. Identifique dois relacionamentos importantes na sua vida — seja com chefe, colegas, funcionários, amigos, membros da comunidade, clientes, familiares etc. Para cada relacionamento, pergunte-se até que ponto você está confiante de que sabe sobre cada uma das seguintes questões do outro. Em cada célula da tabela, escreva: "muito" se estiver muito confiante, "pouco" se não estiver nada confiante e "médio" se estiver mais ou menos confiante (ou "N/A", se não se aplicar). Você pode usar isso como uma espécie de "mapa de calor", para ajudá-lo a perceber o que talvez precise aprender mais.

QUÃO CONFIANTE VOCÊ ESTÁ DE QUE SABE SOBRE...	RELACIONAMENTO 1	RELACIONAMENTO 2
As dificuldades da pessoa... e de que tipo de ajuda ela precisa?		
O que ela acredita ou sente sobre um assunto... e de onde provém isso?		
Um feedback sincero sobre você... e sugestões sobre como você pode melhorar?		
As ideias e os sonhos mais audaciosos da pessoa... e que temem parecerem loucura?		

1B. Da próxima vez que você tiver uma interação complicada, pratique o caso de duas colunas logo após o término da conversa. Você pode usar o formato a seguir ou escolher um modelo mais detalhado no site AskApproach.com (em inglês).

MEUS PENSAMENTOS E SENTIMENTOS NÃO DITOS	O QUE CADA UM DISSE

Observe a coluna da esquerda e analise: o que o outro deixou de aprender com você? Imagine se seu interlocutor estivesse escrevendo um caso de duas colunas sobre a mesma interação. Como seria a coluna da esquerda dele? O que ele poderia estar pensando e sentindo que não compartilhou com você?

CAPÍTULO 2

POR QUE AS PESSOAS RETÊM INFORMAÇÕES

Pergunta essencial: Por que as pessoas não nos dizem aquilo que mais precisamos saber?

AGORA VOCÊ SABE: AQUILO QUE AS PESSOAS NÃO DIZEM É INCRIVELMENTE importante. Se você for como eu, talvez esteja louco para mergulhar nos passos do Ask Approach. Mas quer esteja entusiasmado, quer esteja cauteloso, sugiro que primeiro foque a pergunta essencial deste capítulo.

Se deseja que outras pessoas sejam corajosas para falar abertamente, primeiro precisa entender *por que* é tão difícil para elas dizer as coisas a você. Elas têm seus motivos. Desenvolver empatia e consciência de quais podem ser essas razões é o primeiro passo.

Um dos meus chefes favoritos na Monitor era Jim Cutler. Com uma voz de barítono e um senso de humor irônico mas vibrante, Jim tinha um talento incomum para trabalhar bem com todos os tipos de pessoas.

Muitos anos depois da minha chegada à Monitor, ele foi encarregado de construir a nova área de Capital Humano da empresa — era sua primeira vez administrando uma grande divisão comercial. Alguns anos depois, o grupo havia gerado milhões de dólares em receita, e a demanda crescia muito. Embora satisfeito com o desenvolvimento da área, Jim tinha curiosidade sobre o que poderia aprender com o objetivo de continuar evoluindo como líder. Pediu a Amelia, uma integrante da sua equipe, que conduzisse uma avaliação de 360 graus anônima (um método de coleta de feedback) de colegas e funcionários.

Quando Amelia apresentou o feedback, o resultado não foi o que Jim esperava. Embora seus colegas houvessem elogiado muito sua liderança e as ideias que a equipe gerava, afirmaram que definitivamente ele não estava fazendo tanto quanto deveria para aumentar a receita da área. Na opinião deles, Jim não tinha o impulso comercial que uma pessoa nessa função precisava ter — uma mensagem que foi transmitida com mais vigor por colegas que lideravam outros departamentos da empresa.

Ele ficou atordoado, perplexo.

Eram colegas próximos, vários dos quais Jim considerava amigos pessoais — tão próximos que seus cônjuges também eram amigos. Frequentavam a casa uns dos outros; viajavam juntos; compareceram ao casamento uns dos outros. Como podiam não ter compartilhado com ele as preocupações que nutriam sobre sua liderança? Ele ficou magoado e se sentiu traído, além de ter ficado bastante envergonhado.

Por que os amigos e colegas de Jim se calaram, apesar de claramente gostar dele? Apesar de saber que ele valorizava o feedback direto? Apesar de estarem inseridos em uma cultura organizacional que valorizava muito a comunicação direta e o aprendizado?

Isso nos leva à pergunta essencial que você precisa responder para aprender mais com os outros: *Por que as pessoas não nos dizem aquilo que mais precisamos saber?*

QUATRO PRINCIPAIS BARREIRAS

Para responder a essa pergunta, exploraremos quatro barreiras poderosas que impedem que os outros compartilhem com você o que guardam na cabeça e no coração.

À medida que formos trabalhando com cada barreira, sugiro que você analise de que maneira cada uma delas talvez atue nos exemplos que identificou nos exercícios ao fim do Capítulo 1. Ao aplicar tais informações à sua própria experiência, você poderá acessar um nível ainda mais profundo de empatia e compreensão, que será extremamente valioso na parte prática deste livro (Parte II).

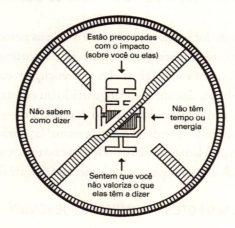

CONTEXTO, PODER E IDENTIDADE SÃO IMPORTANTES

Um último ponto antes de começarmos: a decisão de uma pessoa de dizer ou não o que pensa está inextricavelmente ligada ao ambiente em que está inserida, como a cultura da empresa, as forças sociais e as normas do contexto em que se encontra, as expectativas e estruturas de poder associadas. Cada um desses aspectos tem um peso diferente para cada pessoa, dependendo do papel, da identidade e das experiências de vida dela. As interações com os outros se dão nessas várias camadas de contexto, que moldam a forma como as pessoas se relacionam com você. Como veremos neste capítulo e no decorrer do livro, a comunicação além das distinções enriquece, mas também complica o ato de perguntar e compartilhar, independentemente da posição que você ocupa.

Sem dúvida, vai muito além do escopo deste livro analisar todas as dimensões das diferenças que podem ocorrer quando duas ou mais pessoas interagem. Os exemplos deste capítulo não pretendem tratar todo o espectro das diferenças humanas, e sim ilustrar como algumas destas — raça, gênero e posição de poder — podem interferir quando estamos tentando aprender com o outro. Quanto mais você compreender esses possíveis ruídos, mais saberá superá-los, e isso é extremamente importante, porque o mais rico aprendizado provém das pessoas mais diferentes de nós.

Com tudo isso em mente, vamos investigar os fatores que fazem as pessoas decidirem não dividir aquilo que talvez fosse bom que você soubesse.

BARREIRA 1: A PREOCUPAÇÃO COM O IMPACTO DO QUE TÊM A DIZER

Esse é, de longe, o maior e mais comum motivo de as pessoas decidirem não compartilhar o que realmente pensam, sabem ou sentem, mesmo quando fazê-lo seria valioso para você. Talvez elas se preocupem com a possibilidade de irritá-lo, perturbá-lo, desanimá-lo, angustiá-lo ou constrangê-lo. Talvez se preocupem com as consequências que terão de enfrentar — e se você julgá-las, envergonhá-las ou puni-las por dizer o que pensam? É provável que também se preocupem com os problemas que isso pode gerar no relacionamento que mantêm com você; desde constrangimentos desnecessários até danos irreparáveis.

PREOCUPAÇÃO COM O POTENCIAL IMPACTO SOBRE VOCÊ

Cerca de 97% das pessoas que notam uma mancha no rosto de alguém próximo não comentam, segundo um estudo.[1] Qual é o principal motivo para não dizerem nada? Têm medo de envergonhar a pessoa. É irônico que, ao tentarmos ser gentil e evitar constrangimentos, o deixemos andar por aí com uma mancha no rosto! Muitas culturas, tanto nas organizações quanto na sociedade em geral, atribuem um elevado valor às pessoas que não envergonham os outros, por isso, não é surpreendente que as pessoas se calem para evitar isso.

Recentemente, encontrei uma mentora minha, Harriet, e estávamos conversando sobre uma organização proeminente na nossa área. Ela mencionou que havia saído do conselho depois de muitos anos porque sentia que tanto a empresa quanto a líder estavam ficando fora da real. Perguntei se ela havia dito isso à CEO, e ela respondeu: "Jeff, você sabe que costumo ser uma pessoa direta, mas, nesse caso, não disse os verdadeiros motivos que me levaram a sair do conselho. Eu sabia que ela não aceitaria bem e não queria chateá-la." Para Harriet, era importante proteger a chefe. Embora isso seja compreensível, não ajudou em nada a diretora, especialmente porque outras pessoas compartilhavam das mesmas preocupações que levaram Harriet a se afastar.

Ajuda se você tiver um relacionamento bom e de confiança? Embora a confiança possa amenizar esse tipo de preocupação, criando mais daquilo que Amy Edmondson, professora da Harvard Business School, chamou de *segurança psicológica* na interação (mais sobre isso no Capítulo 4), a proximidade no relacionamento também pode atrapalhar. Quanto mais a pessoa se preocupa com você e com sua opinião sobre ela, maior sua percepção do risco de lhe dizer algo que pode lhe cair mal. Pense em uma ocasião em que você precisou dizer algo difícil a um parceiro ou amigo próximo. Provavelmente não queria magoar a pessoa, e a última coisa que desejava era comprometer um relacionamento tão importante. Isso ajuda a explicar o que Amelia descobriu quando perguntou aos colegas de Jim o que os impedia de compartilhar observações e feedback diretamente com ele. Disseram que, quando haviam feito isso em outras situações, notaram que ele havia ficado magoado. Como gostavam muito dele, não fariam isso de novo. Era melhor e mais seguro ficar calado.

Parte do problema é que, em média, as pessoas tendem a superestimar os pontos negativos de um feedback e *subestimar* os positivos. A pesquisadora Nicole Abi-Esber e seus colegas que fizeram o "estudo da mancha" descrito anteriormente continuaram investigando para descobrir por que tantas pessoas não falam o que pensam, mesmo sabendo que seria útil — em um estudo de acompanhamento, pediram às pessoas que dessem feedback não solicitado umas às outras.[2] Ao comparar o número de participantes que avaliaram quão desconfortável acreditavam que o feedback deixaria o colega *versus* o quão desconfortável o colega realmente relatou se sentir, os pesquisadores descobriram uma consistente incompatibilidade entre as percepções das pessoas sobre o impacto. Há também aqueles que evitam compartilhar informações valiosas com base em um desejo bem-intencionado mas exagerado de nos proteger, embora nos privar delas acabe nos prejudicando ainda mais.[3]

A PREOCUPAÇÃO COM AS CONSEQUÊNCIAS PARA SI MESMOS

A vida já é bastante estressante, e ninguém quer arrumar mais problemas dizendo algo pelo qual poderia ser julgado, ou pior, punido. Quando conversei com o ex-CEO da Medtronic, Bill George, autor do clássico de gestão *True North* [O verdadeiro norte, em tradução livre] e especialista mundial em liderança autêntica, ele me disse que a principal razão de as pessoas evitarem dizer o que pensam é o medo de serem julgadas ou rejeitadas.

FAÇA A PERGUNTA CERTA

Esse medo pode existir em qualquer tipo de relacionamento. Todo mundo quer se sentir seguro, aceito e bem-visto pelos outros. Quase todos nós já passamos por uma situação em que nos constrangeram ou ofenderam por dizermos o que realmente pensávamos ou sentíamos. Nós guardamos essas experiências e as transportamos aos relacionamentos com amigos, parceiros e colegas. Já vi essa dinâmica acontecer muitas vezes no meu trabalho. Por exemplo, quando meu colega Andrew me procurou reclamando de uma decisão tomada por sua gestora, Kathleen, perguntei se ele havia compartilhado suas preocupações com ela. "Está maluco?", disse ele. "Ela nunca me entenderia e acharia que não trabalho bem em equipe." Para uma espécie cuja sobrevivência depende de um lugar perto do fogo, o medo de ser rejeitado ou julgado é um fator de peso na decisão de não correr o risco de compartilhar verdadeiros pensamentos ou sentimentos.

Entretanto, uma pessoa não precisa já ter sido de fato julgada ou punida para temer as consequências de falar. Em grupos e organizações, as pessoas captam pistas dos outros, em especial de seus líderes, para saber se é seguro ou perigoso ser sincero. Alguém testemunha algo que aconteceu a um colega, ou ouve uma história sobre uma pessoa que foi humilhada ou demitida por dizer o que pensava... Dessa forma, o silêncio pode se tornar endêmico em uma organização ou cultura, mesmo que a liderança ou a política mude. Esses medos tendem a se agravar no nível mais baixo da hierarquia, de modo que aqueles que possuem menos poder no grupo ou na organização (a propósito, as mesmas pessoas que, às vezes, têm acesso mais direto a informações valiosas) falarão menos, porque se preocupam com o risco de ser julgados ou punidos. Mesmo que alguém esteja temporariamente em uma posição não tão alta, seus medos do julgamento e da rejeição podem ser ativados. No meu trabalho, quando converso com potenciais investidores, com aqueles que realmente espero que financiem a Transcend, meu medo de dizer algo errado aumenta.

O desequilíbrio de poder também pode levar ao silêncio fora das organizações. Em uma pesquisa realizada com 4.510 estadunidenses, algo entre 60% e 80% admitiram ocultar de seus médicos informações que poderiam ser relevantes para sua saúde. Quando questionados sobre o motivo disso, a maioria disse que temia ser julgada, sentia-se constrangida, não queria ser vista como "difícil" e nem desperdiçar o tempo do médico. (Mulheres, jovens e pessoas com a saúde comprometida eram significativamente mais propensas a reter informações.)[4] Se as pessoas não dizem o que pensam em prol da *própria saúde*, você pode imaginar a força que uma dinâmica semelhante assume no local de trabalho, onde o benefício pessoal de falar a verdade aos poderosos pode ser nebuloso em comparação com os riscos, que às vezes parecem enormes.

Esse medo é ainda mais forte para pessoas que sofreram preconceito ou bullying, ou que pertencem a um grupo que foi historicamente (ou ainda é) punido por se manifestar. Embora dizer o que pensamos, sentimos e sabemos seja sempre um risco, até certo ponto o perigo não atinge a todos da mesma forma. Na história humana, não faltam exemplos de grupos marginalizados que foram silenciados, presos e até assassinados por expressar sua verdade diante do poder. Shay Stewart-Bouley e Debby Irving, educadores sobre comunicação eficaz nas relações entre negros e brancos, me explicaram que, embora ambas as partes muitas vezes sintam medo em conversas inter-raciais, é importante reconhecer que os riscos representados pela coluna da esquerda de cada parte não são iguais.[5] Os brancos podem ter a preocupação de não ofender o outro ou o medo de ser vistos como racistas, mas os negros enfrentam o medo de retaliações graves, castigos físicos ou coisa pior.

AS PREOCUPAÇÕES COM AS CONSEQUÊNCIAS PARA TODOS

Geralmente, as pessoas temem que dizer o que pensam possa ofender ou perturbar você e temem as consequências para si mesmas. Por exemplo, pesquisas mostram que líderes brancos podem evitar dar um feedback crítico a funcionários negros porque temem ofendê-los e ser vistos como racistas.[6] Um fenômeno parecido ocorre entre líderes homens e funcionárias.[7] Não que o feedback que forneçam seja falso, só é menos completo e informativo, e em geral vago ou brando. Como o feedback regular e específico é essencial para o desenvolvimento pessoal e profissional, não recebê-lo pode prejudicar o crescimento e deixar o funcionário no escuro. Na verdade, existe uma expressão para isso, *hesitação protetora*, cunhada pelo estudioso de administração e presidente do Morehouse College, David A. Thomas, para descrever relacionamentos em que os envolvidos evitam abordar questões delicadas.[8] A pesquisa de Thomas, que se centrou nas relações inter-raciais entre mentores e mentoreados, ilustra como esse instinto de proteger os sentimentos do outro pode ser prejudicial para o mentoreado, que deixam de receber comentários importantes capazes de estimular o crescimento da carreira deles.

Insecure, a aclamada série da HBO inspirada nas experiências de sua criadora, a mulher negra Issa Rae, destacou essa mesma dinâmica em um episódio focado no trabalho de Issa, a única funcionária negra de uma organização sem fins lucrativos. Em uma reunião de equipe, ela propõe levar os alunos de uma escola em uma excursão à praia. Em vez de serem sinceros ao expressar as próprias preocupações com essa ideia, seus colegas simplesmente apresentam alternativas. Ela segue em frente com o plano, um dia na praia, e só mais tarde fica sabendo das preocupações alheias, quando ouve dois colegas reclamando das enormes dificuldades logísticas. Então, Issa descobre que andam trocando e-mails entre si e com os chefes sobre o que os preocupa, além de se reunirem sem a presença dela. "Eles não queriam dar a impressão de que estavam questionando seu julgamento", explica uma colega branca, toda simpática e sem jeito, "e não sabiam como você reagiria".

Conversei com líderes brancos de vários setores que relatam receio de dar feedback a colegas negros por medo de serem considerados racistas ou tendenciosos. Eu mesmo já dei feedbacks vagos por questionar se minhas críticas eram de fato tendenciosas e, caso fossem, se acabariam perpetuando a opressão. Existem questões reais e complexas aqui, mas evitar conversas difíceis e diretas raramente é uma boa medida para o aprendizado de todos.

Para grupos sub-representados, a combinação dessas barreiras representa um triplo impedimento: dificilmente receberão feedback direto e se sentirão seguros para expor pensamentos e sentimentos. Além disso, os feedbacks que recebem têm mais chance de estarem contaminados de preconceitos, sobrecarregando-os com a tarefa extra de analisar o que é legítimo e o que não é (mais sobre isso no Capítulo 7).

BARREIRA 2: NÃO SABER COMO FALAR

Outra razão de as pessoas evitarem nos dizer o que realmente sentem, pensam ou têm conhecimento é que elas não sabem como se expressar.

A MENTE É MAIS RÁPIDA QUE A BOCA

Uma pesquisa do neurocientista Ned Sahin e outros revelou que o cérebro humano pensa cerca de novecentas palavras por minuto. É muita coisa, ainda mais quando consideramos que uma pessoa comum só consegue pronunciar cerca de 125 palavras durante o mesmo período.[9] Pense só: isso significa que *você ouve apenas uns 14% do que uma pessoa está pensando*, não porque ela esteja intencionalmente guardando o que leva na mente, mas porque o canal da palavra falada é estreito demais para liberar todos os pensamentos que temos!

FALTAM HABILIDADES

Existe uma razão para que consultores, coaches e instrutores estejam ensinando às pessoas a comunicar coisas difíceis: não é fácil! Encontrar as palavras certas para expressar o que pensamos ou sentimos é uma habilidade, principalmente quando o que temos a dizer não é muito positivo. Quando a pessoa não sabe como colocar em palavras o que tem a dizer, ficar calada pode parecer a escolha mais fácil e segura.

Como disse Tambor, o coelhinho amigo de Bambi: "Se você não tem nada de bom para dizer, não diga nada." Muitas pessoas analisam os julgamentos críticos em suas colunas da esquerda e concluem, com bastante razão, que compartilhar essas reações brutas traria mais desvantagens do que vantagens. Um dos problemas é que pouca gente aprende a se expressar de maneira gentil e construtiva. Oscilamos entre gentilezas que não expressam toda a verdade ("Está tudo bem!") e explosões sem filtros ("Está maluco?!") que pouco nos ajudam a ser ouvidos e compreendidos. Por esse motivo, alguém pode saber que tem algo importante para compartilhar com você, mas, como não consegue se expressar de maneira produtiva, ficará calado.

O MEDO DE QUE AS PALAVRAS ESCOLHIDAS NÃO SEJAM ACEITÁVEIS

Muitas culturas, especialmente as do mundo corporativo, valorizam muito os dados e as formas tradicionais de análise e tendem a desconsiderar os modos intuitivos de expressão emocional, julgando-os irracionais ou nada confiáveis. O mesmo vale para a experiência pessoal. A exigência real ou percebida de "prova" pode levar muitas pessoas — ainda mais aquelas cuja experiência de vida foi questionada ou até negada — a se recusar a compartilhar informações muito valiosas.

Isso é lamentável, porque muitos insights essenciais ocorrem primeiro no nível intuitivo — a pessoa tem o pressentimento de que há algo errado com sua sugestão ou que algo importante está faltando para o lançamento do produto de sua equipe, apesar de não conseguir oferecer provas concretas. Ou, às vezes, o que se precisa compartilhar é emocional. Talvez a pessoa queira lhe dizer que o verdadeiro motivo pelo qual andou descumprindo prazos é que está sofrendo uma ansiedade paralisante, ou que está com raiva e magoada por algo que você disse na semana anterior, e acha que só lhe dará ouvidos se ela traduzir a experiência dela em palavras racionais, mas não sabe como.

Um exemplo comum disso é o medo — válido — traduzido no policiamento do tom, recorrente entre muitas mulheres e pessoas negras que temem serem demitidas ou criticadas se não se expressarem na maneira "correta".[10] A escritora e pesquisadora Maura Cheeks mostra o tipo de cálculo que a levou, sendo uma mulher preta, a se calar. Em um artigo da *Harvard Business Review*,[11] ela escreveu: "Tendo a dar minha opinião só depois de todos terem terminado de falar. Isso acontece, em parte, porque sou introvertida. Mas também porque fui condicionada pela sociedade e por suas instituições predominantemente brancas a sentir que, como mulher preta, sou vista como agressiva, mandona e egoísta quando falo o que penso, em comparação com um homem ou uma mulher branca que faz as mesmas declarações. Muitas pessoas sentem que não podem ser elas mesmas no local de trabalho, pois seriam vistas como pouco profissionais."

Às vezes, as diferenças culturais naquilo que constitui um discurso "aceitável" levam as pessoas a não dizer coisas consideradas inadequadas no contexto em que se encontra, mas que talvez o outro realmente queira saber. Ou elas dizem, mas a mensagem se perde nas ondas transculturais. Tenho uma colega, Jenee Henry Wood, que foi criada em um estado do sul dos Estados Unidos. Seus feedbacks são diplomáticos e gentis, tanto que pessoas provenientes de regiões em que um estilo de comunicação mais direto e afrontoso é valorizado às vezes perdem o foco ao conversarem com ela! Há pouco tempo, depois de me ver fazer uns comentários esparsos no esboço de um relatório que ela me enviou, Jenee me mandou uma mensagem dizendo: "Jeff, acabou de revisar o memorando que lhe enviei ou pretende dedicar mais tempo a ele amanhã?" Achei que ela estava me fazendo uma pergunta factual, só que mais tarde descobri que era sua maneira educada de me dizer que queria muito um feedback mais aprofundado que os que eu lhe havia dado até então! Enquanto isso, pessoas de uma cultura que enfatiza as aparências e a cortesia podem encarar a franqueza característica de um clássico nova-iorquino como grosseria e levar para o lado pessoal.

A PESSOA AINDA NÃO SABE O QUE PENSA OU SENTE DE VERDADE

Muitos não encontram as palavras certas para se expressar por ainda não saberem o que realmente pensam ou sentem. Às vezes, precisam de mais tempo para processar as coisas, ou não sabem o que pensam até serem obrigados a falar. Os escritores Joan Didion, Flannery O'Connor e Stephen King já reconheceram que, muitas vezes, não sabem o que querem dizer sobre algo até passar para o papel.[12] Quando questionado sobre sua opinião sobre uma crise de direitos humanos na África durante seu mandato, Henry Kissinger teria respondido: "Ainda não sei o que acho sobre a situação na Mauritânia, porque ainda não ouvi o que tenho a dizer sobre a situação na Mauritânia."[13] Embora os secretários de Estado tenham conselheiros para ajudá-los a desenvolver opiniões, a maioria de nós precisa mesmo de um pouco de estímulo. Para isso, uma boa pergunta e um pouco de escuta profunda podem nos ajudar a descobrir o que pensamos ou sentimos, o que beneficia tanto quem pergunta quanto quem responde (mais sobre isso no Capítulo 6).

Os introvertidos representam um caso especial. Grande parte de seu conhecimento, pensamentos e sentimentos estão dentro de sua cabeça. Não que escondam o jogo de propósito. Como aponta Susan Cain em *O poder dos quietos*, algo entre um terço e metade dos estadunidenses são introvertidos, o que significa que ouvem mais do que falam e pensam mais antes de falar em comparação com os extrovertidos.[14] Cain, no entanto, nos recorda que algumas das melhores ideias da humanidade saíram de pessoas que preferem preservar seu mundo interno, como Vincent van Gogh, Bill Gates e Eleanor Roosevelt. Só porque preferem aguardar e pensar antes de falar ou não são propensos a transmitir o que se passa em sua mente, não significa que seus pensamentos e suas ideias não sejam valiosos. Eles simplesmente precisam de tempo e espaço (e, como veremos, talvez de um convite) para compartilhar com outras pessoas o que pensam.

BARREIRA 3: FALTA DE TEMPO OU ENERGIA

Às vezes, as pessoas não falam o que pensam porque **não têm tempo ou energia para isso,** ou acham que falar vai comprometê-las com a situação mais do que estão mental ou emocionalmente preparadas. Pode acontecer devido à sobrecarga causada pelo estresse e pelo ritmo de vida, pelo burnout em casa ou no trabalho ou pela exaustão de sentir que não são aceitas.

A PESSOA ESTÁ MUITO OCUPADA OU SOBRECARREGADA

Como acontece com muitos líderes, meu dia a dia no trabalho é uma reunião atrás da outra. Durante cada uma delas, e-mails, ligações e mensagens se acumulam, e faço o possível para retornar antes que seja tarde demais. É um milagre quando consigo responder a todos os urgentes antes que chegue o próximo. Então, se no final de uma reunião eu fico pensando "O que aquela pessoa disse foi meio estranho", "Acho que ela não tinha essa informação" ou "Talvez ele não saiba de outra coisa que aconteceu", quase não sobra tempo para eu dizer isso à pessoa diretamente antes de passar para o próximo compromisso. Quando eu tiver mais tempo, ou se a questão for importante de verdade, sem dúvida arranjarei tempo para falar, mas muitas questões pequenas e médias podem acabar escapando e se acumulando.

Quando me dou conta disso, explico a todos a situação. Digo que não é falta de interesse nas demandas deles, e sim que estou tendo que me desdobrar para resolver tudo. Como quero contribuir para o crescimento deles, sugiro que me interrompam e peçam feedback e sugestões. Quando isso acontece, imediatamente desacelero e me prontifico a oferecer toda e qualquer contribuição possível.

Algumas pessoas fazem isso com regularidade e me pedem orientação. Mas se não fazem, perco muitos momentos em que poderia ter sido útil para elas, por estar apressado demais para pensar nisso.

Sei que não estou sozinho nessa. Muitas pessoas passam os dias correndo de uma coisa para outra, respondendo a e-mails nos intervalos entre reuniões e compromissos e uma lista aparentemente interminável de tarefas. É fácil (e compreensível) sentirem que não podem perder tempo, que não podem desacelerar e dividir conosco o que pensam ou sentem, ainda mais se isso as sobrecarregar ainda mais. Outras vezes, estão com tanta pressa que se esquecem de como sua contribuição pode ser valiosa.

AS PESSOAS ESTÃO CANSADAS DEMAIS PARA DIZER O QUE PENSAM

Hoje em dia, ao que parece, estamos todos à beira do colapso. Dividir-se entre trabalho, vida, saúde, filhos, finanças, pais, amigos e comunidade demanda muito mais que um emprego de período integral. Somam-se a isso as preocupações com o mundo que nos rodeia — a política, o clima e uma série de outras questões, como os efeitos persistentes de uma pandemia global e encargos e perdas que representou para tantos. Ainda há o trabalho, com demandas que não diminuem, e a cobrança de ser cada vez mais produtivo. Uma enquete realizada em 2022 pela Deloitte a mil profissionais dos Estados Unidos revelou que 77% dos colaboradores inquiridos sofrem de burnout.[15] Acrescente a isso o fardo de tentar sobreviver financeiramente ou ser alvo de discriminação, sofrer microagressões ou temer pela própria segurança. O estresse resultante da discriminação, segundo a Associação de Psicologia dos Estados Unidos, está ligado a uma série de problemas de saúde física e mental, bem como a desafios profissionais e financeiros — que agravam e deixam as pessoas com pouca energia para nos dizer o que realmente precisamos ouvir delas.[16]

Na Austrália, pesquisadores descobriram que quanto mais os enfermeiros, os quais atuam em uma área profissional em geral estressante e exaustiva, sofriam de burnout, menos falavam (e menos receptivos eram seus gestores). A relação entre o burnout e o silêncio, à falta de expressão de pensamentos, emoções e desejos, pode aumentar a exaustão emocional — que, por sua vez, diminui a nossa energia para falar.[17] Então, isso se torna um ciclo vicioso: quanto mais recursos cognitivos e emocionais as pessoas gastam guardando para si o que têm no coração ou na mente, menor é a probabilidade de terem energia para se abrir quando fazê-lo é crucial.

Independentemente de quem sejam as pessoas, se o tanque de combustível estiver quase vazio, é uma escolha racional manter a boca fechada em vez de arcar com o desgaste cognitivo e emocional e as noites sem dormir. É compreensível. Entretanto, quando aqueles com quem você convive fazem essa escolha, perde-se uma oportunidade importante de aprendizado; seu relacionamento com elas é prejudicado e a empresa sai em desvantagem.

BARREIRA 4: A SENSAÇÃO DE QUE VOCÊ NÃO VALORIZA O QUE A PESSOA TEM A DIZER

Muitas vezes, as pessoas acreditam que você não está interessado no que elas têm a dizer, independentemente de essa sensação ser precisa ou não. Como se desenvolve essa crença? Vejamos um caso extremo: um amigo meu, Michael, era analista júnior e havia acabado de concluir um projeto de quatro meses que envolveu muitos exercícios inesperados de simulação de incêndio à noite e aos fins de semana — trabalho que, segundo ele, poderia ter sido evitado com alguns ajustes na maneira como o responsável gerenciava o projeto. Quando concluíram o trabalho, ele digitou alguns comentários construtivos, imprimiu-os, entregou-os nas mãos do chefe, Doug, e disse: "Reuni alguns comentários sobre sua liderança no projeto." Doug nunca havia visto um funcionário júnior fazer algo assim. Ele se levantou, pegou o papel e disse: "Obrigado, Michael." Então, rasgou o papel ao meio e jogou na lata de lixo.

A disposição de Michael de oferecer um feedback detalhado sobre o desempenho do chefe foi, digamos, incomum, e o papel impresso foi uma maneira bastante assertiva de fazê-lo. Mas a reação extrema do chefe não deixou dúvidas de que Doug não tinha o menor interesse na opinião dele — e na de qualquer um na empresa que mais tarde saberiam da história. A maioria das pessoas não é tão intrépida quanto Michael; simplesmente *presumem*, já de cara, que você não quer ouvir a opinião delas. Assim, se não tiverem certeza de que serão ouvidas, optarão por ficar caladas.

EXPERIÊNCIAS ANTERIORES LEVARAM AS PESSOAS A ACREDITAR QUE VOCÊ NÃO SE IMPORTA, OU QUE NÃO PODE OU NÃO QUER FAZER NADA COM O QUE TÊM A DIZER

Em grande parte, as pessoas acreditam que você vai responder de uma forma no futuro baseada na maneira como você reagiu a situações semelhantes no passado. Se já tentaram lhe dizer algo e sentiram que você não lhes deu ouvidos, que não se importou ou não tomou uma atitude diante da informação passada, as chances de lhe dizerem algo de novo diminuem. Entretanto, a experiência ruim não precisa ter sido *especificamente com você* para que a pessoa tenha medo de se expressar outra vez. Se aconteceu com alguém como você (outro chefe ou subordinado direto, outra pessoa de sua cor, outro médico, outro gerente, para citar alguns exemplos), isso pode afetar suas interações.

Esse efeito também pode ocorrer no âmbito coletivo. Por exemplo, o movimento #MeToo foi como uma barragem rompida por informações retidas durante muito tempo; mulheres do mundo todo foram a público compartilhar casos de assédio e agressão sexual pela primeira vez. Muitos homens ficaram perplexos diante da enxurrada de relatos dados por mulheres com quem conviviam. Como eles não sabiam? Por que as mulheres não falaram antes? Elas responderam: "Por que eu me arriscaria, se todas as evidências sugerem que não vão acreditar em mim?" Há um longo histórico de homens que não acreditaram nas mulheres e que não tomaram medidas contra os agressores, fazendo-as especular se vale a pena se arriscarem e se exporem ao tentar se expressar de novo.

Tentativas anteriores que resultaram, várias e várias vezes, em nada, podem passar a ideia de que "não há esperança". As pessoas não vão continuar investindo energia naquilo que rendeu poucos ou nenhum fruto no passado. Essa é uma das razões de a maneira como você lida com o período *após* o compartilhamento ser tão importante (voltaremos a isso no Capítulo 7).

A CULTURA LEVA AS PESSOAS A QUESTIONAR SE NINGUÉM ESTARIA INTERESSADO NO QUE TÊM A DIZER

Tenho um colega de equipe, José, que há pouco tempo me disse que fica muito inseguro quando precisa compartilhar ideias no trabalho. Embora tenha uma ótima intuição, ele evita falar porque teme não ser valorizado e que, se disser algo em voz alta e estiver errado, confirmará seu pior medo: que os outros descubram que ele não sabe o que está fazendo ou que não merece estar na organização. José é uma pessoa que estimo, mas isso não tem nada a ver com sua percepção de si mesmo, que é o que o faz calar. Existe um termo para esse comportamento: *síndrome do impostor*. Esse é apenas um exemplo de como as pessoas podem ser condicionadas a acreditar que seus pensamentos, seus pontos de vista, suas emoções ou suas experiências não são válidos ou valorizados.[18]

Recebemos mensagens culturais o tempo todo acerca de quais contribuições são valorizadas e quais não. Tradicionalmente, a maioria das pessoas que compartilham opiniões nas mídias são homens brancos heterossexuais. Quando não nos vemos refletidos em uma cultura como indivíduos cujo conhecimento, cujas ideias e cuja experiência são valorizados pelo coletivo, é provável que sintam como se sua contribuição não fosse bem-vinda. Por outro lado, ao vermos pessoas parecidas conosco falando abertamente ao nosso redor, aumentam as chances de nos sentirmos capacitados para nos expressar e de presumirmos que seremos ouvidos.

Em um importante estudo sobre a relação entre gênero e expressão de pensamentos e ideias, Victoria Brescoll, professora de comportamento organizacional na Yale School of Management, estudou a frequência com que os senadores dos Estados Unidos tomavam a palavra e quanto tempo passavam falando.[19] Ela descobriu que os senadores falavam com mais frequência e por períodos mais longos que as senadoras, e que estas acreditavam que falar muito resultaria em reações negativas. Isso se comprovou independentemente do nível de poder da mulher: enquanto a precedência (poder) aumentou o tempo de fala dos homens, não fez a menor diferença no caso das senadoras.

O padrão (de se expressar menos) das senadoras era válido? Brescoll decidiu explorar essa questão também. Em um experimento de acompanhamento, ela testou as percepções das pessoas sobre CEOs fictícios, que foram descritos como se falassem mais ou menos do que outras em posições de poder. Entre os participantes, tanto os homens quanto as mulheres classificaram as CEOs que falaram mais como menos competentes e menos adequadas como líderes, sugerindo que a hesitação das senadoras era justificada. Mas mesmo quando a punição é menos comum do que se teme ou se espera, a mera percepção pode fazer a balança pender para o lado do silêncio.

NÃO FALAR RARAMENTE É ALGO MALICIOSO

E as pessoas que não dizem o que pensam porque não estão interessadas em ajudar ou só querem beneficiar a si mesmas? Seria ingênuo pensar que isso não acontece. Mas, segundo minha experiência, essa motivação para não se expressar é muito menos comum que todas as outras listadas anteriormente. Embora este não seja um livro sobre teoria dos jogos de poder, o Ask Approach lhe dará mais chance de criar uma dinâmica mais cooperativa com alguém que talvez tenha uma orientação competitiva — ou até negativa — em relação a você. Se não der certo, pelo menos você poderá descartar todos os outros motivos para a pessoa não dizer o que pensa. Se concluir que ela realmente age de má-fé, talvez seja melhor largar este livro e ler O príncipe, de Maquiavel, ou As 48 leis do poder, de Robert Greene.

VENCENDO AS BARREIRAS

Você lembra que comentei a principal descoberta de Nick Epley na Introdução: a melhor maneira de descobrir o que o outro pensa, sente ou sabe é perguntando? Muitas das barreiras descritas neste capítulo podem ser superadas *simplesmente perguntando*. Perguntar demonstra interesse, faz uma pessoa se sentir incentivada e autorizada a compartilhar o que pensa e que, de outra forma, não se sentiria no direito de expressar. Outras barreiras precisam de mais que apenas um convite em forma de pergunta. Exigem segurança, conexão pessoal, acompanhamento paciente e escuta atenta, para citar apenas algumas condições. Todas elas são abordadas no Ask Approach, permitindo que você supere a maioria, senão todas, as barreiras que discutimos.

Se eu não acreditasse que é possível, não teria escrito este livro. Vivenciei, repetidas vezes, o magnífico aprendizado, crescimento e conexão — para todos os envolvidos — que resulta de conversar usando o Ask Approach. Você só precisa das ferramentas certas. E é exatamente disso que trata a Parte II.

RESUMO DOS PONTOS-CHAVE

Pergunta essencial: Por que as pessoas não nos dizem aquilo que mais precisamos saber?

1. Se quiser saber o que os outros realmente pensam, sabem e sentem, é importante primeiro desenvolver empatia e consciência das barreiras que as impedem de compartilhar o que pode ser útil que você saiba.

2. As pessoas tendem a não dizer o que pensam devido a uma ou mais destas quatro poderosas barreiras:

   - Preocupam-se que o que têm a dizer pode afetar negativamente você, elas próprias ou o relacionamento entre vocês.
   - Não sabem como falar porque não têm as habilidades ou as palavras certas para se expressar de uma maneira que pareça aceitável, ou porque ainda estão processando tudo internamente.
   - Não têm tempo ou energia para dizer o que pensam.
   - Acham que você não está interessado em ouvi-las.

> 3. As diferenças de cultura, identidade, poder e estilos de expressão podem intensificar essas barreiras ou levar você a deixar de ouvir o que os outros estão tentando expressar.

EXERCÍCIOS

2A. Pense em um relacionamento ou interação em que alguém não compartilhou com você algo importante que sabia, pensava ou sentia. Qual das quatro barreiras poderia ter impedido essa pessoa de falar?

- Estava preocupada com o efeito do que ela diria provocaria em você, nela própria e no relacionamento de vocês.
- Não sabia como falar.
- Não tinha tempo ou energia para falar.
- Achava que você não estava interessado.

Analise mais profundamente o seguinte:

- O que poderia estar acontecendo com essa pessoa que criou essa barreira?
- Se fosse uma interação entre pessoas inseridas em contextos diferentes (por questões como poder, gênero, raça, personalidade etc.), como as diferenças poderiam ter tornado essa barreira ainda maior?

2B. Pense se ou como (se for o caso) você pode ter contribuído, mesmo sem ter a intenção, para que a pessoa se sentisse impedida por uma dessas barreiras. O que você poderia ter feito de forma diferente para reduzir as barreiras? Este exercício vai preparar você para aprender as etapas do Ask Approach na Parte II!

PARTE II

O Ask Approach™

ESPECIALISTAS CONCORDAM EM UMA COISA: A MELHOR E MAIS PRECISA maneira de descobrir o que os outros pensam, sentem e sabem é... perguntando. *Como* perguntar é o foco desta parte do livro.

O Ask Approach é um conjunto de passos na direção de um aprendizado mutuamente benéfico, levando a decisões mais inteligentes, soluções mais criativas e conexões mais profundas. Cada capítulo desta parte se aprofunda em um dos cinco passos descritos no diagrama a seguir, entrelaçando histórias, modelos, pesquisas científicas e, o mais importante, estratégias práticas para aplicarmos imediatamente.

O *Ask Approach*

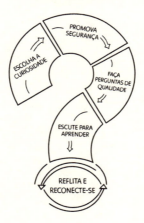

Sugiro que você dedique tempo a explorar cada passo. O Ask Approach não é uma receita de bolo nem um roteiro a ser seguido irrefletidamente. Cada passo contém um conjunto de práticas que promovem uma conexão humana profunda. Portanto, você vai precisar usar seu julgamento ao aplicá-los em sua vida. Em alguns casos, talvez opte por ter várias conversas com alguém antes de concluir todas as etapas do Ask Approach. Em outros, talvez queira voltar alguns passos antes de concluir todo o esquema. Tudo isso não só é bom, como também é de se esperar. As relações humanas são mais complicadas do que qualquer modelo que possamos representar no papel.

Seja curioso, explore os relacionamentos que poderiam se beneficiar com a aplicação do método e, então, personalize a aplicação a cada um. O objetivo, aqui, é aprendizado e conexão.

Agora, vamos lá!

CAPÍTULO 3

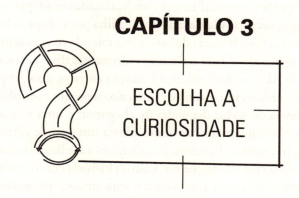

ESCOLHA A CURIOSIDADE

Pergunta essencial: Como você pode despertar sua curiosidade para fazer novas descobertas e conexões inesperadas?

COMO A GRANDE PSICÓLOGA E PROFESSORA DE MEDITAÇÃO TARA BRACH DISSE: "O mundo está dividido entre aqueles que pensam que estão certos. Esse é o ditado."[1]

Certa vez, testemunhei a comprovação desse ditado em uma ilha tropical, onde meus colegas e eu prestamos consultoria para o setor de turismo, que era o ganha-pão daquela pequena nação. O atrativo específico daquele país, "sol e areia", enfrentava uma concorrência cada vez mais acirrada de outros países igualmente ensolarados e praianos, que ofereciam aos turistas preços muito mais baixos. Durante os dez anos anteriores, o constante declínio na chegada de turistas gerou tensão em todo o setor.

Meu trabalho era melhorar a colaboração entre os gestores dos hotéis da ilha, em grande parte executivos de empresas multinacionais, e o inimigo deles, o sindicato do setor hoteleiro. Os primeiros queriam contratos de trabalho mais flexíveis, para oferecer aos hóspedes uma experiência mais atrativa, ao passo que o sindicato via as mudanças como mais uma tentativa de aumentar o trabalho sem um reajuste no salário. Os riscos eram altos: se não conseguíssemos superar o impasse, a situação poderia se agravar e gerar um efeito cascata capaz de arruinar a economia do país.

A história da ilha havia moldado e agravado o conflito: os gestores corporativos eram, na maioria, brancos, com formação superior no exterior, enquanto a maior parte dos trabalhadores sindicalizados eram pretos, descendentes de pessoas escravizadas levadas para a ilha por europeus brancos durante a colonização. Essa história dolorosa, combinada com as dinâmicas contemporâneas de desigualdade e divisão cultural na ilha, acrescentava camadas de complexidade e desconfiança à relação entre os dois grupos.

Ambos os lados tinham um incentivo para encontrar um caminho construtivo: a subsistência de todos dependia de chegarem a uma solução que permitisse ao setor continuar funcionando. Havia um grande ceticismo e frustração, porém, os gestores dos hotéis e os dirigentes sindicais tinham algo em comum: a absoluta certeza de que seu lado da história era o correto. Por isso, só conseguiam se ver como adversários e uma ameaça uns aos outros.

Não é preciso que você tenha visitado essa ilha para reconhecer o padrão que operava ali: dois lados, cada qual tão convicto da própria posição que não estava disposto a ouvir o adversário. Se você já passou por isso, sabe qual é o pensamento: "*Eles* são o problema." "Lá vamos nós outra vez." Cada um acha que já sabe o que o outro vai dizer e por que tal proposta está errada.

Nos dias anteriores à reunião — entendida por todos como um último esforço para levar os dois lados de volta à mesa de negociações —, recebi telefonemas cada vez mais furiosos e impacientes de ambos os lados. A certa altura, eles passaram a desligar na minha cara, enquanto eu respondia. A iniciativa, ao que parecia, estava tentando se manter de pé em uma corda bamba, mas era o que se tinha para interceder entre a tensa realidade e uma greve que se alastraria e paralisaria todo o setor.

Quando chegou o dia da reunião, não estava nada claro. Minha equipe e eu respiramos fundo e começamos a trabalhar. O que ambos os lados da disputa precisavam para cocriar uma realidade nova e compartilhada, na qual o setor do turismo pudesse se recuperar e os trabalhadores pudessem prosperar, era uma rápida dose de curiosidade.

CURIOSIDADE QUE CONECTA

A curiosidade alimenta o mecanismo de aprendizagem do cérebro humano. A psicologia e a neurociência dizem que ela é um poderoso impulso para a in-

ESCOLHA A CURIOSIDADE

formação, uma sensação de "privação que surge da percepção de uma lacuna no conhecimento e na compreensão".[2] Semelhante a outros impulsos, como a fome e a sede, a curiosidade cria uma forte motivação, alimentada pela dopamina, para buscar informações que preencham essa lacuna. Pesquisas também demonstraram que ela nos prepara para a aprendizagem ao ativar os centros de memória do cérebro.[3]

O tipo de curiosidade que mais nos interessa no Ask Approach é aquele que abre um canal para o que está na mente e no coração de outra pessoa. Eu a chamo de *curiosidade conectiva*.[4] Diferente da *curiosidade diversiva* (impulso para novas informações) e da *curiosidade epistêmica* (uma forma mais focada de curiosidade relacionada à compreensão de uma área específica), a *curiosidade conectiva* é um desejo de entender mais sobre pensamentos, experiências e sentimentos de outras pessoas.[5] Ela é fundamental para aprofundar nossa capacidade de aprender com as pessoas que nos cercam.

A curiosidade conectiva é tão poderosa pois é capaz de beneficiar todos os envolvidos. Podemos considerá-la um ato de cuidado — e, de fato, "cuidado" está na raiz latina da palavra *curiosidade*!

Quando você demonstra que deseja aprender com uma pessoa, ela percebe que o que sabe e vivencia é profundamente importante para você e que, portanto, vale a pena compartilhar. Quando você sinaliza *seu* desejo de compreender o que outra pessoa sabe, pensa e sente, o desejo dela de *lhe contar* aumenta. Em contraste, quando a pessoa se sente julgada ou percebe falta de interesse genuíno de sua parte, ela se fecha.[6]

Esse tipo de curiosidade é *especialmente* importante quando há uma diferença de poder na dinâmica. Ao decidir liderar com curiosidade, você opta por buscar compreender o outro. A outra pessoa sabe ou pensa algo que você precisa entender. Você não pode forçá-la a compartilhar nada, pode apenas expressar um desejo genuíno de se conectar e ouvir tudo o que ela tem a dizer. Isso gera uma sensação de empoderamento capaz de ajudar a contrabalançar outros fatores da escala de poder que poderiam levar o outro a ficar calado.

SIM, VOCÊ PODE ESCOLHER A CURIOSIDADE

Tradicionalmente, os psicólogos falam da curiosidade como uma característica que um indivíduo pode ter em maior ou menor medida, ou como um *estado de espírito* em que pode estar, dependendo da situação.[7]

Eu prefiro uma terceira maneira de ver a curiosidade: como uma *escolha* que podemos aprender a fazer a qualquer momento.[8] A escolha de assumir uma postura que nos abra para a aprendizagem, expandindo o que sabemos e aprofundando nossa conexão com os outros.

O fato de que podemos escolher não significa que seja fácil fazê-lo. Escolher a curiosidade vai contra muitas pressões que atuam tanto em nossa estrutura psicológica quanto na nossa cultura. Mesmo que a princípio não sintamos curiosidade, optar por abrir a mente pode transformar tudo a partir daí. Essa decisão não acontece uma vez só — muitas vezes, temos que escolher a curiosidade repetidamente, em vários momentos de uma conversa.

Embora isso seja difícil, é possível. Victor Frankl, que foi psicólogo, escritor e sobrevivente do Holocausto, recorda-nos que essa possibilidade existe mesmo nas situações mais terríveis: "Tudo pode ser tirado de um homem, menos uma coisa, a última das liberdades humanas: escolher sua atitude diante de qualquer circunstância."[9]

Eu defino "escolher a curiosidade" como:

Procurar intencionalmente novas informações e diferentes maneiras de compreender as pessoas, as situações e o mundo ao redor.

Embora todo mundo tenha a capacidade de fazer essa escolha, às vezes nos distraímos tanto com outras coisas que acontecem na nossa cabeça — como ansiedade, julgamento ou medo —, que começamos a sentir que não há espaço para ela. Escolhê-la, contudo, não é como fazer ainda mais bagunça em uma sala desorganizada; é como abrir uma janela, permitindo a entrada de luz e ar fresco. Na verdade, quanto mais conteúdo emocional passa por sua cabeça, mais revigorante é escolher a curiosidade. É uma boa faxina mental.

Escolher a curiosidade não significa abandonar palpites ou crenças, e sim deixar o controle um pouco para lá. No início da minha carreira, aprendi um mantra sucinto, mas poderoso que sempre uso: *ideias fortes, controle relaxado*.[10] Neste capítulo, apresentarei o que chamo de **perguntas curiosas** (PCs). Usá-las pode nos ajudar a manter nossas ideias fortes, de um jeito mais flexível, para que possamos abrir espaço para absorver novas informações e nos conectar com as perspectivas dos outros.

Para saber escolher a curiosidade, especificamente a *conectiva*, precisaremos analisar duas coisas de uma maneira um pouco diferente do que teríamos feito no passado: nossa relação com a realidade e com pessoas próximas. Para ajudar a pensar sobre ambos, apresento a seguir a ferramenta mais útil que já encontrei para escolher a curiosidade.

PARA ESCOLHER A CURIOSIDADE, POTENCIALIZE A ESCADA

Você já questionou sua relação com a realidade? Sei que isso pode parecer meio, bem, pesado, mas é uma prática incrível para fortalecer os músculos da curiosidade. Nesse esforço, teremos a ajuda de uma ferramenta adaptada (e renomeada) de outra, originalmente desenvolvida por Chris Argyris: **a escada da compreensão.**[11] Essa ferramenta nos dá uma visão exata de como a curiosidade desmorona: nossos conhecimentos, pressupostos e preconceitos nos levam a contar a nós mesmos "histórias" muito convictas sobre a realidade, que têm, muitas vezes, mais lacunas ou erros do que imaginamos. Usando a escada da compreensão, podemos injetar curiosidade em nosso processo de pensamento, reconhecendo quando tiramos conclusões precipitadas e inserindo mais pontos de interrogação em cada degrau.

Você pode usar a escada sozinho, como um processo de reflexão para ajudá-lo a escolher a curiosidade quando estiver diante de um conflito ou se sentindo empacado. Ou use-a para resolver um problema com outra pessoa ou outro grupo. Como verá, foi isso que fizemos com os gestores de hotel e o sindicato: jogamos o diagrama em forma de escada em um quadro branco e trabalhamos no processo juntos; e os resultados foram ótimos.

Então, vamos lá...

Imagine uma escada que sai de uma piscina. É uma imagem estranha, talvez, mas fácil de evocar e lembrar. Fará mais sentido em breve, prometo.

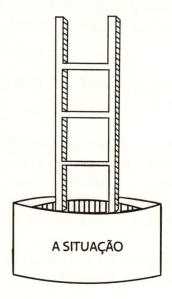

A SITUAÇÃO: UM CONJUNTO DE ZILHÕES DE DADOS

A água da piscina, também chamada de "a situação", representa todas as informações que existem sobre o contexto em que nos encontramos. Enquanto estou sentado aqui escrevendo este livro, há, literalmente, infinitos dados ao meu redor: a temperatura da sala, a forma como a luz entra pela janela, as silhuetas das árvores do lado de fora, o formato da cadeira em que estou sentado, os aromas vindos da cozinha, a voz da minha esposa ao telefone em outra sala, o barulho de um avião sobrevoando a casa, o arranjo de flores na mesa, o clique das teclas enquanto digito, as cortinas azuis presas ao varão preto, uma leve dor nas costas, a sensação do relógio no meu pulso me mostrando quantos passos dei hoje. A lista poderia continuar indefinidamente. Tente absorver, um dia, cada informação ao seu redor em determinado momento. Logo, você perceberá por que seu cérebro precisa filtrar a maior parte.

Quando tentamos prestar atenção em tudo, ficamos paralisados, ocupados demais atendendo a todos os aspectos das nossas experiências para poder fazer alguma coisa. Imagine se, nos tempos pré-históricos, um homem das cavernas parasse e prestasse atenção em tudo ao seu redor. Seria rapidamente comido por um tigre ou, se não fosse devorado, ficaria fascinado demais com tudo para poder caçar ou coletar alimentos. Vemos isso, também, em crianças pequenas. Já tentou chegar depressa a algum lugar caminhando com uma criança pequena, para quem tudo é fascinante? Na visão dela, tudo é incrível! Mas na do adulto que está atrasado para chegar à creche e ao trabalho, nem tanto.

SELECIONAMOS UMA PEQUENA PARTE DA INFORMAÇÃO E IGNORAMOS E ESQUECEMOS O RESTANTE

Quando crianças, somos incansavelmente curiosos. Mas, à medida que nosso cérebro se desenvolve e chega à idade adulta, aprendemos a fazer algo essencial e, ao mesmo tempo, problemático: damos atenção *seletiva* a uma pequena fração desse imenso quadro de aspectos em qualquer situação. Todo o resto é ignorado. Essa é uma habilidade fundamental para manter a sanidade na vida.

Mas aí reside o problema: essa pequena fração de informação situacional escolhida se torna nossa realidade total. Para seguir em frente, esquecemos das muitas outras partes da situação que não foram selecionadas (ou sequer percebidas).

Vejamos como se deu isso entre o sindicato e os gestores de hotel nos meses que antecederam nossa reunião. Caroline, uma das executivas mais antigas, foi designada para representar os gestores hoteleiros da ilha. Seu homólogo do lado sindical era Marcus, o líder do sindicato dos trabalhadores hoteleiros. Antes de chegar a esse cargo, ele trabalhou mais de quarenta anos como porteiro em um dos hotéis de Caroline. Os dois já brigavam havia décadas.

Em uma conversa, os dois lados falaram em modificar o contrato de trabalho para oferecer mais flexibilidade. Caroline participou desta reunião tendo sua "realidade" definida só pelos dados que ela havia selecionado, como o fato de Marcus declarar veementemente: "Não vamos falar sobre flexibilidade!" Ela mal lembrava que, nesse mesmo diálogo, Marcus e outros líderes sindicais também haviam dito: "Queremos encontrar uma solução", "Sabemos que é um momento difícil para todos, inclusive para os donos de hotéis" e "Estamos dispostos a ser criativos". Essas informações que nadavam na piscina de Caroline não subiram a escada com ela.

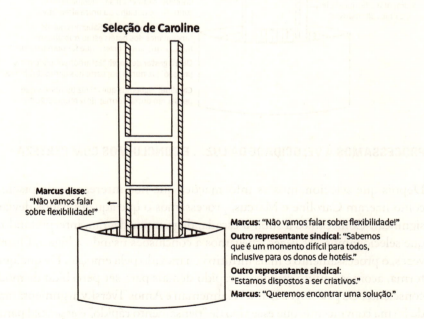

Da mesma maneira, a realidade de Marcus foi definida quando ele **selecionou** apenas uma das afirmações de Caroline: "Aumentar a flexibilidade no contrato de trabalho é a única alternativa." Caroline e outros gestores de hotel haviam dito muito mais que isso. Também disseram: "Sabemos que os funcionários dos hotéis estão trabalhando muito e queremos fazer o que for bom para eles", "Sabemos que talvez tenhamos que pensar em outras formas de remuneração para os funcionários" e "Estamos sofrendo mais pressão que nunca por parte dos donos dos hotéis, que estão pensando em vender as propriedades". Mas nada disso passou a compor a seleção de Marcus.

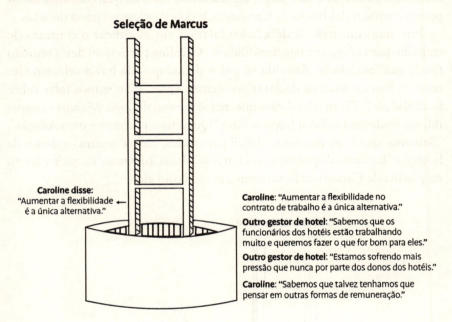

PROCESSAMOS À VELOCIDADE DA LUZ... E CONCLUÍMOS COM CERTEZA

Depois que selecionamos as informações que nos interessam da piscina, como fizeram Caroline e Marcus, processamos o que aqueles dados deviam significar. Começamos a subir a escada, degrau por degrau, interpretando o que selecionamos. Às vezes, chegamos a conclusões usando a lógica. Outras vezes, o processamento é mais intuitivo ou movido pela emoção. De qualquer forma, acontece muito rápido — rápido demais para ser percebido de modo consciente. Os psicólogos Daniel Kahneman e Amos Tversky argumentaram, de forma convincente, que esse tipo de "pensamento rápido" é essencial para a tomada de decisões críticas em um mundo tão globalizado.[12]

Resumindo, **fazemos conclusões**. Pode ser sobre o carácter dos outros ou (aquilo que percebemos como) a verdade da questão, ou quais ações nós e os outros deveríamos tomar. As informações que selecionamos, a forma como as processamos e as respostas às quais chegamos criam a **"história"** que contamos a nós mesmos sobre qualquer situação — e quando reagimos emocionalmente, essas histórias que construímos à medida que subimos a escada podem ser tão dramáticas como um filme de Hollywood, nos quais somos o herói incompreendido e o outro é o vilão.

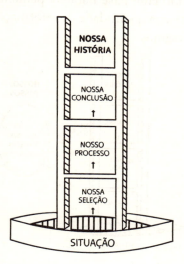

É importante ressaltar que nada na vida é tão linear ou simples. Na verdade, a maneira como construímos nossas histórias é cheia de conexões confusas e reviravoltas emocionais e intuitivas, mais ou menos assim:

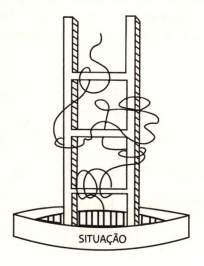

NOSSA HISTÓRIA MOLDA NOSSOS PASSOS

Independentemente de como chegamos às nossas conclusões, as histórias que contamos a nós mesmos sobre a realidade são muito poderosas. Tanto que determinam os passos que daremos — como agimos e reagimos, como tomamos decisões, tudo com base naquela pequena fatia de dados que selecionamos dentre a vasta quantidade de informações sobre a situação e, depois, como as processamos.

Vejamos como isso aconteceu com Caroline e Marcus.

Caroline interpretou a frase de Marcus "Não vamos falar sobre flexibilidade" como: "Marcus se recusa a discutir o que considero ser a maneira mais importante de o setor se tornar mais competitivo." A maneira como ela **processou** isso a levou a **concluir**, com certeza, que *Marcus é teimoso e do contra*. A partir daí, o **passo** seguinte foi: "Tenho que vencer a resistência dele."

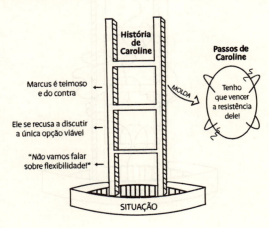

Da mesma forma, ao ouvi-la dizer "Aumentar a flexibilidade no contrato de trabalho é a única alternativa", Marcus pensou: "Caroline quer que os funcionários, já explorados, trabalhem ainda mais." A partir daí, ele chegou a uma conclusão, cheio de certeza: "Caroline quer nos explorar." Isso, naturalmente, levou ao seguinte passo: "Preciso detê-la a qualquer custo!"

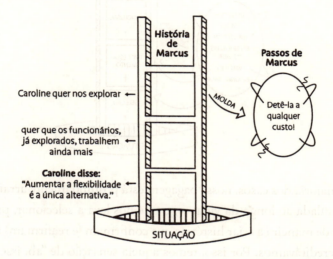

Toda vez que os dois subiam mais um degrau, encontravam sentido nele com base no pequeno subconjunto de informações que cada um havia selecionado e na maneira como as haviam processado. Também poderiam ter escolhido outros fragmentos da situação, ou ter digerido cada fração de inúmeras formas. Se houvessem feito isso, poderiam ter chegado a conclusões diferentes. Por que cada um subiu sua respectiva escada de tal maneira?

NOSSA BAGAGEM MOLDA NOSSAS HISTÓRIAS... E, ASSIM, CAÍMOS NO *LOOP* DA CERTEZA

Em parte, isso aconteceu devido a um fenômeno psicológico bem documentado chamado *viés de confirmação*,[13] que se refere à onipresente tendência humana a selecionar experiências que confirmem crenças, preconceitos, vieses, experiências de vida e suposições que temos sobre uma pessoa ou situação. Eu chamo tudo isso de **bagagem**.[14] A essência do que a compõe é humana: é confusa, tem muitos pontos fracos (alguns encobertos e outros ainda bastante crus), é muitas vezes cheia de contradições e está sempre em evolução (tomara!). Essa bagagem nos acompanha em todas as situações e influencia as informações que selecionamos e como as processamos para chegar a conclusões.

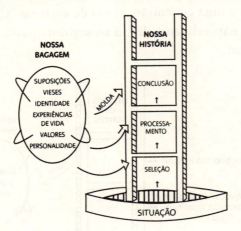

Na maioria dos casos, nossa bagagem está profundamente arraigada — e foi acumulada ao longo da vida —, o que nos leva a selecionar, processar e concluir de maneira a criar histórias que confirmam (e reafirmam) aquilo em que já acreditávamos. Por isso, temos aquela sensação de "ah, isso de novo" quando nos vemos envolvidos em uma dinâmica já conhecida — porque estamos levando nossa bagagem escada acima, mais uma vez. Marcus e Caroline já eram céticos em relação um ao outro, de modo que não demorou muito para que criassem histórias que confirmavam o que pensavam e sentiam um sobre o outro.

Subir a escada tendo certeza de uma história não é, por si só, um problema. É humano e, como vimos, bastante útil para evitar a paralisia das decisões. O problema surge quando caímos no que chamo de loop *da certeza*. Ficamos presos nele quando esquecemos que acreditamos em uma história moldada pela nossa bagagem, e apenas uma das muitas que poderiam ser elaboradas sobre a situação. A história que criamos, e como ela se desenrola ao longo da nossa vida, se torna, para nós, a verdade objetiva, que serve apenas para confirmar as expectativas que já tínhamos, ou seja, nossa bagagem. Isso não se limita a situações de conflito; a maioria das pessoas passa grande parte da vida presa nos próprios *loops* da certeza. Se achamos que o que pensamos sobre uma situação é a realidade, que espaço sobra para a curiosidade? Não muito.

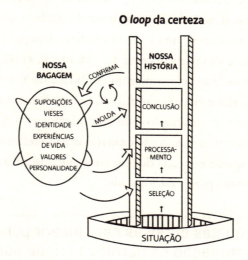

O *loop* da certeza

USE A ESCADA PARA ESCOLHER A CURIOSIDADE

Como interromper o *loop* da certeza e *escolher a curiosidade*? Na linguagem de Kahneman e Tversky, temos que *desacelerar* o pensamento. Um primeiro passo é tomar consciência de que o *loop* está acontecendo. Quando nos pegamos em flagrante e percebemos que a nossa mente construiu uma história distorcida e incompleta, podemos identificar as lacunas no nosso conhecimento e sair à caça da curiosidade.

Podemos usar a escada da compreensão como uma ferramenta para expandir nossas ideias e encontrar lugares para inserir pontos de interrogação. Depois que apresentamos essa ferramenta a Caroline e Marcus, até eles, que estavam há tanto tempo presos a seus *loops* da certeza, aprenderam a "descer a escada". Quando as coisas ficavam tensas na reunião, eles diziam, brincando: "Acho que estamos todos no topo da escada agora!" Esse era o sinal para darmos um tempo e refletirmos sobre o que eles podiam estar interpretando mal ou até deixando passar despercebido. Aos poucos, os líderes sindicais passaram a ficar mais curiosos — na verdade, solicitaram uma cartilha sobre a economia do setor para que eles e os demais sindicalistas pudessem avaliar melhor as pressões que os gestores enfrentavam.

Esses, por sua vez, ficaram mais curiosos sobre o que era importante para os funcionários. Caroline demonstrou interesse ao dar uma declaração à rede de TV nacional, ao lado do presidente do sindicato, para afirmar seu compromisso de encontrar uma solução que fosse boa para os funcionários do setor. Por fim, a tão temida greve foi evitada, e, embora nunca tenha sido fácil, ambos os lados continuaram em busca de acordos trabalhistas que colocassem o setor em um caminho que beneficiasse a todos.

Apesar de nossa programação mental, podemos *escolher* a curiosidade. Usar a escada da compreensão como uma ferramenta reflexiva ajuda a inserir pontos de interrogação em cada degrau para que possamos nos lembrar de que há sempre espaço para a curiosidade.

Perguntas curiosas para inserir pontos de interrogação na narrativa criada por você

- E se minha história não for a única válida sobre determinada situação? Que informações e experiências posso ter ignorado ao selecionar os dados que formaram a base da minha história? Como a informação poderia ser interpretada ou processada de uma maneira diferente para chegar a conclusões diferentes?
- De que forma essa situação, segundo a minha história, é útil para mim e para meus relacionamentos, e de que forma é limitante?
- Qual seria o ponto de vista e a narrativa de outra pessoa sobre essa situação? Que informações ela poderia selecionar e processar para chegar a conclusões? Que experiências podem ter moldado a bagagem dela?

De repente, uma situação que parece evidente está cheia de pontos que podemos explorar com curiosidade. Que fascinante oportunidade para aprender!

ESCOLHA A CURIOSIDADE

> ## Como a inteligência artificial pode ajudá-lo a formular perguntas
>
> Para ajudar você a ver além do que imaginou sobre uma situação, digite (ou diga) o que pensou no seu chatbot de IA preferido e adicione: "O que será que não analisei direito?"
>
> Veja algumas histórias que digitei (todas podem lhe parecer familiares, devido aos exemplos deste capítulo):
>
> - *Ao que parece, o sindicato só quer aumentar o salário dos trabalhadores, ignorando as necessidades da minha empresa. O que será que não analisei direito?*
> - *Acho que os gestores só estão tentando fazer os funcionários trabalharem mais e explorá-los. O que será que não analisei direito?*
> - *Meu colega Bailey se recusa a aceitar um projeto que propus. Estou furioso. O que será que não analisei direito?*
>
> Em todos os casos, a resposta que recebi tinha considerações novas e importantes, que não faziam parte da história original e levantavam pontos que poderiam ser explorados com curiosidade.

FIQUE CURIOSO COM AS INFORMAÇÕES INVISÍVEIS DA SUA PISCINA

Dentre as informações que temos sobre determinada situação, quais tendemos a ignorar? De acordo com psicólogos sociais, que documentam esse desafio há décadas usando conceitos como *viés do ator-observador*[15] e *erro fundamental de atribuição*,[16] nós, humanos, atribuímos o comportamento dos outros ao caráter deles e ignoramos a influência da situação na qual eles se encontram (mas, curiosamente, ao explicar *nosso* comportamento, nós o atribuímos muito mais ao contexto no qual estamos inseridos do que ao nosso caráter). Isso significa que, quando interagimos com outras pessoas, é mais provável que ignoremos (ou interpretemos mal) dados relacionados **ao contexto que influencia o comportamento do outro. Em outras palavras, aquilo que o outro está enfrentando.**

Em uma ilustração comovente, a Cleveland Clinic criou um vídeo para que seus funcionários desenvolvessem mais empatia para com pacientes e colegas. Nas imagens, pacientes, visitantes, médicos e pessoal da manutenção são retratados desempenhando suas tarefas no hospital. Mas cada vez que a câmera passa por alguém, surge uma legenda descrevendo os desafios que essa pessoa está enfrentando na vida pessoal. Alguém descobriu ter um tumor benigno; outro recebeu o diagnóstico de câncer. Uma pessoa acabou de ter um filho, enquanto outra está preocupada em cuidar da esposa, que sofreu um AVC. Esse vídeo comovente lembra que todo mundo enfrenta algo e que, como não temos legendas na vida real, não sabemos disso, a menos que o outro nos conte. (O link para o vídeo está na nota de fim, na página XXX.)[17]

Também desconhecemos **as verdadeiras intenções e motivações dos outros.** Ao subir a escada das nossas histórias, muitas vezes presumimos saber *por que* alguém faz algo; mas como as motivações estão na mente de cada pessoa, *não podemos acessar essa informação sem perguntar.* Isso não nos impede de inventar histórias sobre tais motivos, mas, agora, temos noção de como isso pode nos conduzir a erros.

Eboo Patel, fundador e presidente da Interfaith America, tem uma boa ideia de como ajudar as pessoas a manter a mente aberta para aprender com os outros. Patel trabalha com vários líderes religiosos, de todo tipo de crença, para criar pontes e fortalecer a estrutura da sociedade. O desafio é que crenças e tradições religiosas muitas vezes entram em conflito direto. "Por exemplo, no catolicismo, o vinho é sagrado; no islamismo, é profano", comentou ele. "Os muçulmanos têm um único Deus, mas os hindus celebram muitos deuses." Então, como construir conexões e manter a mente aberta ao aprendizado na interação entre aqueles que têm divergências tão fundamentais?

Como cientista social, Patel sabe que "as pessoas tendem a fazer coisas que funcionam (ou que acham que funcionam) para elas [...]. Portanto, tudo começa com a curiosidade". Segundo ele, não é necessário mudar crenças nem ser compassivo para ser curioso. Basta lembrar que você acredita e toma decisões considerando aquilo que faz sentido na sua cabeça — e que os outros também fazem isso. Precisamos, então, nos perguntar: "Como essas coisas fazem sentido para essas pessoas? Qual é o sentido disso do ponto de vista delas? Como esse ponto de vista serve a elas?" Essas questões não se limitam a diferenças religiosas. Quando vir alguém fazendo algo que lhe

ESCOLHA A CURIOSIDADE

pareça estranho, errado ou abominável, pergunte-se: "Como isso faz sentido do ponto de vista **dessa pessoa?**"

Lembre-se também do efeito da curiosidade conectiva, ou da falta dela, sobre seu interlocutor. Se você for julgar, ninguém vai lhe contar suas verdadeiras experiências e motivações. Entretanto, se demonstrar curiosidade sobre a situação e a história dele — além de ideias e pensamentos mais profundos e de onde vieram —, você vai se envolver na interação de tal forma que fará a pessoa se sentir confortável para falar.

A outra metade de um relacionamento é a maneira como nós próprios participamos da dinâmica — e, aqui, também é provável que ignoremos algumas informações da piscina da situação: **como nossas ações são percebidas pelos outros e qual é o impacto sobre eles.**

Ignoramos totalmente a maneira como os outros veem nossas atitudes e como estas os impactam. A linguagem corporal pode dar pistas, mas, como já dissemos, também pode ser mal interpretada ou enganosa. Só podemos ter certeza do que dissemos e fizemos, não como nossas palavras ou atitudes chegaram ao outro. Já escutou gravações de áudio suas e achou sua voz estranha? Isso é só um pequeno exemplo da nossa visão limitada sobre como os outros nos percebem.

Tessa West é psicóloga da Universidade de Nova York e diretora do West Interpersonal Perception Lab, que estuda como as pessoas entendem umas às outras e como, na maioria das vezes, se equivocam. Em um episódio do podcast "Hidden Brain" da NPR, West lembra como esse tipo de ponto cego resultou em um mal-entendido entre ela e uma aluna que durou anos. Depois de um longo dia de trabalho, a psicóloga entrou no elevador. Quando uma aluna entrou no elevador no andar seguinte, West a olhou e desviou o olhar em seguida. Não deu importância àquilo, mas, com o tempo, foi se dando conta de que a estudante ficava nervosa perto dela. Vários anos depois, a professora descobriu que a aluna havia interpretado a sua expressão como antipatia e concluído, pelo desvio do olhar, que era odiada! Como West não soube como a interação havia sido percebida pela aluna, também não sabia que um simples desviar dos olhos tivera um impacto tão negativo em alguém sobre quem exercia um poder significativo.[18]

Ambos os pontos cegos — como os outros nos entendem e nossos impactos sobre essas pessoas — são detalhes a que não temos acesso. Por isso, os dados da piscina são completamente desconhecidos por nós.[19] A curiosidade conectiva é um bom começo para descobrir essa informação, que pode ser crucial.

Quando eu era um jovem consultor, entrei na sala do meu gerente, David Levy, e me sentei em uma cadeira em frente a ele. Era nossa reunião semanal para falar sobre Judy, diretora da divisão internacional de uma empresa que era nossa cliente. Na minha história — ou seja, minha escada —, eu estava dando murro em ponta de faca, não conseguia fazer com que ela parasse de resistir e fizesse o que deveria ser feito (segundo o que eu acreditava) para ser bem-sucedida. Eu estava muito frustrado. David se recostou na cadeira e disse: "Já pensou em como *você* pode estar contribuindo para a resistência dela?"

Com essa pergunta, David inseriu uns pontos de interrogação no meu *loop* da certeza. Deixei de lado minha presunção e começamos a especular sobre como Judy poderia estar recebendo os meus tão bem-intencionados esforços — por exemplo, follow-ups repetidos e sugestões (seguidas de uma extensa justificativa). Quanto mais eu me mostrava curioso sobre os impactos não intencionais que meu comportamento poderia ter gerado nela, mais motivado me sentia para inquiri-la de verdade. Graças a essa nova perspectiva, lhe perguntei o que achava da nossa parceria, e sua resposta revelou algo que eu desconhecia por completo. Na verdade, Judy não estava resistente ao nosso plano; estava apenas o adiando devido a umas mudanças delicadas de equipe que precisavam acontecer antes de ela prosseguir com o combinado. Enquanto isso, minha incansável pressão nos transformava desnecessariamente em adversários, em vez de aliados. Assim que entendi isso, mudei minha forma de trabalhar com ela e nossa colaboração voltou aos eixos.

Se David não tivesse me ajudado a escolher a curiosidade, eu teria ficado preso em meu *loop* da certeza. Meu comportamento diante da suposta "teimosia" de Judy poderia ter colocado em risco nosso relacionamento profissional e, com isso, nosso trabalho em equipe.

Quantas vezes alguém esteve em uma posição parecida com essa minha, mas sem ter as ferramentas ou o empurrãozinho para escolher a curiosidade? Saber onde estão nossos pontos cegos interpessoais nos ajuda a descobrir informações que passariam batidas para nós.

Perguntas curiosas para expandir sua consciência

- ✦ O que os outros podem estar enfrentando na vida?
- ✦ Quais seriam as motivações deles?
- ✦ Como eles vivenciam o mundo, o que daria sentido ao que acreditam ser a verdade e aos próximos passos que darão na vida?
- ✦ Como será que eles me veem? Qual seria meu impacto não intencional sobre eles?
- ✦ Como posso estar contribuindo para o problema?

COMBATENDO OS ASSASSINOS DA CURIOSIDADE

Embora a curiosidade seja quase sempre a escolha *certa*, muitas vezes não é a escolha *fácil*. As perguntas curiosas deste capítulo são muito úteis e, para mim, suficientes para quebrar o *loop* da certeza. Acho-as mais eficazes quando as trabalho com outra pessoa. Mas há situações em que é difícil ser curioso — eu as chamo de *assassinas da curiosidade*. Aqui, veremos três perpetradores e as estratégias para derrotá-los.

ASSASSINO DA CURIOSIDADE Nº 1: SEQUESTRO EMOCIONAL

Segundo a experiência de Jamie Higgins, coach executivo de líderes de alto nível no mundo corporativo estadunidense, esse é, de longe, o mais difícil de todos os assassinos da curiosidade. Quando estamos emocionalmente ativados (o que costuma acontecer quando as pessoas nos dizem coisas que precisamos escutar, embora não queiramos), enfrentamos um dilema: correr para o alto da escada, ou perceber nossa reação e usá-la como uma deixa para desacelerar e escolher a curiosidade. Com a prática, as emoções negativas e desconfortáveis podem se tornar oportunidades para fortalecer nosso lado curioso e aprofundar o que aprendemos com os outros.

Enfrentei esse dilema quando um colega, Bailey, recusou-se a assumir um projeto para o qual o designei. Fiquei tão agitado que por sorte não estourei uma veia. Lá estava eu, cansado de tanto trabalhar e de abrir mão de coisas pessoais pelo bem da empresa, e Bailey veio com um "Não, obrigado".

Como ele ousava ser tão egoísta enquanto todo mundo estava se sacrificando? Fiquei louco da vida. Se não fosse Bailey, quem seria? Quem assumiria o projeto? Eu queria gritar. Enquanto desabafava, o meu cofundador, Aylon, assentia, solidário. Depois, ele sugeriu, com muita calma, que talvez valesse a pena analisar a minha, digamos, *reação intensa*. Qual gatilho foi acionado *em mim* por aquela resposta de Bailey?

Reações emocionais intensas ocorrem quando percebemos o perigo — por exemplo, uma ameaça a nossa posição, a nossas crenças, a nossa identidade ou a recursos como tempo, dinheiro e energia. Esse processo é conhecido como "sequestro da amígdala",[20] porque a parte do sistema límbico responsável pelo processamento das emoções assume o controle da nossa mente pensante (córtex pré-frontal). Podemos lutar (ficar na defensiva), fugir (evitar a conversa, mudar de assunto), ficar paralisados (nos fecharmos) ou bajular (tentar agradar, colocar panos quentes, apaziguar). Cada resposta restringe nossa atenção à ameaça imediata em questão, seja ela percebida ou real, e torna quase impossível que ampliemos nossa consciência para coisas como a experiência do outro ou a possibilidade de que estejamos ignorando informações importantes.

Em outras palavras, quando nos sentimos ameaçados, nossa curiosidade é desligada. O pior é que isso pode se transformar em um círculo vicioso: quando somos menos curiosos, tendemos a ficar na defensiva, mais apegados a um resultado específico e mais temerosos de que algo não dê certo. Tudo isso praticamente garante a impossibilidade do aprendizado.[21]

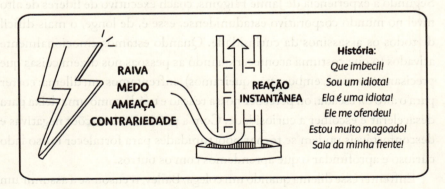

E se pudéssemos virar isso *ao contrário*? E se as emoções, em vez de nos limitar, fossem dicas para nossa curiosidade? Além das reações instintivas de lutar, fugir, ficar paralisado ou bajular, existe uma quinta possibilidade: entrar no modo descoberta, no qual a curiosidade é ativada.

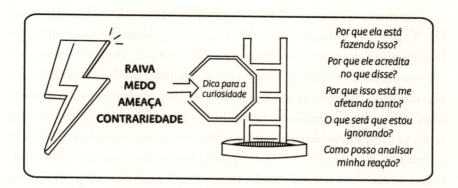

Não é fácil e leva tempo para aprender, mas é possível, se quisermos. Jim Cutler (lembra-se dele do Capítulo 2?) me contou que aprendeu a perceber as emoções intensas e a responder aos sinais físicos delas — por exemplo, quando sente a raiva ou a frustração no corpo. Agora, antes de bater na mesa, ele respira fundo, toma consciência das emoções e se lembra de ativar sua curiosidade.

Práticas como atenção plena ou exercícios respiratórios, que discutirei com mais profundidade na parte seguinte, também ajudam a nos distanciar das reações imediatas para que possamos percebê-las e despertar nossa curiosidade sobre elas, em vez de permitir que nos dominem. Enquanto isso, para o restante de nós, mortais, que ainda não alcançou um bom nível de autoconsciência: é para isso que servem os amigos e mentores (leia-se também psicoterapeutas). Podemos pedir a eles que sejam solidários, nos digam que estamos certos, nos ajudem a falar sobre o assunto e a despertar nossa curiosidade, assim como Aylon fez comigo quando percebeu que eu estava abalado por causa de Bailey.

Depois do cutucão de Aylon e de respirar um pouco, pude dizer a mim mesmo: "Isso me irritou, talvez mais do que deveria. Qual será que foi o gatilho?" Talvez minha exaustão e os sacrifícios pessoais que fiz pelo trabalho tenham cobrado um preço tão alto que eu não conseguia ser solidário com ninguém que estabelecesse limites diferentes dos meus. Talvez eu tivesse mais sede de poder do que gostaria de admitir e, por isso, fiquei furioso quando alguém que contratei rejeitou uma solicitação minha. Talvez eu estivesse apressado e estressado demais para pensar que Bailey poderia ter um motivo justificável para não aceitar a minha proposta.

Não mais preso no modo lutar, fugir, ficar paralisado ou bajular, *descobri*: "O que deixei passar?" Ao insistir na questão, descobri que Bailey não havia aceitado por um excelente motivo. Não era porque ele priorizava a si mesmo acima da equipe. Não era porque rejeitava minha autoridade; ele não era nada daquelas coisas horríveis que meu cérebro emocionalmente sequestrado havia concluído. Quando lhe perguntei, ele explicou que já havia se comprometido com outros projetos no mesmo período e que não queria prejudicá-los. Quando me explicou, vi que ele estava certo. Se eu não houvesse escolhido a curiosidade, teria subestimado um colega de equipe por tomar uma decisão pensando no melhor para a empresa. Como Kim Scott, autora de *Radical Candor*, disse: **"Quando estiver furioso, fique curioso."**

> ## Perguntas curiosas para fazer quando sentir emoções intensas
>
> - O que estou sentindo? Em que parte do corpo?
> - O que essas emoções estão me dizendo?
> - Que partes da minha vida (por exemplo, experiências de vida, identidade, suposições mais profundas) podem estar me deixando suscetível a uma reação tão forte?
> - O que posso aprender com minha reação? Como explorá-la?
> - O que essa forte reação me impede de ver, escutar ou pensar?

ASSASSINO DA CURIOSIDADE Nº 2: A PRESSÃO IMPLACÁVEL POR VELOCIDADE E EFICIÊNCIA

Quando nossos recursos cognitivos e emocionais estão esgotados, quando nosso cérebro está sobrecarregado com intermináveis coisas a fazer, quando corremos de uma reunião para a outra e mal temos tempo para respirar, a curiosidade pode parecer um luxo. Tricia Hersey, fundadora do Nap Ministry e autora de *Rest is Resistance* [*Descansar é um ato de resistência*, em tradução literal], argumenta que estamos sofrendo uma crise de privação de sono, exaustão, sintomas de uma "cultura da labuta" que dá mais importância à produtividade que à humanidade.[22] A obra de Hersey, que considera essa crise uma questão de justiça racial e social, destaca como grupos de pessoas marginalizadas vivenciam desproporcionalmente essa opressiva pressão por desempenho e produtividade constantes. Assim sendo, ela vê a decisão de desacelerar, descansar e refletir como um gesto de autocuidado e um antídoto para uma cultura em que estamos todos sobrecarregados, exaustos e desconectados de nós mesmos e dos outros. Ao desacelerar, nos permitimos espaço para imaginar diferentes possibilidades, o que inclui a curiosidade sobre os sentimentos e as experiências dos outros.

Para mim, a prática de desacelerar, talvez mais que qualquer outra mencionada neste livro, é sempre a mais difícil de se adotar. Depois de décadas vivendo na panela de pressão da consultoria de gestão, e depois como gestor, executivo e cofundador de organizações ambiciosas, ainda tenho dificuldade para desacelerar e criar o espaço necessário para que a curiosidade floresça. Tenho que ter consciência e intenção para que isso aconteça, todos os dias. Em tese, como Co-CEO de uma organização, tenho mais controle do meu tempo que nunca, mas o peso da responsabilidade que carrego, tanto dentro quanto fora da empresa, muitas vezes me faz sentir que tenho *menos direito* de desacelerar e diminuir minha lista de afazeres. Também entendo que, na verdade, minha posição me dá autonomia e segurança financeira para ter muito mais controle sobre o meu tempo do que a maioria das pessoas. Entretanto, quando paro um pouco, luto para me livrar da sensação de que deveria estar fazendo mais e de que estou ficando para trás. Não há como negar que o ritmo de vida fica cada vez mais acelerado para todos, mas vale a pena analisar quais demandas são realmente inegociáveis e quais decorrem de um conjunto de crenças socializadas sobre como você deve *investir* seu tempo.

Além de analisar sua relação com o tempo, veja duas práticas concretas que podem ajudar a criar o espaço necessário para a curiosidade.

Transformação radical da agenda. Pouco depois de entrar na minha equipe, minha assistente executiva, Shanika Verette, me disse de forma clara, mas amorosa que, em tantos anos trabalhando com CEOs, nunca havia visto uma agenda tão lotada como a minha: sem horário de almoço, sem intervalos, apenas uma reunião atrás da outra ou sobrepostas com colegas, investidores, membros do conselho, outros CEOs, superintendentes etc. "Como você tem tempo para pensar?", perguntou ela. Aos poucos, Shanika foi me pressionando para cancelar algumas reuniões e delegar outras. Encontros de uma hora passaram a durar trinta minutos, algumas reuniões semanais passaram a ser quinzenais etc. Ela acrescentou só um novo compromisso: que nos reuníssemos uma vez por mês para revisar o que realmente era prioridade e o que poderia ser deixado para depois. No fim, seus ajustes acabaram me liberando de duas a três horas por dia (ou seja, dez a quinze horas por semana!). De repente, eu não tinha nenhum compromisso marcado, coisa que antes acreditava ser impossível. Ela abriu espaço para eu poder pensar, esboçar ideias novas, ler, exercitar minha curiosidade, ligar de forma espontânea para alguém e trocar uma ideia ou só para perguntar como as coisas estavam indo. Ganhar todo esse tempo foi transformador — para minha curiosidade, meus relacionamentos e, sinceramente, minha saúde e meu bem-estar.

Suspiro fisiológico: este exercício respiratório simples é a prática número um que o Dr. Andrew Huberman, professor de neurobiologia da Universidade de Stanford, sugere para acalmar o sistema nervoso, de modo a acessar partes do cérebro desligadas pelo estresse.[23] É mais ou menos assim: duas inspirações curtas pelo nariz e uma expiração longa pela boca. Só isso. Praticar essa técnica de respiração algumas vezes pode acalmar a mente o suficiente para dar acesso aos estados de pensamento mais elevados, como a curiosidade. Um amigo meu mantém seus níveis de estresse sob controle fazendo isso duas vezes ao dia. Ele tem um alarme chamado "Respire" que toca às 9h30 e às 16h30, lembrando-o de desacelerar e respirar conscientemente algumas vezes.

Meditação, ioga, caminhadas ao ar livre e manter um diário são maneiras eficazes de renovar a curiosidade. Desacelerar o corpo e a mente é absolutamente essencial para a vida. Comprometer-se a tornar uma dessas práticas num hábito regular é um poderoso ato de resistência contra as forças culturais que priorizam o trabalho em detrimento do maravilhamento.

Perguntas curiosas para resistir à velocidade e à urgência

- Como estou sentindo as pressões da velocidade e da urgência na minha vida? Como estou sentindo o estresse ou a necessidade de me apressar?

- Como encontrar espaço no meu dia, mesmo que alguns minutos, para fazer uma pausa e abrir lugar para a curiosidade?

- Qual prática funciona melhor para mim? Respirar fundo algumas vezes? Fazer uma caminhada? Meditar?

ASSASSINO DA CURIOSIDADE Nº 3: PRESSÕES SOCIAIS

Quando vivemos dentro de bolhas (nossas comunidades físicas ou virtuais), todas as pessoas à nossa volta reforçam as visões de mundo e os vieses que contribuem para nossas "coisas". Não surpreende a facilidade de termos certezas. A cultura política cada vez mais polarizada e isolada nos Estados Unidos pode ser vista como o resultado direto de uma crise de curiosidade nacional. Culpe a tecnologia, os noticiários da TV, culpe quem você quiser, mas o final da história é o mesmo: as pessoas já não acham que têm algo a aprender com quem pensa diferente delas. Mas todos têm o poder de agir para expandir experiências e informações às quais nos expomos; em outras palavras, podemos procurar novos pontos de vista e reconhecer as limitações da nossa própria perspectiva. A jornalista Amanda Ripley, autora de *High Conflict [Alto conflito*, em tradução livre], descreveu isso como "ampliar as lentes"; seja de forma histórica, seja geograficamente, seja incluindo vozes muitas vezes ignoradas: uma maneira de aumentar nossa compreensão das situações e, assim, despertar mais curiosidade.

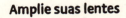

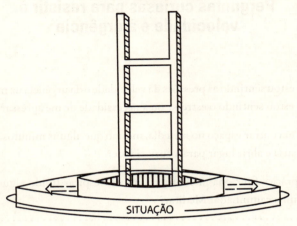

> **Perguntas curiosas para combater as pressões sociais que reforçam as certezas**
>
> • Que vozes ou perspectivas faltam no que estou ouvindo?
> • Que questionamentos, dúvidas ou perguntas mesquinhas eu tenho?
> • Que contra-argumentos poderão existir que desafiem a visão dominante? E quais aspectos desses contra-argumentos têm mérito?
> • Como as pessoas ou a cultura ao meu redor podem estar me pressionando para agir de uma forma que talvez seja diferente do que acredito ser uma certeza minha?

A CURIOSIDADE É UM ESPORTE DE EQUIPE

Há um padrão comum nas histórias deste capítulo: é difícil ser mais curioso quando estamos presos nas bolhas da nossa história, de nossas emoções e culturas. Os líderes sindicais e gestores hoteleiros precisaram se engajar (além de um facilitador externo) para superar seus *loops* da certeza. Eu precisei de um gestor de confiança para me ajudar a ver meus pontos cegos em relação a uma cliente. Da mesma forma, Aylon me ajudou a transformar minha raiva em uma oportunidade para despertar minha curiosidade. Em nenhum desses

ESCOLHA A CURIOSIDADE

casos, eu ou as outras pessoas ficamos curiosos sem ajuda. Para combater nossos *loops* da certeza que se reforçam e as correntes culturais que sufocam a curiosidade, precisamos nos cercar de amigos e colegas que nos chamem atenção para aquilo que não conseguimos perceber.

Escolha seu círculo social com cuidado. Eu me refiro a colegas de trabalho, mas também a amigos, membros da comunidade, e isso se estende até aos programas que vê e aos influenciadores que segue. É relativamente fácil encontrar pessoas que afirmem nossas perspectivas. Muitas vezes, isso significa que também estão conspirando conosco. Em vez de incentivar nossa curiosidade, elas reforçam nossas suposições e histórias. Se realmente quer ser curioso, cerque-se de pessoas que *também o desafiem*: a fazer perguntas, a iluminar pontos cegos, a ver as coisas de um ângulo diferente. Se amigos e colegas não fazem isso, peça-lhes para fazer!

Você já é curioso? Se sim, é hora de tornar isso algo seguro, fácil e atraente para que os outros respondam à essa curiosidade. Daremos esse passo no Capítulo 4.

Resumo dos pontos-chave

Pergunta essencial: Como despertar sua curiosidade para fazer novas descobertas e conexões inesperadas?

1. Você pode *escolher* aumentar sua **curiosidade conectiva** — o desejo de saber mais sobre os pensamentos, as experiências e os sentimentos dos outros.

2. Aproveite a **escada da compreensão** para ter mais curiosidade:

- Quais informações você está selecionando entre todas as disponíveis?

- Quais informações sobre a situação estão passando despercebidas ou sendo ignoradas? Pense em quais informações são invisíveis para você, incluindo as adversidades que os outros enfrentam bem como o impacto que você exerce sobre eles.

- Como você está interpretando as informações que selecionou? Que conclusões está tirando? Que história está contando a si mesmo com base nessa interpretação?

- De que forma a sua narrativa afeta o modo como você se relaciona com a situação e com a outra pessoa?

- Que outras interpretações e histórias são também possíveis e como você pode aprender sobre elas?

3. Defenda-se contra os **assassinos da curiosidade:**

- Sequestro emocional — solução: use suas emoções (por exemplo, medo, raiva, ansiedade) como um sinal para fazer uma pausa e ser mais curioso.
- Pressões por velocidade e eficiência — solução: desacelere, respire e tire da sua agenda todas as coisas que não precisam estar ali!
- Pressões sociais — solução: busque pontos de vista novos ou diferentes.

EXERCÍCIOS

3A. Pense em uma interação ou um relacionamento em que você sente menos curiosidade do que gostaria. Talvez a mágoa, raiva ou atitude defensiva o esteja bloqueando. Talvez haja julgamentos ou culpa. Talvez até se sinta ofendido ou esteja sendo rígido. Se não consegue pensar em uma interação assim, procure identificar alguém nas notícias ou nas redes sociais de quem discorda veementemente. Agora, use a escada da compreensão para fazer um diagrama de como chegou à história que possui.

- Você selecionou quais informações da piscina?
- Como processou (interpretou ou deu sentido a) essa informação?
- A que conclusões chegou?
- A sua conclusão o fez tomar quais decisões?
- Como suas coisas (conhecimento, experiências, vieses etc.) moldaram a história que você construiu e o levaram a um *loop* de certeza?

3B. Observe que efeito isso teve para desacelerar seu pensamento e configurar sua história. Isso o levou a ser mais curioso sobre o assunto? Caso contrário, tente inserir pontos de interrogação. Por exemplo:

- Que informações você ignorou?
- Como processar ou interpretar de formas alternativas as informações que você selecionou?

ESCOLHA A CURIOSIDADE   93

- Que histórias alternativas podem existir sobre a situação?
- Quais sentimentos e reações você poderia compartilhar ou testar com um amigo de confiança?

3C. Analise quais assassinos da curiosidade podem estar agindo em você:

- Sequestro emocional?
- Pressões implacáveis por velocidade e eficiência?
- Pressões do grupo?

Para qualquer um deles, experimente as perguntas curiosas que os acompanham.

Ganhe pontos extras se tentar fazer esses exercícios com um amigo que pode ajudá-lo a sair de sua própria perspectiva.

Vamos começar a nos sentir mais curiosos.

CAPÍTULO 4

CRIE UM ESPAÇO SEGURO

Pergunta essencial: Como fazer com que as pessoas se sintam confortáveis para falar sobre coisas difíceis?

COMO CO-CEO DE UMA ORGANIZAÇÃO SOCIAL DE RÁPIDO CRESCIMENTO, EU ME relaciono com muitos investidores. São pessoas generosas e solidárias, comprometidas com nosso sucesso, e fiz amizade com muitas delas. Mas há um detalhe incômodo: essas pessoas têm poder sobre mim, pois a qualquer momento podem decidir aumentar seu investimento ou retirá-lo. Ao mesmo tempo, elas também sabem que essa dinâmica de poder pode atrapalhar uma comunicação bidirecional sincera.

Em muitas das minhas interações com investidores, sinto essa tensão tácita. Temos mais de uma centena de funcionários cuja subsistência depende, em parte, da minha capacidade de assegurar investimentos novos e renovados, e não quero decepcioná-los. Igualmente importante é que temos grandes objetivos e planos sólidos sobre como mudar o mundo, e precisamos do capital dos investidores para concretizá-los.

Assim, nessas reuniões, eu me sinto pressionado a dar o meu melhor. Vou preparado, levo uma lista de resultados positivos. Meu objetivo é ser sincero, por isso, também levo uma lista dos desafios enfrentados. Admito: temo que mostrar resultados "negativos" mine a confiança deles em nós. Esse receio não me impede de compartilhar nossas imperfeições, mas, às vezes, eu me sinto constrangido e fico imaginando como o que digo pode ser interpretado.

É quase certo que você já tenha vivenciado diferenças de poder na vida e na carreira e viu como elas exageram as já enormes barreiras para que as pessoas se abram sem medo nem hesitação. Talvez já tenha estado em ambos os lados da experiência, como a pessoa com menos poder e a com mais poder. De qualquer forma, a dinâmica do medo, e seu efeito inibidor na comunicação, parece inevitável.

A questão é a seguinte: eu sei que não é. Sei porque tenho muitos investidores que me fizeram sentir seguro para contar tudo sem pensar demais. Não só me deixaram à vontade, como também me deram motivos para acreditar que, se eu me abrisse, seria melhor para ambos os lados. Eles fizeram isso usando as mesmas abordagens que ofereço neste capítulo.

Antes de explicar como fizeram isso tão bem, vamos falar brevemente sobre por que ser capaz de criar um ambiente seguro é essencial para saber o que os outros pensam, sentem e sabem de verdade.

PROTEÇÃO MÚTUA COM SEGURANÇA PSICOLÓGICA

Às vezes, quando solicitam que nos manifestemos, especialmente em um contexto profissional, não parece um convite, e sim uma ameaça social. De acordo com as pesquisas da Dra. Heidi Grant, o cérebro registra a dor das ameaças sociais da mesma maneira que a dor de lesões físicas[1] — o que significa que ser convidado a falar de um assunto delicado pode ser *literalmente* doloroso. Portanto, não é de surpreender que tantas pessoas se fechem.

Para que as pessoas se abram, temos que reduzir as ameaças — ou melhor, precisamos criar *segurança psicológica*. A professora da Harvard Business School e escritora Amy Edmondson é a maior especialista do mundo quando o assunto é por que empresas precisam fazer as pessoas se sentirem seguras. Em um importante estudo sobre UTIs hospitalares, Edmondson descobriu que o fator mais importante para saber se um funcionário do hospital reportava erros no trabalho — um fator crítico para manter os pacientes seguros — eram as percepções que ele tinha sobre as consequências de admiti-los.[2] Em equipes lideradas por gestores que encorajavam uma discussão aberta sobre os equívocos e promoviam segurança e pertencimento entre os membros, os funcionários estavam muito mais propensos a reportar erros assim que aconteciam. Graças, em grande parte, ao trabalho de Edmondson, agora se compreende que cultivar relações nas quais falar seja tão seguro e benéfico como possível pode, muitas vezes, ser o eixo sobre o qual gira o sucesso ou fracasso em muitos ramos e em muitas situações.

Se quisermos respostas sinceras às nossas perguntas, cabe a cada um de nós garantir que *seja seguro* fazê-lo. Pedir a alguém que nos deixe entrar em seus verdadeiros pensamentos, sentimentos e experiências é lhe pedir para ser vulnerável. É nosso trabalho mostrar que somos pessoas confiáveis e respeitosos *antes* de pedir à pessoa para se expor.

A minha definição de "promover segurança" é:

> **Garantir que seja o mais confortável, fácil e atraente possível que os outros falem com você.**

Em muitos relacionamentos, uma única interação basta para que *seja seguro* falar. Em alguns casos, porém, isso pode levar dias, semanas ou mais. Use o seu discernimento para determinar o tempo que essa fase levará. Como apontou Amy Edmondson, nunca é possível transformar um ambiente — ainda mais de trabalho — em um espaço 100% seguro ou confortável. Sempre há riscos. O maior deles envolve a dinâmica de poder, e algumas pessoas correm mais riscos que outras — por exemplo, pessoas negras, cujos pontos de vista são distorcidos com frequência por preconceitos, para quem os riscos de ser julgados de modo negativo são inerentemente mais elevados. Podemos fazer muita coisa para que as pessoas saibam que, *quando estão conosco*, correm menos riscos e que as recompensas são gigantescas.

ENTRE NO CICLO DE SEGURANÇA

O ciclo de segurança cria as condições necessárias para que outra pessoa se sinta à vontade para falar — um risco menor, que vale a pena e talvez seja até agradável. Trabalhar o ciclo é importante quando o assunto é espinhoso, mas importante, e que tende a ficar apenas nas colunas da esquerda das pessoas (ou seja, pensamentos e sentimentos não expressos).

O ciclo da segurança

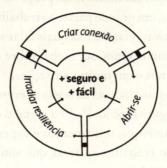

CRIE CONEXÕES

Quando as pessoas se sentem conectadas a você e você a elas, as partes se sentem mais seguras e podem relaxar. É verdade que a conexão pessoal lubrifica as engrenagens emocionais necessárias para enfrentar temas desconfortáveis. Existem várias maneiras de criar uma conexão autêntica, e sugiro que você pratique todas elas.

Enriqueça e aprofunde suas histórias

Há uma boa chance de você já ter recebido esse conselho para conhecer a vida das pessoas fora do trabalho. Embora perguntas sobre família e hobbies possam ajudar, também podem sair pela culatra. Pessoas que preferem separar a vida pessoal da profissional podem considerá-las invasivas ou fofoqueiras. Outras podem se sentir expostas demais ao falar de detalhes pessoais, temendo julgamento ou manipulação.

O bom é que "De onde você é?" não é a única maneira de ir além da superfície e chegar a conexões mais profundas e afetuosas no local de trabalho. Para algumas pessoas, sua relação com o trabalho em si é incrivelmente pessoal! Há muitas coisas que podemos descobrir sobre uma pessoa aprendendo mais sobre como ela se relaciona com o próprio trabalho: o que a atraiu naquela função, o que lhe tira o sono, o que a motiva e como podemos ajudar, para citar alguns exemplos simples.

Uma vez que já tenho um nível básico de confiança, uma das coisas que mais gosto de perguntar a uma pessoa que estou tentando conhecer é "Como você chegou aqui?". Dependendo do indivíduo e da situação, as respostas

CRIE UM ESPAÇO SEGURO

podem ir em várias direções; algumas falam sobre trajetória profissional, ao passo que outras contam que terem sido criadas pelos avós foi um fato que as moldou. É importante fazer uma pergunta que permita às pessoas começar de onde for mais confortável para elas. Independentemente de como respondam, sempre aprendo algo novo sobre elas e, melhor ainda, percebo que as pessoas gostam que de responder sobre elas mesmas.

A conexão é uma via de mão dupla, o que significa que não podemos só fazer perguntas; também temos que contar aos outros quem somos. Quando os funcionários da minha organização me conhecem, o Jeff que veem primeiro, às vezes, é alguém uma ou duas décadas mais velha que elas, que fundou e dirige uma organização, fala em tópicos e detém autoridade formal sobre quem contrata e administra. Descobri que esse Jeff pode ser intimidador, até assustador, para os outros. Isso nunca deixa de me surpreender, visto que minhas inseguranças me levam a pensar: "Quem se sentiria intimidado por mim?" Quando me coloco no lugar dos outros, não sei se eu me sentiria à vontade me abrindo para uma pessoa como eu.

Então, tento apresentar aos colegas de equipe todos os diferentes *eu* que me compõem. Sou o Jeff que fica intimidado ao fazer grandes apresentações. Sou o Jeff introvertido, que se preocupa muito com o que dizer e como dizer. Sou o Jeff marido e pai. Sou o Jeff judeu, que respeita o Shabat. Também sou o Jeff aspirante a guitarrista de meia-idade e viciado em tênis amador. Ah, e não posso esquecer o Jeff cheio de hábitos, que ainda passa uma hora no trânsito para ir ao dentista no bairro em que morava, em vez de procurar outro!

A *conexão*, e a sensação de cuidado mútuo que ela promove, surge quando nos conhecemos em tal complexidade, cheia de nuances, que um descobre que não é tão diferente do outro como imaginava. Quando chegamos a esse nível, a nossa humanidade compartilhada começa a ficar tão aparente como as nossas diferenças. As diferenças não desaparecem, mas surgem fissuras por meio das quais a comunicação pode fluir.

Mostre vulnerabilidade[3]

Meu amigo Adam é um daqueles investidores que entende que promover segurança é um pré-requisito para o tipo de conexão honesta que ele deseja instaurar e resume o caminho do líder rumo à conexão desta forma:

"Demonstre vulnerabilidade e transparência todos os dias. Não só quando estiver pedindo feedback de alguém, e sim o tempo todo, todos os dias, semanas e meses". Ele compartilha as próprias avaliações de desempenho com subordinados diretos, para que saibam o que ele está tentando melhorar. Toda a equipe sabe da sua psicoterapia toda semana; está na agenda dele. "Graças a isso, percebi que eles estão mais abertos a respeito das próprias jornadas de saúde mental, e podemos falar sobre criar um ambiente no qual todos possamos falar de forma mais autêntica sobre o assunto." Adam viu toda essa abertura ter efeitos tangíveis e positivos na dinâmica da equipe, bem como em seu desempenho. Como compartilhou comigo: "Quando nos conhecemos de verdade, confiamos uns nos outros de maneiras mais específicas e diferenciadas e pedimos ajuda sem tanto medo de ser julgado."

Mostrar vulnerabilidade é um modo de ser 24 horas por dia, sete dias por semana, não uma tática nem uma interação única, enfatiza Adam. Na verdade, construir relacionamentos exige tempo e disposição de todas as partes. É muito mais que um meio de aprender com os outros. É uma fonte de alegria e satisfação incríveis.

A maioria das pessoas sabe disso, mas, ainda assim, nosso compromisso às vezes falha em meio às inúmeras demandas de tempo e atenção que sofremos. Felizmente, essa não é a única ferramenta de conexão para ajudar as pessoas a se sentirem seguras e interessadas em se abrir. Onde, quando e como também importam. Para aumentar as chances de criar conexão em tempo real, **você precisa encontrar o lugar, o tempo e o modo de engajamento que deixe o outro mais à vontade.**

Encontre o lugar certo

Lamento dizer que, certa vez, eu estava com tanta pressa de obter informações que parei um colega a caminho do banheiro para lhe perguntar sua opinião sobre um projeto problemático em que ambos estávamos trabalhando. Essa abordagem inepta praticamente determinou que eu não recebesse as melhores ideias dele, limitou nossa conversa a poucos minutos e (provavelmente) o deixou furioso.

Hoje em dia, penso com muito cuidado sobre como abordar alguém para fazer perguntas importantes. Há muitas nuances individuais nisso, mas a resposta é: da maneira que *a outra pessoa* se sentir mais à vontade. Onde for mais conveniente para *ela*. Seria em um lugar privado ou público? Dentro ou fora da empresa? Sentados ou andando? Tento pensar primeiro nas necessidades *do outro*.

O espaço que você escolher amplificará ou suavizará a dinâmica de poder. Sempre que possível, seu objetivo deve ser **nivelar a hierarquia** — se não eliminar as diferenças de poder, pelo menos aplacar sua presença para que você possa se conectar à pessoa em um nível de ser humano para ser humano. Irene Rosenfeld, ex-CEO da Kraft e da Mondelēz, comentou comigo que, quando queria aprender com seus funcionários, tinha que abandonar sua personalidade grandiosa de CEO. Dessa forma, ela se conectava com os funcionários no território *deles* — no chão da fábrica, no carro durante visitas de vendas e em almoços de pequenos grupos, sem a presença dos gerentes. Ela fazia questão de comer no refeitório da empresa para que os funcionários a conhecessem fora da sua função formal de CEO. Bill George, especialista em liderança e ex-CEO da Medtronic, me contou que sempre tinha um sofá e uma cadeira no seu escritório. Ele reconhecia a mesa executiva como o símbolo máximo da hierarquia no ambiente organizacional — e, portanto, um total destruidor de conexões. Mas se você é a pessoa mais jovem em uma relação de poder, se afastar do termo "CEO" também levará a uma conversa mais sincera. Pode não ser tão fácil, mas você não saberá se um VIP aceitará almoçar ou fazer uma caminhada com você se não convidá-lo.

Arranje tempo

Ninguém está a fim de fazer conexões quando está com pressa. Retire a pressão dessas interações reservando tempo. Já sabemos que dois minutos a caminho do banheiro não são suficientes para a maioria das conversas. Você precisa de bastante tempo para se dedicar a uma conversa. Pense como um gerente de projeto: calcule de quanto tempo precisa e acrescente mais 25% (ou, no meu caso, como subestimador crônico, 75%).

Minha colega Victoria e eu tínhamos desentendimentos tensos durante as reuniões semanais, que duravam trinta minutos e cobriam tópicos táticos urgentes. As reuniões não deixavam tempo para a curiosidade nem para perguntas complementares que permitissem que entendêssemos um ao outro. Por fim, decidimos fazer uma caminhada virtual de uma hora por mês juntos, um tempo de conexão que não competisse com demandas e pressões.

Nessas caminhadas, ficávamos à vontade para falar sobre os bastidores. Rapidamente, nossas reuniões semanais ficaram muito menos tensas, apesar de permanecerem urgentes, como sempre.

Quanto mais crucial for a situação, mais fundamental é criar um tempo protegido. As pessoas não querem atrapalhar os processos levantando preocupações quando os prazos estão a ponto de estourar ou há grandes chances de um projeto não ser bem-sucedido. Sem obstáculos no caminho para reduzir a velocidade, esse tipo de ambiente pode levar ao fim da comunicação.

A etnógrafa organizacional Leslie Perlow relatou essa mesma armadilha em seu estudo sobre uma ponto.com em expansão.[4] A empresa, antes gerida por seus fundadores e por um grupo desconexo de empresários, havia acabado de contratar um time de gestores profissionais. Logo ficou claro que os fundadores e a equipe de gestão discordavam sobre muitos aspectos da direção da empresa. Com o futuro da organização em jogo, eles sabiam que precisavam chegar a um consenso e *depressa*. Perlow observava enquanto os líderes expressavam concordância e encobriam diferenças importantes e depois, em particular, admitiam acreditar que não estavam fazendo progresso algum. Mas ninguém queria dizer o que pensava, por medo de abrir um portal exaustivo e impossível de fechar. Essa porta não desapareceu só porque ninguém ousava abri-la, e a empresa faliu nove meses depois.

Todo mundo se reconhece nessa situação, mordendo a língua, com medo de dizer algo que comprometa uma situação com prazo apertado. Falar nessas circunstâncias é ainda mais complicado quando não há espaço para comunicação fora das reuniões do projeto. Considerando essa perspectiva, os encontros que eu tinha com a equipe da TFA eram tudo, menos tranquilas. Minha agenda vivia lotada e todos sabiam disso. Duravam cerca de trinta minutos, estruturadas ao máximo, para tratar de tópicos logísticos importantes. Mesmo que as pessoas se sentissem à vontade para expressar incertezas ou preocupações, não havia tempo nem ambiente para isso.

Busque o momento certo

O momento certo para fazer perguntas não é necessariamente quando você deseja as respostas. Depende da pessoa que vai responder. Repito: a caminho do banheiro não é uma boa ideia.

CRIE UM ESPAÇO SEGURO

Tenho uma filha adolescente, Eden, e sempre quero saber como ela está e o que está acontecendo na vida dela. Descobri que se eu perguntar sobre seu dia quando ela chega da escola, ou durante o jantar, o melhor que recebo é "Tudo bem, pai". Se eu *realmente* quiser saber os detalhes, preciso ficar acordado até tarde — bem mais tarde que meu horário ideal — e conversar com a minha filha, no quarto dela, antes de ela dormir. Nesse momento, ela não só está disposta a conversar, como também *quer* fazê-lo. Sempre fico meio cansado na manhã seguinte por ficar acordado até tarde, mas tenho a chance de me conectar com ela — o que faz tudo valer a pena. Adoro saber o que está acontecendo na escola e com os amigos dela, além de tudo o que ela pensa.

Também sou a parte com que os outros se preocupam quanto ao momento certo. Minha investidora Jamie McKee concorda que eu e minha equipe determinemos o intervalo entre as nossas reuniões fixas, pois diz que confia na nossa avaliação sobre o que é necessário. Ela sabe que não vou largar tudo para atender qualquer chamado de última hora e que, se me pedisse isso, eu me sentiria compelido a atendê-la, o que enfraqueceria nossa conexão. McKee também se dispõe a falar com os membros da minha equipe em situações em que sei que eles podem transmitir as mesmas (ou até melhores) informações que eu. Esse também é outro exemplo de alguém que nivela a hierarquia. Não há ego ou jogo de poder nessa interação; ela deixa claro que somos parceiros na busca por um propósito comum.

Respeite o formato de comunicação do outro

Por fim, facilite a conexão analisando o **meio de comunicação** que funciona melhor. Embora muita gente favoreça interações presenciais por serem imediatas, para algumas pessoas — que estão no espectro autista, por exemplo — esse é o pior cenário possível, porque o contato visual e outras expectativas sociais neurotípicas são estressantes. Algumas se sentem mais à vontade iniciando conversas delicadas por meio de texto, como e-mails, porque lhes dá tempo para processar reações ou porque sentem que não se expressam bem verbalmente. Outras desenvolvem melhor em uma conversa durante uma caminhada ao ar livre. Seja qual for o caso, se quiser deixar alguém à vontade para falar com você, descubra qual meio funciona para *ele*.

Um aspecto mais sutil da sintonia fina da comunicação é expandir **os tipos de conhecimento que estamos dispostos a receber**. Em muitas culturas corporativas, fatos e números concretos são a única linguagem aceita. As pessoas acham que não podem falar se não tiverem informações completas, alegações incontestáveis e soluções finais. Todas as outras formas de conhecimento humano — como observações subjetivas, histórias pessoais, sentimentos viscerais ou intuições difíceis de expressar — parecem proibidas. Entretanto, essas formas mais diferenciadas são uma fonte rica de informações, e não aproveitá-las faz com que muitos planos fracassem, mesmo quando os dados são bons.

Lembro-me de uma vez, quando era consultor júnior, que assisti a uma conversa frustrante entre um consultor sênior, cuja experiência era em pesquisa acadêmica, e uma cliente chamada Mary, que havia progredido de operadora de *call center* a gerente da divisão de atendimento ao cliente. Mary estava tentando explicar por que seu superior criava problemas para a equipe. O consultor exigia "dados e provas" para "avaliar de forma independente" aquela "alegação". Em vez de fazer com que a cliente se abrisse mais, essa postura a fez gritar de frustração — "Eu sei porque vivo isso todo dia!" —, e sair furiosa da sala. Por estar aberto somente a uma gama restrita de tipos de informações, ele a fez se fechar por completo. Nunca soubemos tudo o que Mary tinha para dizer, o que poderia ter enriquecido de informação nosso trabalho, de maneiras significativas.

Por outro lado, quando convidamos o outro a falar o que quiser, *da maneira que julgar conveniente* — por meio de histórias, intuições, esboços ou dados mais convencionais —, criamos caminhos que nos conectam com a experiência dele, antes invisíveis para nós. Também sinalizamos aceitação e pertencimento, que são os alicerces da segurança psicológica.

ENTÃO, ABRA-SE

É muito mais provável que as pessoas digam o que é importante para elas se demonstrarmos intenção de aprender — e se perceberem nosso interesse genuíno. Isso começa ao explicarmos por que estamos perguntando. Assim, elas não precisam adivinhar o que queremos; já sabem de antemão que não as estamos enganando nem manipulando para que digam algo que poderíamos usar contra elas. Contar nossos motivos para perguntar ajuda a demonstrar que queremos ou precisamos aprender com o outro.

CRIE UM ESPAÇO SEGURO

Essa é uma grande oportunidade de demonstrar humildade, o que significa mostrar ao outro que estamos cientes das limitações do nosso ponto de vista e realmente interessados em aprender.[5] Comunicar nosso desejo — na verdade, nossa necessidade — de aprender com a outra pessoa pode começar com declarações de intenções, como:

- "Gostaria de saber a sua opinião sobre o que eu talvez tenha deixado passar ou esteja negligenciando. Isso nos ajudará a tomar uma decisão melhor juntos."

- "Acho que você pode ver isso de um ângulo diferente do meu, e é vital que eu entenda o seu ponto de vista, uma vez que minha perspectiva sobre a questão é bastante limitada."

- "Tenho certeza de que encontraremos uma solução melhor para este desafio se levarmos em conta seu ponto de vista, que é único, uma vez que não estou levando em conta todos os fatores importantes."

Perguntei à jornalista Amanda Ripley como ela faz com que as pessoas que entrevista fiquem à vontade e se abram com ela, especialmente em um momento em que a mídia não é muito bem vista. Ela disse: "A primeira pergunta que geralmente recebo é: O que você quer com isso?" Amanda me contou que, no início da carreira, fingia neutralidade para disfarçar quando tinha uma visão política diferente da do entrevistado. Com o tempo, porém, ela percebeu que isso fazia com que os entrevistados suspeitassem *ainda mais* de suas intenções. Então, agora, quando entrevista alguém que vê o mundo de forma diferente, começa dizendo algo como: "Veja, eu moro em Washington D.C., quase todo mundo que conheço é democrata. Não sei quase nada sobre sua vida na zona rural de Wyoming, mas vou me esforçar para entender. Desculpe se eu fizer perguntas burras." Quando Amanda se abre assim, desarma seus entrevistados. Eles sabem que ela está sendo sincera e ficam mais à vontade.

Da mesma forma, os empresários com quem me sinto mais à vontade propiciaram isso me mostrando "suas cartas". À medida que fui aprendendo sobre o universo do empreendedorismo, compreendi que cada investimento feito afeta o sucesso deles — e objetivos, reputação e capacidade de fazer o próximo investimento. Em outras palavras, o meu próprio sucesso — que está fora do controle deles — tem uma repercussão material no sucesso *deles*. Em diversas instituições, eles têm metas que precisam bater e pessoas a quem devem prestar contas. Além do mais, sentem uma profunda conexão com a missão das organizações nas quais investem e desejam ver o impacto que podem causar. Como eu, têm profundas ambições de fazer o bem. Quanto mais consigo entender os "bastidores", o mundo deles, mais vejo que tenho mais poder do que achava nesses relacionamentos. Eles não são o meu Mágico e Poderoso Oz; são meus parceiros na estrada de tijolos amarelos, e nossos destinos estão interligados.

Se abrir-se é algo tão poderoso, por que tanta gente ainda hesita? Destaco três motivos comuns:

Você está muito focado na eficiência — e precisa de respostas imediatas! Talvez até deseje *respeitar o tempo do outro*, por isso, vai direto às perguntas. Mas a melhor maneira de fazer isso é mostrar por que a conversa é importante e que não fará mal algum interagirem de forma sincera. Isso exige que você explique por quê. Os trinta segundos que leva para explicar por que está perguntando e por que precisa daquela opinião valerão a pena para os dois.

Você não quer ser vulnerável. Talvez você não se sinta bem em expor que não entendeu algo ou admitir que o outro tem informações que você não consegue obter em outro lugar. Isso é compreensível, mas lamentável, porque mostrar sua vulnerabilidade deixaria a outra pessoa mais à vontade.

Perguntei a Amanda Ripley como é colocar as cartas na mesa e dizer ao entrevistado o pouco que ela sabe sobre a vida dele. "É desconfortável. A gente quer estar no controle. É como se um professor dissesse a um aluno que não sabe a resposta. É como não ter onde se segurar." Foi surpreendente para mim; se uma jornalista, que deveria ser a pessoa que faz as perguntas, não se sente à vontade admitindo a própria ignorância, imagine como é difícil para todos nós. Dizer o que não sabemos e por que *precisamos* do outro pode ser visto como uma forma de transferência de poder (ou, pelo menos, de compartilhamento de poder), o que parece um risco para quem gosta de ter o controle.

Abrir-se aplaca a ameaça social com sinais de pertencimento e interdependência. Significa dizer *preciso de você; você tem algo importante para dizer e que eu valorizo.* Todos se sentem mais seguros para falar quando o valor do que têm a dizer é reconhecido. Em um estudo, foram criadas equipes — de executivos seniores, de cadetes militares e de interlocutores em uma sala de

CRIE UM ESPAÇO SEGURO

chat virtual — para um exercício de solução de problemas. Pouco antes do início, algumas equipes receberam afirmações sobre seu valor social. Quer fossem compostas por executivos, cadetes ou interlocutores do chat, as equipes "reafirmadas" se mostraram mais propensas a fornecer informações voluntariamente e a relatar segurança psicológica. Além disso, resolveram a tarefa com cerca de 50% mais frequência que as outras equipes.[6]

Você não quer influenciar a conversa. Muitas pessoas, quando em posições de poder, temem que mostrar o próprio ponto de vista influencie a conversa. Fornecer o contexto de uma pergunta oferece informações importantes que permitem ao outro dar uma resposta mais útil. Você pode combater o problema da influência deixando bem claro que quer uma opinião sincera, e não tendenciosa por causa da sua posição.

Por exemplo, Ryan é CEO de uma empresa em rápido crescimento que opera em um setor dinâmico. Como muitos líderes nessa posição, ele se esforça para alinhar a equipe — relativamente nova — com sua direção estratégica. Recentemente, ele me pediu um conselho sobre uma reunião que faria e na qual queria envolver a equipe em uma decisão sobre uma importante mudança estratégica. Seu plano original era expor todas as opções, inclusive as que já havia rejeitado; pedir a cada um que se expressasse; e torcer para que tais opiniões estivessem alinhadas com seus planos. Mas, como salientei, além de não ser genuína, essa abordagem não lhe daria o que ele mais necessitava: uma avaliação útil sobre o caminho pretendido e a justificativa para escolhê-lo.

Depois de pensar no meu conselho, Ryan revisou sua abordagem e foi para a reunião. Falou brevemente com a equipe sobre as opções que havia rejeitado e explicou sua opção preferida e seu raciocínio. Em vez de pedir que escolhessem uma opção, ele pediu que o ajudassem a avaliar seu raciocínio. Explicou: "É por tal e tal que acho que essa alternativa é a certa [...] É por tal e tal que acho que as outras opções não servem. Agora, preciso muito que me ajudem a ver se deixei passar alguma coisa e se pode haver um caminho melhor."

A equipe escutou o raciocínio de Ryan com atenção e, depois, mostrou algumas suposições erradas que ele nem percebera que havia feito. Apontaram algumas vantagens das opções descartadas pelo CEO e que poderiam ser integradas à nova direção. Juntos, criaram uma versão modificada da proposta inicial de Ryan para a mudança, que atingiria os objetivos, mas também levava em conta a intenção estratégica básica. Ryan aprendeu muito mais com a equipe do que se não tivesse dado sua própria opinião.

Então, pense nesta forma generosa de abertura: mostre ao outro que você está aberto ao que *ele quer discutir*, não apenas os seus interesses. O coach executivo Jamie Higgins chama isso de definição de **interesses mútuos**. Jamie sugere perguntar algo como "O que é importante para *você*?" ao iniciar uma conversa. Isso permite mostrar que você também se preocupa com as prioridades dele e abre as portas para mais ideias que podem ser importantes para ambos. Em uma reunião recente com um investidor, eu disse: "Tenho três tópicos que gostaria de discutir, mas também quero saber se há algo que você gostaria de abordar." Ele disse: "Na verdade, gostaria de pedir seu conselho sobre um desafio de gestão interna que estou enfrentando." Se eu não houvesse aberto esse espaço, não sei se o teria escutado — e que foi a coisa mais importante que poderíamos ter discutido naquele dia.

POR FIM, IRRADIE RESILIÊNCIA

Quanto a investidores que me fazem sentir seguro, Jamie McKee, que mencionei anteriormente neste capítulo, é uma estrela. A primeira vez que nos reunimos após o início do investimento, cheguei à reunião com uma lista de informações sobre o progresso do projeto e algumas perguntas para fazer a ela. Bem quando eu ia começar, Jamie me interrompeu com algo que eu nunca havia escutado de um investidor.

"Antes de você me contar como estão as coisas, quero falar sobre a minha filosofia de investimentos. Sei que você acha que quero escutar como o projeto está indo bem, mas, na verdade, começo sempre presumindo que as coisas não estão progredindo como você pretendia quando me apresentou a proposta."

Mentalmente, soltei um suspiro de alívio. Saber que Jamie se sentia à vontade para estar comigo nas trincheiras tornou o trabalho muito mais fácil.

"Se você tivesse o poder de prever o futuro, não estaria nesse ramo, e sim jogando na loteria ou apostando em corridas de cavalos", prosseguiu ela. "Sei que talvez as coisas não estejam acontecendo como o previsto. Podem até estar progredindo mais rápido que esperávamos, mas também conto com todos os tipos de imprevistos. Quero saber sobre *essas coisas*. Se me disser que tudo está conforme o plano inicial, ficarei desconfiada."

CRIE UM ESPAÇO SEGURO

Jamie trouxe honestidade para a conversa e garantiu que saberia lidar com qualquer verdade que eu apresentasse. Essa simples atitude dissolveu todas as suposições que eu tinha sobre o que ela queria escutar e eu me senti seguro ao fornecer informações nada maravilhosas, mas fundamentais para que Jamie tivesse uma visão completa do status do projeto. O resultado foi que ambos saímos da reunião com uma noção mais realista da situação e confiando muito mais um no outro.

Jamie comunicou sua resiliência. Ela não pretendia fugir ao primeiro sinal de dificuldade. Pelo contrário! Ela já as esperava, como parte do caminho para o sucesso. É disso que as pessoas precisam para falar livremente: uma garantia de que quem está ouvindo seja capaz de lidar com o que é dito e que suas ações condigam com isso.

Mostre que as coisas podem ser discutidas

Tal como Jamie, podemos fazer com que as pessoas saibam que reconhecemos que elas têm pensamentos ou sentimentos para expressar e acham que não queremos escutá-las. Ao expormos isso — e, mais importante, que não estamos pirando diante de tais pensamentos e emoções —, **mostramos que as coisas podem ser discutidas.** Isso demonstra que somos capazes de lidar com as verdades delas. Podemos dizer coisas como:

- "Se está frustrado ou até ressentido, saiba que eu entendo. Se eu estivesse no seu lugar, talvez me sentisse assim também. Por favor, seja sincero."

- "Sei que pode estar pensando que entendi tudo errado. Se for esse o caso, estou aqui para escutar e estou aberto a repensar minhas suposições."

- "Reconheço que estamos em lados diferentes de uma questão tão complexa. Pode ser que um de nós mude de ideia, ou não, mas quero que saiba que estou interessado em entender suas razões e saber se deixei passar alguma coisa."

Lembra-se da pesquisa da Dra. Heidi Grant que mostra que ameaças sociais dolorosas, como dar um feedback crítico, são registradas no cérebro da mesma forma que a dor física? Pois bem, a equipe de Grant também descobriu que havia uma maneira simples de reduzir o estresse cognitivo: *pedir feedback explicitamente*.[7] Fazer isso é outra maneira de mostrar que as coisas podem ser discutidas e comunica que somos resilientes o suficiente para lidar inclusive com verdades desagradáveis.

Se você já ficou na defensiva ou reativo no passado diante do que as pessoas disseram, talvez precise mudar algumas coisas. O professor Adam Grant aprendeu a oferecer uma introdução ao pedir feedback sobre o que escrevia, reconhecendo que, embora nem sempre foi bom em receber críticas, queria e precisava delas. Ele percebeu que dizer isso *antes* de pedir feedback levava a melhorias significativas no que recebia. De acordo com Grant, seus revisores passaram a lhe dar um feedback mais crítico porque entendem que "não vão ferir meus sentimentos ao me criticar; vão ferir meus sentimentos se *não* me criticarem".[8]

Assuma suas reações

Se está pronto para escutar, use as "Regras de Crocker". O programador de computador Lee Daniel Crocker, mais conhecido como um dos primeiros colaboradores da Wikipédia, queria acabar com a bagunça e a confusão que surgem quando as pessoas expõem seus argumentos e, ao mesmo tempo, tentam proteger os sentimentos do outro. Então, estabeleceu as Regras de Crocker: comprometer-se com elas significa pedir aos outros que digam o que pensam sem dourar a pílula e prometer que não os responsabilizará por suas reações. Esta é uma maneira de garantir aos outros que podem falar sem se preocupar com seus sentimentos. Não é algo para os fracos, mas permite que as pessoas falem livremente. (Nota: comprometer-se com as Regras de Crocker *não* significa que você vai falar com os outros dessa maneira, a menos que eles o solicitem.)

Para uma maneira mais suave de garantir às pessoas que é seguro falar, você pode dizer algo como:

- "Sei que não é fácil fazer uma crítica, mas prometo que vou escutar e aceitar tudo o que disser como um presente, mesmo que seja difícil de escutar."
- "Às vezes, ser sincero não é fácil, mas quero que saiba que eu valorizo sua honestidade."

CRIE UM ESPAÇO SEGURO

Ao fazer isso, você aborda de forma proativa os medos que o outro sente acerca sua reação. Claro que só funciona se você cumprir sua promessa; mas retomaremos esse ponto nos Capítulos 6 e 7.

Sem isso, as chances de as pessoas se sentirem motivadas a falar abertamente conosco são mínimas. É *nossa* responsabilidade fazer que seja o mais confortável, fácil e atraente possível, independentemente do que as pessoas precisem dizer. E podemos fazer isso aplicando as estratégias apresentadas neste capítulo.

Agora que sabemos como, estamos prontos para falar das perguntas de qualidade, tema do Capítulo 5.

Resumo dos pontos-chave

Pergunta essencial: Como fazer com que as pessoas se sintam confortáveis para falar sobre coisas difíceis?

Para mostrar que o ambiente é seguro para que os outros falem abertamente, siga o *ciclo de segurança*:

1. Crie uma conexão com a pessoa com quem deseja aprender...

- Enriquecendo e aprofundando a compreensão mútua. Convide a pessoa a falar sobre a própria vida ou experiências e, então, fale sobre a sua. Aprenda a vê-la (e ajude-a a ver você) como uma pessoa inteira, com todas as complexidades que cada um tem.
- Encontrando o lugar certo. Se houver diferenças de poder, evite espaços que as enfatizem. Meu conselho é fazer uma caminhada, ir a um café, encontrar a pessoa no território *dela*.
- Arranjando tempo. Diminua o ritmo o máximo que puder. Reserve mais tempo que o necessário. Escolha um momento em que os dois possam dar total atenção à conversa.
- Encontrando a melhor maneira. Escolha o modo de interação que deixe o outro mais à vontade: o meio (texto, telefone, pessoalmente) e o formato (por exemplo, dados, histórias, sentimentos).

2. Abra-se...

- Explicando sua perspectiva e o motivo de sua pergunta.
- Dispondo-se a se mostrar vulnerável e admitindo em que ponto está empacado, o que não sabe e por que precisa aprender com a pessoa.

112   FAÇA A PERGUNTA CERTA

- Demonstrando humildade ao reconhecer que sua perspectiva pode ser limitada.
- Abrindo espaço para os interesses do outro ao criar "interesses mútuos".

3. Por fim, irradie resiliência...

- Comunicando que você é capaz de lidar com tudo que a pessoa tem a dizer, especialmente sobre tópicos difíceis, estranhos ou tabus.
- Dizendo explicitamente que quer receber feedback crítico e pontos de vista diferentes dos seus.
- Assumindo a responsabilidade pela própria reação a tudo que o outro disser.

EXERCÍCIOS

4A. Repense um relacionamento ou interação em que você tem certeza de que alguém não lhe disse o que sentia, acreditava ou sabia. Use o ciclo de segurança como diagnóstico para ajudá-lo a entender por que não foi confortável, fácil ou interessante para tal pessoa falar com você.

- Sobre conexão:

  a) A pessoa se sentiu verdadeiramente conectada com você, e vice-versa?

  b) A pessoa estava à vontade com o lugar, o tempo, o formato e o modo de engajamento?

- Sobre abrir-se:

  a) Você foi transparente sobre os motivos da conversa e seu interesse em aprender? Ela entendeu o que você esperava e por quê?

  b) Você se mostrou vulnerável e sincero sobre a necessidade da contribuição da pessoa?

- Sobre resiliência:

  a) Você deixou claro que poderia lidar com tudo que a pessoa tivesse a dizer?

CRIE UM ESPAÇO SEGURO

b) Você comunicou que não a responsabilizaria pelas suas reações emocionais?

4B. Olhe para o futuro: pense em uma interação futura importante, na qual não sabe se o outro se sentirá confortável para falar com você. Use o ciclo de segurança como uma ferramenta de planejamento para ajudá-lo a fazer com que seja mais seguro, fácil e interessante se abrir com você.

- Sobre conexão:

  a) Como vocês podem construir uma conexão verdadeira entre si?
  b) Como você pode assegurar o lugar, o tempo, o formato e o modo de engajamento para a outra pessoa?

- Sobre abrir-se:

  a) Como você pode ser transparente sobre seus motivos na conversa e por que deseja aprender com ela?
  b) Como você pode se permitir ser vulnerável e autêntico em relação à necessidade da opinião da pessoa?

- Sobre resiliência:

  a) Como você pode transmitir que consegue lidar com tudo que ela tem a dizer?
  b) Como você pode transmitir que o relacionamento com você é seguro, independentemente do que seja dito?

CAPÍTULO 5

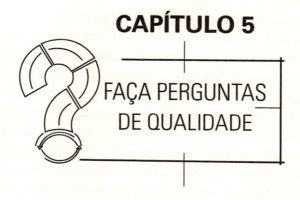

FAÇA PERGUNTAS DE QUALIDADE

Pergunta essencial: Quais perguntas fazer para melhor explorar o conhecimento daqueles ao seu redor?

Em meu primeiro dia de trabalho na Teach For America, eu me reuni com nossa CEO, Wendy Kopp, e lhe fiz uma única pergunta: "Wendy, você viu muitas pessoas passarem por essa organização. Alguns conseguiram fazer uma grande diferença, ao passo que outros tiveram dificuldades. Qual é o seu conselho para eu causar maior impacto na minha função aqui?"

Nunca esquecerei a resposta dela. "Em muitas organizações, as pessoas se sentem pressionadas a mostrar que têm tudo planejado. Esse não seria o meu conselho para você. Você encontrará desafios com os quais não saberá lidar, e às vezes as coisas parecerão muito difíceis, dolorosas até. Meu conselho é que não finja, nesses momentos, que sabe tudo. Pergunte às pessoas ao redor, peça que lhe digam o que você não está vendo. Pergunte como enfrentariam o desafio, peça ajuda. Se quiser fazer a diferença aqui, não tenha medo de perguntar."

Se você for como a maioria das pessoas, deve ter chegado a este capítulo com um histórico de nem sempre fazer perguntas suficientes ou não fazer *perguntas certas* o suficiente.

No entanto, as perguntas são as ferramentas de aprendizagem diária e multifuncionais mais poderosas e subutilizadas do mundo. Muitos problemas difíceis se tornam solucionáveis quando convidamos o outro a dar sua opinião e perspectiva. Para a maioria das pessoas, fazer perguntas não é a primeira atitude diante de uma situação difícil.

Tomemos como exemplo Isaac, CEO de uma startup na área da saúde que busca tornar o mercado de plano de saúde mais acessível por meio de tecnologia simplificada e de fácil utilização. Isaac tinha um problema difícil que talvez você já tenha enfrentado: as pessoas em quem confiava não estavam cumprindo as promessas que haviam feito, e isso afetava a missão da empresa. Ele precisava angariar mais financiamento para expandir a empresa nos próximos três anos, e um subcomitê do conselho diretor havia concordado em ajudá-lo com isso. Mas o comitê foi formado havia meses e seus membros ainda não haviam conseguido nada. Eles mesmos não fizeram investimentos maiores nem acionaram redes de amigos investidores. Isaac os cutucou, incentivou, bajulou e fez tudo o que pôde para motivá-los a fazer o necessário antes que o financiamento atual acabasse.

Depois de alguns meses de angústia e ansiedade, Isaac escolheu a curiosidade. Percebeu que não sabia por que eles não estavam fazendo o que precisavam e começou a se perguntar: "O que está acontecendo que não estou sabendo?"

Ele reuniu coragem para falar com um deles. Escolheu um horário e um local que fossem bons para Anna, uma das conselheiras que ele considerava a mais direta do grupo. Escolheu um terreno neutro, um restaurante, em vez do escritório. Como veremos neste capítulo, em apenas uma hora Isaac obteve informações críticas sobre o que os membros do conselho pensavam — informações que teriam continuado invisíveis se ele não perguntasse. Ele saiu não só aliviado, mas também com uma noção realista de como prosseguir.

Outra coisa o surpreendeu: o fato de ele e Anna se tornarem mais próximos durante a reunião. Ele descobriu que as perguntas têm um segundo poder incrível: constroem relacionamentos. A pergunta certa, feita da maneira certa, nada mais é que um convite sagrado. A pergunta é a batida na porta, um pedido íntimo de acessar o mundo interior do outro. Abre um canal de aprendizagem entre duas pessoas, que não existia antes de a pergunta ser feita. Essa aprendizagem pode criar novas possibilidades de compreensão mútua e pessoal, além de colaboração frutífera.

POR QUE NOSSO REPERTÓRIO DE PERGUNTAS É TÃO LIMITADO?

Você deve ter algumas perguntas preferidas, como "Me ajuda a entender?", que acho muito útil. A maioria das pessoas tem um repertório bem limitado em comparação com a variedade de situações, desafios e amplitude das coisas que podem aprender. Minha grande esperança neste capítulo é ajudá-lo a expandir seu repertório de perguntas.

Todos nascemos com o instinto de perguntar. As crianças, como discutiremos no Capítulo 10, são questionadoras natas. Contudo, quando viramos adultos, deixamos de fazer perguntas diferentes de "Onde fica o banheiro?" e "Você é louco?", e talvez uma ou duas perguntas pessoais. Uma pesquisa constatou que, entre os duzentos executivos pesquisados, apenas 15% a 25% das interações incluíam perguntas de verdade.[1]

Parte disso se deve a nossas conexões neurais. Desenvolvemos mapas mentais do mundo que nos cerca, que consiste em milhões de atalhos neurais. Tais atalhos nos permitem subir a escada da compreensão em microssegundos e economizar tempo e recursos cognitivos preciosos que podem ser usados para planejar, tomar decisões e mexer nas redes sociais.

A cultura dominante também conspira contra nós. Um guia de etiqueta de 1877 oferecia um conselho que não está tão desatualizado: "Nunca faça perguntas impertinentes; e sob esta categoria podem ser incluídas quase *todas* as perguntas. Algumas autoridades em etiqueta chegam ao ponto de dizer que *todas* as perguntas são tabus."[2] Por isso, temos medo de sermos vistos como fofoqueiros ou indelicados. Ao mesmo tempo, aprendemos a "representar" confiança e certeza o tempo todo, especialmente em ambientes acadêmicos e corporativos, que são competitivos, onde enfrentamos pressão constante para provar nosso valor. Nesses ambientes, fazer perguntas pode parecer uma admissão de imperfeição, vulnerabilidade ou ignorância que vai contra crenças arraigadas acerca de como é ser uma pessoa competente.

Muitos adultos têm vergonha de perguntar coisas. Quando entrei na Monitor como consultor, um sócio chamado Sam fez um discurso para todos os novatos. Ele disse: "Tenho uma regra dos seis meses. Nos primeiros seis meses aqui, vocês podem me fazer qualquer pergunta. Pode ser uma pergunta ingênua, idiota, qualquer coisa. É só perguntar. Depois de seis meses, façam-me apenas perguntas cujas respostas vocês mesmos não conseguiram encontrar pesquisando ou perguntando a um colega." Com apenas quatro meses na empresa, eu estava em uma sala de reuniões com Sam e decidi aplicar sua regra dos seis meses. Eu não entendia bem um termo usado por ele, então, perguntei se poderia me explicar. Ele olhou para mim, vermelho, e grunhiu: "Você não deveria estar me fazendo essa pergunta. Descubra você mesmo!" "Mas ainda estou no período de carência", pensei, respondendo apenas "Ok, desculpe".

Quando as pessoas são repreendidas ou ridicularizadas por fazer perguntas na escola, na família ou no trabalho, os riscos de continuarem perguntando parecem maiores. Para pessoas que ocupam posições mais vulneráveis, seja devido a idade, raça, gênero ou posição na hierarquia da empresa, tal risco pode parecer ainda maior e ser mais crônico. Na Parte III, falaremos mais sobre como isso funciona nas equipes, nas famílias e nas escolas.

PERGUNTAS MEDÍOCRES NÃO SÃO PERGUNTAS

Se analisar transcrições de diálogos, como fiz durante centenas de horas no início da minha carreira, você vai encontrar muitos pontos de interrogação. Sim, as pessoas fazem muitas perguntas, mas a maioria se enquadra em uma destas três categorias: *perguntas malfeitas, perguntas sorrateiras* e *perguntas agressivas*. Essas são as que chamo de "perguntas medíocres".

As *malfeitas* podem ser bem-intencionadas, mas o modo como são formuladas acaba com a inquirição, impedindo a aprendizagem. Nessa categoria estão as perguntas fechadas, as retóricas e as que se perdem porque estão enterradas em afirmações. Vejamos um exemplo:

> **Fred:** *Temos que aumentar nossos preços, não é? Todos os custos estão subindo e precisamos manter nossa margem estável.*
> **Renata:** *É verdade.*

Há duas coisas malfeitas aqui. Vamos começar com a pergunta "não é?". Na melhor das hipóteses, ela é retórica. A maneira como Fred formulou a pergunta torna difícil para Renata fazer outra coisa senão concordar com ele. Além disso, ao colocar duas afirmações depois da pergunta e prossegue, Fred não dá a ela espaço para responder, mostrando que não está interessado na resposta dela — é mais como se estivesse "contando" algo em forma de pergunta. No fim, Fred não sabe se Renata concorda ou não com ele. Quando ela diz "É verdade", não fica claro com o que está assentindo. Isso acontece com muita frequência.

FAÇA PERGUNTAS DE QUALIDADE

Perguntas sorrateiras, por outro lado, não são elaboradas para que algo seja aprendido. Elas são concebidas para influenciar, convencer ou manipular o outro. Advogados em julgamentos fazem isso o tempo todo, usando perguntas que conduzem a testemunha (como: "Você não concorda que...?"). Outras vezes, as pessoas relutam em apresentar seus pontos de vista como afirmações, por isso as formulam como perguntas. ("Não acha que seria melhor se você ficasse em casa esta noite? As estradas estão cobertas de gelo.") Por fim, às vezes as pessoas colocam perguntas sobre perguntas, em uma estratégia chamada "suavização", como no exemplo a seguir:

> **Dante:** *Acha que o cronograma que está pedindo é viável?*
> **Yuki:** *Acho que sim.*
> **Dante:** *Você levou em conta quanto tempo a fase 1 do projeto vai levar?*
> **Yuki:** *Bem...*
> **Dante:** *Tem certeza que podemos combinar esses prazos com os profissionais?*

Nesse cenário, fica evidente que Dante acredita que o cronograma solicitado por Yuki não vai funcionar. O problema é que, em vez de dizer isso, ele fica fazendo uma pergunta atrás da outra para levar Yuki a essa conclusão. Será que isso dá certo? Talvez, em algumas situações, mas não é muito provável que essa linha de questionamento produza informações significativas sobre o que Yuki realmente pensa, sente ou sabe. Se Dante detiver mais poder que Yuki, então, esqueça.

Embora perguntas sorrateiras às vezes gerem o resultado pretendido, são manipulações, e as pessoas sabem disso. Nunca é bom ser manipulado.

Por último, as *perguntas agressivas* são armas que usamos para atacar os outros. Vejamos alguns exemplos:

- ✦ "Por que acha que isso é uma boa ideia?"
- ✦ "Como pode acreditar nisso?"
- ✦ "Por que não pode ser mais atencioso?"

Perguntas agressivas magoam, ofendem ou colocam os outros na defensiva. Nada disso promove aprendizado, muito menos relacionamentos positivos.

Às vezes, fazemos perguntas com boas intenções, mas parecem perguntas agressivas. Como Warren Berger, especialista em perguntas e autor de *Uma pergunta mais bonita*, apontou, perguntas que começam com "por que" tendem a parecer perguntas agressivas, mesmo quando provêm de uma curiosidade genuína. Vejamos o caso de Jolene, uma chefe que olha por cima do ombro do funcionário, Ross, e pergunta: "Por que está fazendo isso assim?" Dependendo do tom de voz de Jolene (combinado com a diferença de poder entre eles e suas respectivas personalidades), Ross poderia se sentir criticado pela pergunta, como se ela o estivesse acusando de ter feito algo errado.

PERGUNTAS DE QUALIDADE ABREM ESPAÇO PARA A APRENDIZAGEM

Então, se perguntas medíocres (malfeitas, sorrateiras e agressivas) nos impedem de aprender, qual é a alternativa? A alternativa é fazer o que chamo de **perguntas de qualidade**.

> **Perguntas de qualidade nos ajudam a aprender algo importante com a pessoa a quem perguntamos.**

Perguntas de qualidade têm os seguintes atributos:

- **Sinalizam curiosidade verdadeira**, refletindo uma intenção genuína de aprender com a outra pessoa e compreendê-la, e não de provar um ponto de vista, influenciá-la ou corrigi-la.

- **São claras e diretas**, sem camadas nem significados ocultos e confusos. Por isso, fica evidente o que se quer saber.

- **Propiciam a honestidade** porque facilitam a fala do outro, independentemente de como a pessoa fazendo a pergunta vá se sentir.

- **Dão acesso à história completa do outro**, revelam significados, razões, emoções e experiências.

- **Criam benefícios mútuos**, pois contribuem para um diálogo significativo, no qual todos aprendem e saem da conversa com uma melhor compreensão de si mesmo e do outro.

Ao analisar as perguntas de qualidade, pode ser que seu treinamento cultural dispare alarmes mentais: "Elas não vão deixar as pessoas em alerta?" A resposta pode ser sim, às vezes, mas todo o esforço feito para que seja seguro se abrir criará um espaço no qual o desconforto poderá ser administrado.

Leve em conta, também, que seus medos podem ser, em grande parte, imaginados. Os cientistas cognitivos Einav Hart, Eric VanEpps e Maurice Schweitzer passaram anos estudando o que chamam de perguntas "sensíveis", sobre temas que, às vezes, parecem inadequados ou que seriam desconfortáveis de discutir. Eles descobriram que uma das razões de as pessoas não fazerem perguntas delicadas é que *superestimam* o desconforto que causarão ao outro. Hart diz: "Em geral, as pessoas pouco se ofendem e se importam menos de receber uma pergunta delicada do que imaginamos." Na verdade, elas *gostam* de receber perguntas mais profundas![3]

Subindo e descendo a escada da compreensão

Lembra-se do modelo que discutimos no Capítulo 3, a escada da compreensão? Assim como cada um de nós tem uma escada que sobe à medida que processa pensamentos e sentimentos, o mesmo acontece com os outros. Eles selecionam uma pequena parte da situação, processam — interpretam — o que foi escolhido e tiram conclusões. Portanto, para compreender a perspectiva (ou seja, a história) do outro, precisamos, essencialmente, ter uma visão completa da escada *dele*.

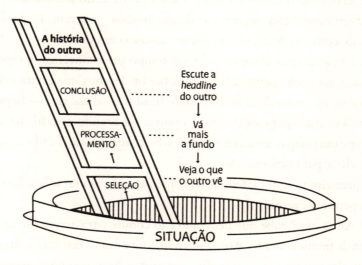

ESCUTE A HEADLINE DO OUTRO

> O que sente sobre esta proposta de _____?
> O que acha que deveríamos fazer sobre _____?
> Qual é seu posicionamento sobre _____?
> O que é mais importante para você nesta situação?

Vá impressionante a frequência com que as pessoas não nos dão suas *headlines*. Essa é a informação que está no topo da escala — opiniões e sentimentos principais sobre algo. Ao não fazerem isso, pode parecer que estão escondendo algo, mesmo que não seja essa a intenção. Por que não nos dizem? Talvez achem que são coisas muito óbvias. Talvez lhes seja desconfortável — ou culturalmente ousado demais — dizer a quais conclusões chegaram. Seja qual for o motivo, perguntar sobre a *headline* elimina as suposições e, muitas vezes, torna mais fácil para o outro falar diretamente.

Determinado a descobrir o que estava paralisando seu comitê, Isaac se encontrou com Anna em um bar de que ambos gostavam. Depois de um pouco de conversa fiada, ele entrou no assunto em questão.

— Obrigado por ter arranjado um tempo para conversar, e espero que possamos ter uma conversa honesta sobre os desafios que estamos enfrentando com o comitê de arrecadação de fundos — disse ele. — Espero que se sinta à vontade para me dizer sua opinião sobre tudo, sem filtros; e não se preocupe em poupar meus sentimentos. Se chegarmos ao fundo da questão, será melhor para obtermos sucesso.

A primeira pergunta dele tinha como objetivo *escutar a headline* do que Anna pensava e sentia.

— Anna, você sabe que pedi ajuda ao comitê para arrecadar a próxima rodada de financiamento. Até agora, não houve muito resultado. Eu poderia fazer várias suposições, mas prefiro perguntar diretamente: o que você acha que está acontecendo?

FAÇA PERGUNTAS DE QUALIDADE

— Pois é, também andei pensando nisso e discutindo com outros membros do conselho. Achamos que talvez a estratégia precise de ajustes.

Quando Isaac escutou aquela resposta, sentiu-se aliviado, frustrado e confuso. Aliviado por não estar louco; algo estava acontecendo e impedindo o comitê de fazer o combinado. Mas também frustrado e confuso, porque houveram muitas reuniões, nas quais a estratégica para levantar a próxima rodada de financiamento foi discutida e alinhada.

— Poderia falar mais sobre essa necessidade de ajuste da estratégia? — quis saber ele, respirando fundo e escolhendo a curiosidade.

— Nós acreditamos na sua liderança e na missão da empresa, mas estamos preocupados com a estratégia. Como já discutimos, o mercado está cada vez mais lotado, portanto, será mais difícil fazer com que nossa oferta se destaque das demais.

"É isso!", pensou Isaac. No começo, ele achou que Anna não estava engajada com a estratégia de arrecadação, mas depois que ela esclareceu o que queria dizer com "estratégia", percebeu que a preocupação dela era mais profunda. Era com o produto da empresa. Ele notou que, se o conselho não estivesse engajado com o produto, fazia sentido que não estivesse muito entusiasmado para ajudar a aumentar os investimentos. Para Isaac, esse foi o primeiro insight.

VÁ MAIS A FUNDO

> O que faz você se sentir assim?
> Pode me explicar sua linha de raciocínio?
> O que o impede de [fazer _____]?
> A quais preocupações você estava se referindo?

Depois de escutar a *headline* do outro, começamos a chegar a algum lugar. Não basta conhecer os principais pensamentos e sentimentos da pessoa; precisamos **ir mais a fundo.** Na linguagem da escada, isso significa descer a escada do outro para entender como está sendo o processo que o leva à conclusão.

Perguntar *por que* é um ponto de partida óbvio, só que perguntas desse tipo podem parecer agressivas e não ajudam a acessar o pensamento do outro. Muitas vezes, ele ainda não sabe bem por que pensa o que pensa, e perguntas mais específicas podem ajudá-lo a se aprofundar no *próprio raciocínio*. Como diz a escritora e especialista em liderança Margaret Wheatley: "Conversa é a forma que os humanos sempre usaram para pensar juntos."[4]

O valor mútuo que pode ser desbloqueado **indo mais a fundo** é captado de forma sucinta em uma parábola do livro *Como chegar ao SIM*, uma obra pioneira sobre negociações mutuamente benéficas. Nela, dois irmãos estão brigando pela última laranja da casa. A mãe resolve o conflito cortando a laranja ao meio. A filha pega uma metade, come a polpa e joga fora a casca. Enquanto isso, o filho raspa a casca da sua metade para fazer um bolo e joga a polpa fora. Como ninguém se preocupou em perguntar *por quê*, ambos ganharam menos e metade da laranja foi desperdiçada.[5]

Como ilustra a história, há uma distinção importante entre as conclusões das pessoas (*Eu quero a laranja!*) e razões, interesses e preocupações subjacentes que motivam tal posição.[6] Acho esse um excelente ponto de partida para a criatividade, porque, uma vez que descubro o que está por trás da conclusão, da ideia ou do ponto de vista de uma pessoa, posso fazer uma parceria com ela para que pensemos juntos em possíveis maneiras de lidar com seus interesses e, ao mesmo tempo, levando em conta os meus também.

De volta ao bar... Isaac percebeu que precisava ir mais a fundo para entender por que Anna achava que o produto deles não era competitivo.

— Estou de acordo, o mercado está lotado. Mas nossa estratégia já sugere algumas maneiras de nos diferenciarmos mesmo com a crescente concorrência. Eu gostaria de entender por que você não vê as coisas assim — argumentou, calmo.

A resposta de Isaac mostrou a Anna que ele não estava só tentando convencê-la, mas que realmente queria saber a opinião dela. Então, ela disse o que o conselho andava pensando, mas nunca havia lhe contado.

— Isaac, vou ser sincera. Nenhuma das características do nosso produto fará com que ele se destaque o suficiente, além de ser mais difícil de usar. Nosso preço é mais alto que o dos concorrentes. Acreditamos que somos melhores que os demais, mas será que os clientes percebem a diferença?

FAÇA PERGUNTAS DE QUALIDADE 125

Isaac ficou um pouco surpreso com a franqueza de Anna. Por mais direto que fosse, ele nunca viu tamanha sinceridade antes, nem nela, nem em qualquer outro membro do conselho. "Agora, estamos chegando a algum lugar", pensou. Foi desconcertante e meio preocupante escutar aquilo, mas Isaac gostou de conhecer a perspectiva dela. Ainda discordava, mas queria se certificar de que havia escutado direito. (Falaremos mais sobre isso no próximo capítulo, sobre escuta.)

— Espere, Anna, você está dizendo que duvida de que nosso produto será bem-sucedido?

— Mais ou menos. Não por ser um produto ruim. Na verdade, ele é ótimo! Mas em um mercado abarrotado, não tem o suficiente para se destacar. Já vi isso acontecer em outros ramos, vi produtos como esse serem ignorados e nunca conseguirem entrar no mercado de forma significativa.

Parecia que Anna ia prosseguir, mas ficou calada por um momento. Isaac quis intervir, mas decidiu esperar.

— Nosso produto tem concorrentes demais para ser viável — concluiu ela.

As palavras de Anna doeram. Em parte, por descobrir que os membros do conselho tinham muitas dúvidas sobre o produto e também por perceber que eles nunca haviam comentado nada. Mesmo assim, Isaac ficou grato por saber das barreiras que viam.

VEJA O QUE O OUTRO VÊ

> Pode me dar alguns exemplos?
> Pode ilustrar seu ponto de vista com uma história?
> Que dados embasam esse pensamento?
> O que estava acontecendo com você naquele momento?

Depois de ir mais a fundo no raciocínio, interesses e sentimentos subjacentes, o último passo para descer a escada do outro é compreender a "situação" dele — especificamente, quais informações e experiências embasam sua visão.

Invariavelmente, o outro tem acesso a experiências e informações que nós não temos. Chamo essa estratégia de **ver o que o outro vê**, e é uma excelente maneira de descobrir o que precisamos saber. Algumas pessoas se orientam de uma forma que Jerome Bruner chama de *analítica* e respondem bem quando lhes solicitamos dados. Já outras orientam-se de uma forma mais narrativa e pensam no que veem em termos de histórias ou experiências de vida.[7] É importante que perguntas abram espaço para as várias maneiras que outros usam para se orientar. Dependendo da pessoa e da situação, você pode perguntar se ela estaria disposta a contar uma história, dar exemplos ou oferecer os dados que moldam seu pensamento.

Na segunda xícara de café, Isaac percebeu que, para mudar o ponto de vista de Anna — ou, talvez, melhorar as chances da empresa —, precisava ver como ela. Em algum momento, ele e o conselho haviam compartilhado a mesma história sobre a empresa, mas agora as histórias divergiam.

— Pode me dar exemplos desses concorrentes? — perguntou Isaac.

Ela citou três empresas que também estavam lançando produtos competitivos. Então, Isaac disse o que pensava desses produtos e explicou por que o deles não só era superior em tecnologia, como também estava mais alinhado com o que os consumidores diziam desejar no futuro.

— Acha que estou errado? — acrescentou ele.

— Bem... temos evidências disso?

Outro insight. Isaac teve um palpite sobre sua pergunta inicial — "O que eles estão escondendo de mim? — e decidiu expor seu pensamento, suavizando um pouco a linguagem, caso estivesse errado.

— Anna, imagino que você ache um grande risco me ajudar a arrecadar fundos sem a certeza de que temos como provar nossa vantagem competitiva. É por isso que você e outros membros do conselho estão hesitantes?

Ela respirou fundo.

— Exatamente. Só que há também preocupações maiores...

A partir daí, Isaac e Anna tiveram uma conversa honesta sobre o que precisaria acontecer com os testes de mercado, as pesquisas sobre a concorrência e o produto em si, para que o conselho se sentisse confiante para levantar mais financiamento. Isaac fez anotações detalhadas. Por fim, tinha orientações construtivas a considerar: apresentar ao conselho um **argumento**

FAÇA PERGUNTAS DE QUALIDADE

mais persuasivo que mostrasse que estavam prontos para o mercado ou voltar ao laboratório para continuar desenvolvendo o produto. Era muita coisa para processar, mas ele se sentia mais seguro dos próximos passos que nos meses anteriores.

ESCLAREÇA A CONFUSÃO

> Pode explicar o que você quis dizer com _____?
> Como você definiria _____?
> Quando disse "_____", estava se referindo a [A] ou [B], ou a outra coisa?

George Bernard Shaw disse esta famosa frase: "O maior problema da comunicação é a ilusão de que ela ocorreu." Em outras palavras, mesmo que o outro nos dê sua *headline*, razões ou dados, isso não é garantia de que entendemos o que ele *quis dizer* com as palavras que usou.

Segundo minha experiência, é comum interpretarmos mal o que o outro disse e reagirmos com base nessa interpretação errônea. É incrível como muitas vezes as pessoas se perdem nas conversas por não perceberem que estão usando o mesmo termo, mas com significados diferentes. Às vezes o erro é leve, outras vezes é drástico, mas, em ambos os casos, precisa ser esclarecido.

É aqui que entra uma estratégia que chamo de **esclarecer a confusão**. Não importa em que ponto estamos na escada, sempre podemos parar e perguntar pra esclarecermos uma possível confusão ou má interpretação. Isso pode ser feito de várias maneiras, como pedindo à pessoa que defina certos termos ou indagando o que significa uma frase específica.

Esclarecer a confusão também é uma ótima maneira de desacelerar uma conversa, o que ajuda todos os envolvidos a processar as coisas com mais atenção e a não reagir por impulso. Também demonstra ao outro como é importante para nós entender o que ele quer comunicar.

Muitas vezes, fazer perguntas que dão clareza também ajuda outras pessoas a esclarecerem o próprio pensamento. Por exemplo, quando uma líder da minha organização, Sara, disse à própria equipe que era "urgente" terminar a proposta, eles acharam que ela queria dizer que deviam largar tudo para concluí-la e decidiram perguntar o que "urgente" significava, o que a forçou a parar e pensar. Sara percebeu que se a proposta fosse enviada até o final da semana, tudo bem. Saber disso permitiu que a equipe desse sequência a outros trabalhos importantes e, ao mesmo tempo, cumprisse o prazo.

QUANDO VOCÊ PRECISA DA CONTRIBUIÇÃO DO OUTRO

Dê espaço para um feedback meticuloso

Agora que você entende como usar perguntas para descer a escada do outro, vamos falar sobre uma aplicação específica dessa estratégia: obter feedback de alta qualidade para aprender a melhorar. Normalmente, não o recebemos sem solicitá-lo, mas de que outra forma podemos ver além da nossa própria perspectiva e aprender como somos vistos, como nosso comportamento influencia os outros e se os pontos cegos estão afetando nossas interações?

> Alguma coisa que fiz (ou não fiz) dificultou as coisas para você ou outras pessoas?
> Se sim, o que sugere que eu faça da próxima vez?

Descer a escada de alguém para obter feedback pode ser assim:

- **Escute a headline do outro**: "Você tem observações ou comentários sobre minha participação naquela reunião?"
- **Vá mais a fundo**: "Interessante… Pode falar mais sobre o impacto que acha que causei quando agi daquela maneira?"

FAÇA PERGUNTAS DE QUALIDADE

- **Veja o que o outro vê:** "Se você se lembrar de algum exemplo específico do que eu disse, seria muito útil. Consegue pensar em algum?"

Há um tipo de pergunta de feedback que todos deveríamos fazer quando nos encontramos em uma situação desafiadora, mas que pouca gente faz: *"Como posso ter contribuído para o desafio que estamos enfrentando?"*

Quando percebe um problema, pouca gente para e faz essa pergunta, a si mesma ou aos outros, antes de atribuir culpas e criticar alguém. Às vezes, é mais fácil ver as contribuições dos *outros* para esse resultado que as nossas próprias. Mas, como seres humanos, nossas ações (ou omissões) interagem como um "sistema" no qual duas pessoas sempre dependem uma da outra. Portanto, uma de nossas primeiras atitudes ao enfrentar um problema ou conflito deveria ser perguntar aos outros como contribuímos para a situação.

Allan é superintendente escolar e há dois anos é responsável por um distrito escolar urbano de médio porte. Como muitos sistemas escolares após a pandemia, os alunos do distrito dele começaram a apresentar dificuldades. O conselho escolar o pressionou muito para aumentar as notas das provas, e rápido. Allan, um líder orientado para a ação, com formação militar, tinha essa mesma preocupação e sentia um elevado nível de urgência para recuperar o desempenho acadêmico.

Quase um ano depois, os planos tão bem elaborados de Allan não haviam dado frutos. A diretoria estava furiosa e frustrada com ele pessoalmente. Ainda tinha mais um ano de contrato, e o presidente do conselho havia deixado claro que, se as coisas não mudassem, Allan seria demitido.

O primeiro impulso de Allan foi manter a linha dura: mais supervisão, mais consequências para o mau desempenho, aulas mais longas, intervalo menor... Ele sabia, graças à experiência anterior nas forças armadas, que às vezes você encontra resistência e precisa continuar insistindo antes de chegar a resultados. No entanto, depois de uma conversa difícil com um grande amigo, ele percebeu que essa maneira de pensar o impedia de cogitar outras formas de lidar com a situação. Ele pressionava, motivava e fazia críticas a todos, menos a si mesmo. Então, decidiu que era hora de buscar opiniões e ideias das pessoas ao redor.

FAÇA A PERGUNTA CERTA

Na tarde de sexta-feira, antes de todos irem embora, Allan decidiu enviar um e-mail a seus subordinados diretos — o diretor acadêmico, a diretora escolar, o diretor financeiro e o de RH. Ele se abriu e mostrou mais vulnerabilidade que nunca: "Estamos todos aqui pelas crianças e é evidente que meu plano não deu certo. Preciso fazer algo diferente, mas não sei o quê. Gostaria que me dessem o feedback mais sincero possível sobre a minha liderança. O que devo continuar fazendo, deixar de fazer e começar a fazer? Pensem um pouco sobre isso e, na reunião com cada um na semana que vem, esse será o tópico número 1."

Durante todo o fim de semana, Nora, diretora da escola, ficou pensando naquele pedido. Fez anotações e se preparou para a reunião. Quando se reuniram, ele a fitou e disse: "Nora, estou pronto para escutar o que você tem a dizer. Não se reprima."

Nora falou do que havia anotado em sua lista sobre "começar, parar e continuar". Entre as coisas que destacou, estava: "Allan, seus planos parecem bem elaborados e bem pensados quando você os apresenta em slides do PowerPoint. Mas ficam aquém na prática. Isso porque dependem demais de mecanismos de controle, de controlar os professores por meio de regras e consequências."

Allan ficou contrariado. Para ele, mecanismos de controle sempre foi o que funcionou em organizações grandes e burocráticas. De que outra forma deveria administrar o caos e a complexidade? "Qual é o problema?", pensou e, então, decidiu perguntar: "Você pode falar mais sobre o impacto de fazer as coisas dessa maneira?"

Nora respondeu com prazer a uma pergunta que jamais imaginou que seria feita. "Allan, forçar as pessoas a fazer as coisas uniformemente, da maneira que *você* acha certa, não motiva os professores. Se os fizer sentir medo de ser pegos descumprindo seus ditames, eles passarão a ser ditadores dos alunos. É por isso que o ânimo de todos está despencando!"

Aquelas palavras atingiram Allan em cheio. Ele havia aceitado aquele trabalho porque acreditava no poder da educação para elevar as pessoas. Agora, estava descobrindo que suas ações estavam prejudicando todo mundo. Ele foi para casa naquela noite e não conseguiu dormir. Enquanto se revirava na cama, concluiu que Nora tinha razão. Na manhã seguinte, quando se levantou e se olhou no espelho, comprometeu-se a tentar outro caminho, que se beneficiasse da sabedoria de pessoas como Nora, que, sem dúvida, tinham opiniões importantes.

Encontre os furos no seu raciocínio

> O que será que deixei passar?
> O que você e/ou os outros veem de negativo na minha proposta?
> Que riscos não estou vendo?

Para obter feedback de qualidade sobre pontos de vista, ideias e planos, precisamos fazer mais que essas três perguntas acima. Precisamos explicar não só aquilo em que acreditamos, mas também por que razão acreditamos e o que embasa nossa crença. Em outras palavras, precisamos expor os outros à *nossa* escada e depois convidá-los a reagir a ela.

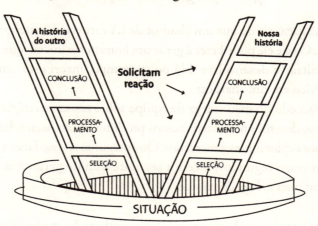

Isso significa que temos de expressar nossa história de forma clara e direta, incluindo nossas conclusões (no topo da nossa escada), nosso processo de pensamento (conforme vamos descendo) e os dados ou experiências que nos embasam (o que selecionamos da situação). Depois, podemos perguntar algo como: *"Quais são as suas reações?"*

Se você sentir que o outro hesita em dizer algo, diga-lhe que pode discordar ou criticar. Assim, estará permitindo reações que *desmintam* seu pensamento ou sua abordagem original.

Às vezes, *antes* de perguntar sobre as reações do outro, seria útil verificar se você comunicou o que pretendia dizer. Seria mais ou menos assim:

- "Quero checar se estou me comunicando com clareza. Do que eu falei, o que mais se destacou?"
- "Não sei se expliquei bem a minha intenção, por isso prefiro checar: quais foram suas principais conclusões ao escutar o que eu disse?"
- "Caso eu não esteja me expressando bem, acho melhor perguntar: você está entendendo o que estou dizendo?"

Se o outro não escutou o que você pretendia comunicar, em vez de culpá-lo por escutar mal, você pode aproveitar a oportunidade para esclarecer o que pretendia dizer e depois perguntar sobre a reação dele.

Use a inteligência artificial para gerar perguntas de qualidade

Não há garantia de que um chatbot de IA fornecerá as perguntas certas. O que ele pode fazer é gerar um *brainstorm* inicial, que você pode filtrar e desenvolver. Há pouco tempo, inseri este cenário hipotético em um chatbot:

"Discordo do meu colega de equipe sobre nossa estratégia. Ele acha que devemos focar mais nossos produtos atuais, e eu acho que devemos explorar novos mercados. Que perguntas posso fazer a ele?"

Em cinco segundos, recebi a seguinte lista de perguntas para fazer ao meu colega de equipe:

- O que faz você confiar no sucesso contínuo dos nossos produtos atuais?

- Fizemos alguma pesquisa de mercado que sugira que nossos produtos podem crescer no mercado atual?
- Que desafios você prevê no caso de explorarmos novos mercados?
- Consegue imaginar um cenário em que a diversificação das nossas ofertas ou a entrada em novos mercados poderia fortalecer a posição global da nossa empresa?
- Como acha que nossa estratégia atual nos manterá ativos na competição no longo prazo?
- Existe alguma forma de testarmos o terreno em novos mercados e, ao mesmo tempo, focar principalmente nossos produtos atuais?

Depois de cada pergunta, havia uma breve explicação sobre por que ela poderia ser valiosa. Pode não ser uma lista abrangente, com todas as perguntas de qualidade que se deve fazer nesse cenário, mas é útil para começar!

Solicite a ajuda e as ideias do outro

Estou com um problema.

"Estou com um problema." Essas quatro palavras capturam imediatamente a atenção e a empatia do ouvinte. A maioria das pessoas adora ser útil, ainda mais quando lhe pedimos para ajudar com algo difícil e importante. Quanto mais complicado é o problema que temos, mais vulneráveis nos sentimos. E quanto mais vulneráveis nos sentimos, maior a probabilidade de não falarmos sobre o problema. Essa é a grande questão, porque é nesses momentos que mais poderíamos nos beneficiar se tivéssemos outras pessoas para nos ajudar.

Vejamos alguns exemplos de perguntas para pedir ajuda:

- "Você tem algum conselho para mim sobre esse desafio?"
- "Existe uma abordagem melhor ou diferente que eu deveria avaliar? Pode me dar um exemplo?"

- "Como acha que podemos resolver o _____?"
- "Você pode me ajudar a pensar sobre _____?"

As pessoas que nos cercam — no trabalho e fora dele, com quem interagimos no mundo — estão cheias de ideias e sugestões. Se não as pedirmos, muitas permanecerão ocultas. A deixa certa pode levar as pessoas a oferecer ideias que nem sabiam que tinham.

Voltemos a Allan. A primeira rodada de feedback o ajudou a perceber que sua abordagem comando/controle não estava dando certo. Todos os esforços para desenvolver um novo plano encontraram um obstáculo, porque ele continuava tentando fazê-lo sozinho; como chefe, ele achava que estratégia era responsabilidade apenas dele. Enquanto isso, o conselho exigia dele um plano decisivo, e rápido. Por fim, Allan decidiu dar um voto de confiança e pedir ajuda à equipe, de uma forma que nunca havia feito antes.

Ele os reuniu e disse: "Temos um ano para mudar as coisas. A diretoria está nos pressionando. Se eu vacilar, não serei mais levado a sério. Portanto, preciso sair dessa fortalecido, mas é evidente que algo não está funcionando. Estou empacado. O que vocês fariam?"

A equipe de Allan nunca tinha visto aquele lado dele. Eles sabiam que estava empacado, viam o peso das longas horas de trabalho e do estresse que o chefe carregava nos ombros. Mas Allan admitir que não sabia o que fazer era novo. E libertador. Com essa atitude, mostrava que confiava neles e valorizava suas contribuições.

Seguiu-se uma discussão rica e aberta, como nunca haviam tido antes. Allan saiu da reunião sentindo que um peso enorme havia sido tirado dos seus ombros. No passado, ele havia guardado seus dilemas para si mesmo, sempre tentando descobrir como lidar com eles sozinho. Ao verbalizá-los e pedir ajuda, não só se sentiu menos solitário como líder, mas também obteve contribuição de verdade da equipe.

Allan se sentiu motivado para pedir mais ideias de outras pessoas do distrito. Ele e a equipe organizaram reuniões com pequenos grupos de professores, bem como com pais e alunos. Durante essas conversas, não apenas solicitava feedback, mas também pedia a todos ideias sobre como melhorar.

Ele ficou contente e surpreso com a energia gerada. As ideias começaram a jorrar como água de uma mangueira, sugestões de como lidar com o trauma dos alunos abordando o tema da saúde mental, ajudar os alunos a estabelecer metas para se sentirem mais motivados, contratar pais e membros da comunidade para dar aulas particulares aos alunos e reduzir a sobrecarga dos professores, ensinar por meio de projetos, para que os alunos vissem a relevância do que estavam aprendendo. Nem todas as ideias dariam certo, mas Allan reconheceu que nunca havia pensado em algumas delas. O mais importante era que ele não estava mais sozinho; a fim de contar com a sabedoria dos que o cercavam, Allan formou uma coligação para, juntos, enfrentarem os desafios mais difíceis da comunidade.

É POSSÍVEL MATAR OS OUTROS DE TANTO PERGUNTAR?

Agora, sabemos que um ponto de interrogação não garante uma pergunta de qualidade. O inverso também é verdadeiro. A característica que define uma pergunta de qualidade *não é* necessariamente um ponto de interrogação. Você pode dizer a um amigo: "Me diz o que está pensando de verdade" ou "Me ajude a entender o que você está sentindo". Não há ponto de interrogação, mas há toda a curiosidade necessária para transmitir um verdadeiro desejo de compreender o outro. O maior determinante da qualidade de uma pergunta é a *intenção genuína* que colocamos nela: você está realmente interessado e aberto ao aprendizado?

Ao mesmo tempo, se ficarmos *enchendo* o outro de perguntas, pode parecer que — nas palavras de minha amiga e colega Susan — estamos tentando "matá-lo com perguntas". Exceto se estivermos conduzindo o interrogatório de uma testemunha, as melhores perguntas são intercaladas com a expressão dos nossos pontos de vista, sentimentos e pensamentos. Afinal, aprender é um processo de mão dupla. É o que meus amigos e professores da Action Design chamam de "combinar defesa *e* inquirição", o que é uma maneira chique de dizer que precisamos contribuir com a conversa, e não só perguntar.

Uma versão disso é o que Warren Berger chama de "sanduíche de perguntas". Comece dizendo sua intenção, pergunte e, então, diga o motivo daquela pergunta. Lembre-se de Jolene, a chefe que olhou por cima do ombro do subordinado, Ross, e disse: "Por que está fazendo isso assim?" Imagine se ela houvesse dito: "Oi, percebi que está fazendo isso de um jeito diferente dos outros e estou intrigada. Por que está fazendo assim? Pergunto porque, talvez, você possa nos ajudar a encontrar uma maneira melhor de fazer isso."

Veja a diferença. O bom da ideia de Berger, assim como de todas as que já mencionei, é combinar uma boa pergunta com a expressão dos nossos pontos de vista e nossas intenções.

Há outra maneira de não matar os outros com tantas perguntas: aperfeiçoar-se no que vem *depois* da pergunta. É o que abordaremos no próximo capítulo, "Escutar para aprender".

Resumo dos pontos-chave

Pergunta essencial: Quais perguntas vão causar mais impacto na sabedoria da pessoa que perguntou?

1. Cuidado com **perguntas medíocres**, do tipo:

   - **Perguntas malfeitas**, que são formuladas de uma maneira que encerra a inquirição e impede a aprendizagem.

   - **Perguntas furtivas**, que tentam influenciar, convencer ou manipular o outro de forma egoísta.

   - **Perguntas agressivas**, que magoam, ofendem ou deixam o outro na defensiva.

2. Para incentivar uma conversa honesta, faça perguntas de **qualidade, elaboradas** para ajudar que você aprenda algo com a outra pessoa. Perguntas de qualidade podem ser usadas para:

   - Explorar a escada de compreensão do outro a fim de obter informações sobre o processo de pensamento dele.

   - Escutar a headline do outro para saber a conclusão ou posição dele sobre um tema.

   - Ir mais a fundo para acessar o que gerou a headline.

   - Ver o que o outro vê e você não consegue ver — ou seja, as informações e experiências que o embasam.

   - Dê espaço para feedback e ideias meticulosos.

   - Encontre os furos no seu raciocínio..

FAÇA PERGUNTAS DE QUALIDADE

EXERCÍCIOS

5A. Repense uma interação que não ocorreu da forma que você esperava. Anote alguns trechos essenciais do diálogo (ou, se tiver uma gravação, transcreva as partes principais). Conte o número de afirmações e o número de perguntas de qualidade que você fez. Qual foi a proporção entre elas?

Analise se alguma das estratégias para perguntas deste capítulo poderia ter ajudado a melhorar os resultados da sua interação. Quais? Por quê?

5B. Dentre as estratégias apresentadas neste capítulo, escolha uma que você não tem no seu repertório. Tente usá-la em uma próxima interação. Veja o que aprende e como isso afeta a conexão com a outra pessoa.

Capítulo 6

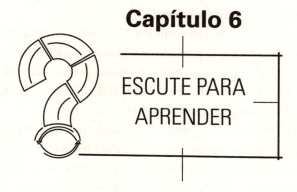

ESCUTE PARA APRENDER

Pergunta essencial: Como escutar o que alguém está tentando dizer?

IMAGINE O SEGUINTE CENÁRIO: VOCÊ É MÉDICO E TRABALHA EM UM HOSPITAL. DOIS policiais chegam com um prisioneiro que precisa de uma sutura. Ele cortou o pulso com a ponta de um tubo de pasta de dente. Você não sabe que crime ele cometeu, mas o comportamento dele sugere que se trata de alguém cruel e violento. Fazendo comentários racistas e ameaçadores a uma enfermeira, o homem o xinga e o critica sem parar quando se senta para que você possa cuidar do ferimento. Isso afeta sua capacidade de fazer o seu trabalho. Os policiais ficam ali parados, sem fazer nada. Você não pode expulsá-lo, só que não aguenta mais tanta violência verbal. O que fazer?

O estimado cirurgião e escritor Atul Gawande foi o médico dessa situação na vida real. Como explicou em um artigo de 2018 que escreveu para a revista *New Yorker*,[1] ficou tão desanimado com o comportamento horrível daquele homem que questionou, por um momento, se todas as pessoas realmente mereciam receber cuidados médicos — um princípio fundamental da medicina. Então, ele recordou uma coisa que havia aprendido sobre o funcionamento do cérebro. Quando as pessoas falam, expressam mais que pensamentos, expressam algo que desejam ainda mais que seja escutado: suas emoções.

Em vez de tentar ignorar, ele decidiu escutar *com mais atenção*. Gawande procurou escutar as emoções daquele homem, em vez das palavras ditas, e o que escutou o levou a dizer o seguinte a seu paciente: "Você parece muito zangado, e acho que não se sente respeitado."

O homem parou de xingar. Seu tom mudou. Ele contou ao cirurgião como era "lá dentro". Contou que havia passado os últimos dois anos na solitária. "Para ver sua humanidade, para poder tratá-lo, bastou lhe dar um pouquinho de abertura e mostrar o mínimo de curiosidade", refletiu Gawande.[2] Os dois relaxaram e Gawande conseguiu cuidar do ferimento.

A história ilustra de forma pungente a lição fundamental deste capítulo: a maneira como escutamos é importante. A qualidade da escuta que dedicamos a uma interação molda o que é dito e o que o outro sente em relação a si mesmo e à sua contribuição. Para merecermos respostas a perguntas que fazemos, temos de ser hábeis naquilo que chamo de **escutar para aprender**, ou seja:

Abrir-nos de modo intencional ao que a outra pessoa diz com o objetivo de compreender aquilo que é essencial em sua mensagem e experiência.

A realidade é que a maioria das pessoas nunca aprendeu a escutar. Uma pesquisa constatou que 96% das pessoas se consideram bons ouvintes,[3] mas também mostrou que retemos menos da metade do que nos dizem e que uma pessoa mediana escuta com apenas 25% de eficácia.[4] A pesquisa também mostra que, na verdade, escutamos *menos* quem consideramos mais próximos de nós que os estranhos.[5]

Aprendemos a ler, escrever, falar e defender nossas opiniões, mas não a escutar. Pior ainda, aprendemos a associar o falar à inteligência e à ambição, mas o calar à burrice ou ao desinteresse. Como Susan Cain argumenta de maneira convincente em *O poder dos quietos*, muitas vezes são os mais calados que têm as observações mais astutas para compartilhar.[6]

Talvez não tenhamos aprendido a escutar porque nós, como sociedade, equiparamos *ouvir a escutar* e, portanto, concluímos que é algo instintivo, como a visão ou o paladar. Mas, como qualquer crítico de arte ou *sommelier*

ESCUTE PARA APRENDER

dirá, existe um mundo de diferenças entre a percepção sensorial passiva (ouvir, ver, sentir o gosto) e a percepção ativa e treinada (escutar, observar, distinguir os taninos franceses dos italianos).

Quando eu era jovem, tive a sorte de ter meus ouvidos afinados por um pequeno grupo da sociedade estadunidense formado por verdadeiros *sommeliers* da escuta: os quakers praticantes. As crenças fundamentais para a fé quaker são as de que cada pessoa tem acesso igual ao divino e que Deus pode falar por meio de uma pessoa a qualquer momento. Os quakers veem todas as pessoas como potenciais fontes da sabedoria de Deus. Isso faz com que escutar não seja só um ato essencial, mas também sagrado. Eles se dedicam a "escutar como se Deus estivesse falando".[7] Como escutar e aprender com o outro é algo tão fundamental nessa abordagem comunitária da vida e da liderança, os quakers desenvolveram práticas e convenções que podem transformar qualquer pessoa em um ouvinte *expert*.

Eu mesmo vivi isso todos os verões durante quase uma década, em um acampamento quaker chamado Shohola.[8] Um ritual chamado "pensamento semanal" dava àqueles trezentos rapazes — grupo demográfico que não costuma primar pela paciência ou capacidade de dedicar tempo aos outros — a estrutura para ficar calados e escutar respeitosamente, durante 45 minutos, tudo que nossos colegas e conselheiros sentissem necessidade de compartilhar.

Nas manhãs de domingo, às 10 horas, nós nos reuníamos em uma clareira na floresta, sentados em um círculo não muito regular, sobre o solo ainda úmido. Depois dos poucos minutos que levávamos para nos acomodar, alguém se levantava, dirigia-se ao centro do círculo e dizia o que pensava. O restante de nós apenas escutava. Lembro que meu amigo Juan contou que havia crescido em uma pobreza tão severa que seus pais prendiam sua jaqueta com fita adesiva no inverno para protegê-lo do vento e que o amor e a fé de sua família lhe haviam permitido perseverar, formar-se na faculdade e colocar-se no caminho do sucesso. A franqueza e a coragem de Juan levaram muitos outros a se manifestar depois dele e compartilhar histórias pessoais, experiências e momentos que os marcaram.

Para a maioria das pessoas, a ideia de ser escutado dessa forma é desconhecida. Talvez até meio assustadora. O que tornava aquilo possível e agradável para a pessoa que estava no centro do círculo era o espaço seguro criado pela escuta de todos os outros.

Considere este capítulo como seu acampamento de verão "Escutar para aprender", com estratégias iniciais que lhe permitirão aprender mais que nunca. Suas habilidades aprimoradas levarão mais pessoas a lhe contar mais coisas, e com mais honestidade. Assim como Atul Gawande, você vai aprender a escutar as mensagens que estão por trás das palavras quando as pessoas falam. Como os quakers, você vai aperfeiçoar a arte de dar espaço para o depoimento das pessoas mais vulneráveis.

OS TRÊS CANAIS DA ESCUTA COM INTENÇÃO

Escutar para aprender começa estabelecendo uma intenção específica. É diferente de escutar para provar algo ou persuadir alguém, para corrigir ou aconselhar, ou para parecer um bom ouvinte. Carl Rogers, fundador da psicologia centrada no ser humano e um dos maiores ouvintes de todos os tempos, argumentava que escutar de verdade exige que pensemos *com as pessoas, e não por elas ou sobre elas*", deixando de lado nosso ego para que possamos estar a serviço do outro que expressa o que realmente pensa, acredita ou sente.[9] O valor desse ato muitas vezes é esquecido na vida moderna, pois, como aponta Kate Murphy, autora de *You're Not Listening* [*Você não está escutando*, em tradução livre], "somos incentivados a escutar nosso coração, nossa voz interior e nosso instinto, mas raramente a escutar os outros com atenção e intenção".[10]

Se recordarmos a nós mesmos nossa intenção de escutar, maior será a probabilidade de pensarmos e nos comportarmos de maneira alinhada com essa intenção. É fácil esquecer isso, mas separar cinco segundos para nos recordar da nossa intenção de escutar pode ser algo incrivelmente poderoso. Isso cria o alicerce para uma escuta eficaz sobre a qual as estratégias que seguem se baseiam.

Criado o alicerce, é hora de *triplicar* o alcance da sua escuta. Enquanto eu estava na Monitor, tive a oportunidade de trabalhar em estreita colaboração com David Kantor, líder na área de dinâmica familiar e comunicação interpessoal. Ele observava as pessoas interagindo — fosse um casal cujo casamento estava passando por dificuldades, fosse uma equipe de liderança disfuncional — e conseguia detectar quase instantaneamente o que estava acontecendo abaixo da superfície. Como ele fazia isso? Entre seus segredos estava: escutar por meio de três canais: conteúdo, emoção e ação.[11] Vamos analisar cada um deles.

Os canais da escuta

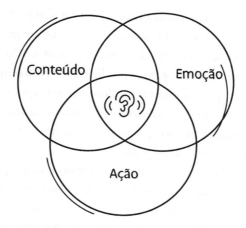

Talvez o canal com que mais estamos acostumados seja o da escuta do *conteúdo* daquilo que o outro diz. São os fatos e as afirmações que o outro faz. Inclui informações concretas, bem como crenças, raciocínio e conclusões. Imagine que uma funcionária sua, Mieka, procurou você para discutir um problema que está enfrentando com um cliente insatisfeito com as soluções apresentadas por ela. Escutar o conteúdo implica ouvir os detalhes do que aconteceu, quais soluções Mieka apresentou ao cliente, quantas ligações ocorreram entre eles e com quais aspectos da solução ele não ficou satisfeito.

Um segundo canal para escutar é a *emoção*, como Gawande fez com o paciente. Por meio desse canal, escutamos para entender quais sentimentos estão sendo comunicados, o que incluem necessidades e desejos que estão por trás desses sentimentos. Para quem foi treinado e socializado para priorizar formas racionalistas de pensamento e conhecimento — e me incluo nisso —, aprender a captar essas mensagens emocionais pode ser difícil. Às vezes, fico tão atento aos fatos que me esqueço de sintonizar também as informações emocionais. A experiência me ensinou que esse canal não é apenas incrivelmente rico, mas também, muitas vezes, é o aspecto essencial da conversa.

Por exemplo, se sintonizarmos o canal emocional ao escutar nossa funcionária, poderemos notar a frustração em sua voz, seus ombros caídos e o cenho franzido, indicando sua decepção consigo mesma por não ter sido capaz de ajudar um cliente. Mieka pode ou não citar explicitamente essas emoções, mas mesmo que não as *expresse*, ela as *mostra*, e escutar o canal da emoção nos permite percebê-las em seu tom de voz e sua linguagem corporal.

Para concluir, uma boa escuta exige que também prestemos atenção às *ações* inerentes à fala. O que a pessoa com quem conversamos está tentando *fazer* ao se comunicar conosco? O que quer *que façamos*? Por exemplo, Mieka apresenta evidências contra a opinião do cliente, mesmo sem você solicitá-las. Isso pode significar que ela está tentando obter seu apoio para convencer o cliente de que ela está certa. Ao escutar o canal da ação, você aprende que Mieka pretende manter sua posição junto ao cliente (e não fazer concessões ou mudanças) e que quer o seu apoio.

Aprender a escutar esses três canais ao mesmo tempo pode ser difícil no início, mas é fundamental para entender o que o outro está dizendo. Imagine escutar uma peça musical pela primeira vez. Para um ouvido não treinado, que escuta só superficialmente, todos os sons se combinam. Ao tentar isolar cada aspecto da música — talvez primeiro a letra, depois a bateria, depois a guitarra e assim por diante —, você poderá treinar seu ouvido para escutar de maneiras mais sutis. Com tempo, treino e prática, sua escuta se desenvolve a ponto de escutar todos os componentes ao mesmo tempo. De repente, a riqueza da música se abre. Quem aprende a escutar dessa maneira diz que é como abrir uma porta para a cabeça do músico.

Para escutar as pessoas, pode ser necessário treinar essa escuta simultânea. A premiada jornalista Jenny Anderson diz ser importante escutar repetidas vezes. Quando um entrevistado diz algo que lhe parece importante, Jenny interrompe a conversa e pede à pessoa para repetir o que disse, só para poder escutar com mais atenção todas as facetas do enunciado. Sempre que possível, grava a entrevista. Depois, escuta o que gravou repetidas vezes e se surpreende ao ver que sempre ouve algo novo e importante. Isso corresponde à minha experiência de gravar reuniões e ler as transcrições; cada vez que as releio, percebo algo que deixei passar. Se Jenny, cuja profissão é perguntar e escutar, tem que ouvir repetidamente o material para captar tudo o que é comunicado, imagine quanto nós perdemos escutando a maioria das coisas uma única vez! (Nota: uma boa oportunidade que surgiu com as reuniões por vídeo feitas hoje é gravá-las — com a permissão dos outros envolvidos, claro —, e voltar para escutar os momentos mais importantes.)

Agora que sabemos *o que* escutar, vamos falar sobre *como* escutar para aprender.

Como a IA pode ajudá-lo
a escutar os três canais

Hoje, podemos gravar uma chamada ou videoconferência e usar um aplicativo de inteligência artificial para ter uma transcrição decente do diálogo. (Peça permissão para gravar!) Assim que estiver com a transcrição, peça ao chatbot para revisá-la e responder a três perguntas:

1. Para o canal *conteúdo*: Quais foram os principais pontos ou mensagens que [a Pessoa X] transmitiu durante nossa reunião?

2. Para o canal *emoção*: Que emoções [a Pessoa X] provavelmente sentiu durante nossa conversa?

3. Para o canal *ação*: Que ações [a Pessoa X] tomou durante o diálogo?

Quando tentei, fiquei fascinado com a riqueza da resposta. A qualidade só vai melhorar à medida que as habilidades da inteligência artificial IA de escutar diretamente e avaliar o tom de voz forem ficando mais sofisticadas. A ideia não é a IA escutar por você. É apenas uma oportunidade de ter as percepções de outro "par de orelhas" — nesse caso, um chatbot sem qualquer envolvimento na interação — para comparar conclusões. As respostas da IA podem não ser perfeitas, mas oferecem outra perspectiva para analisar o que você escuta.

SETE PRÁTICAS PARA ESCUTAR PARA APRENDER

A seguir, estão elencadas sete práticas que você pode experimentar imediatamente, talvez não todas de uma vez, mas ao longo de uma ou duas semanas. Nenhuma delas requer habilidades complexas, e você se surpreenderá ao ver como vai escutar melhor e aprender mais com elas.

1. Elimine as distrações

Certa vez, tive uma reunião com um potencial investidor. Entrei na biblioteca de sua bela empresa, com tapetes grossos, luminárias ornamentadas e livros adornando as estantes. Nós nos sentamos em cadeiras de couro macias, um de frente ao outro. Assim que se sentou, ele pegou o celular e começou a digitar. Pensei que estava cuidando de algo urgente e esperei. Depois de um minuto, mais ou menos, ele disse: "Pode falar. Posso escutá-lo enquanto faço isto." Comecei a falar de novos projetos que acreditava que iriam interessá-lo, mas ele passou a reunião inteira olhando para o celular e digitando, sem olhar para cima. Gaguejei um pouco, falei muito menos do que teria falado e fui procurar investimentos em outro lugar.

Embora possa parecer um exemplo extremo, eu estaria mentindo se não admitisse que me distraio fácil, especialmente em videochamadas, pois divido a atenção entre a tela do vídeo, os e-mails e as mensagens de texto e, sim, talvez até as redes sociais. Essas coisas parecem inócuas, inclusive produtivas, mas prejudicam nossa atenção e retenção de informações. Pense em quantas vezes estava conversando e sentiu o celular vibrar no bolso, e nos cinco minutos seguintes, só conseguia pensar em quem estaria lhe mandando mensagem. Pesquisas mostram que estar com o celular por perto reduz nossa capacidade cognitiva de escutar e processar a informação.[12] Além disso, quando interagimos com essas distrações, os outros sentem nossa presença diminuída. Pense em uma criança contando aos pais sobre seu dia na escola e eles olhando para o celular a cada mensagem que chega.

A tarefa mais complicada, mas não menos importante, é aprender a minimizar as distrações *internas*. Oscar Trimboli, em *How to Listen* [*Como escutar*, em tradução livre], diz que as pessoas falam a uma velocidade média de 125 palavras por minuto, mas escutam a uma velocidade de quatrocentas por minuto.[13] Quando descobri isso, percebi uma coisa: se eu tenho capacidade auditiva para 275 (400 - 125 = 275) palavras a mais do que a pessoa fala, não admira que eu me distraia e tente preencher esse vazio! Essa descoberta descreve, em números, o que todos sabemos empiricamente: é difícil desacelerar nosso cérebro, por isso ele está sempre se adiantando, pensando, pensando, pensando, reagindo internamente ao que escutamos.

Tentar entender o que alguém está dizendo quando não estamos prestando atenção é como tentar passar os olhos por Tolstói: você não vai entender nada! Portanto, guarde o celular, desligue o laptop (ou se estiver em uma videochamada, feche todas as demais abas abertas e silencie as notificações de e-mail) e pare de olhar para o relógio. O truque que uso quando estou em videochamadas é, literalmente, sentar em cima das minhas mãos. Assim, toda vez que me sinto tentado a ser multitarefa, eu me lembro de focar as pessoas com quem estou falando e escutá-las integralmente.

Por fim, quanto mais você treinar escutar o conteúdo, a emoção e a ação, menos espaço terá para distrações externas. Assim, fica mais fácil prestar atenção.

A psicóloga e professora budista Tara Brach identifica o medo e o julgamento como as duas reações principais que criam distrações *internas* impeditivas a escuta. O julgamento não consiste apenas em avaliar o outro como bom ou ruim, mas também em subir correndo a escada da compreensão para colocar um rótulo em tudo — seja negativo (errado, assustador, indelicado), seja positivo (inteligente, emocionante) — e decidir automaticamente o que sentimos a respeito. Suspender o julgamento significa resistir à tentação (muito sedutora) de avaliar, rotular ou categorizar a outra pessoa ou a informação que ela compartilha conosco. Podemos fazer todos os julgamentos que quisermos mais tarde, mas, ao receber a informação, é fundamental que nos esforcemos para ficar na parte de baixo da escada da compreensão, apenas ouvindo, receptivos e presentes.[14]

O lendário produtor musical Rick Rubin argumenta que suspender nossa parte julgadora é essencial para escutar alguém de verdade. Quando ele escuta uma música que deseja entender, faz um esforço para minimizar as distrações externas (vai para uma sala silenciosa ou para o carro) e "desligar" a parte crítica do cérebro. Somente suspendendo o julgamento, diz Rubin, ele consegue "estar com a música". Ele medita há muito tempo e ressalta que, apesar de não conseguirmos nos livrar de todos os pensamentos julgadores que nos distraem, podemos escolher não entrar neles quando aparecem. Durante a sua prática de meditação transcendental, o produtor concentra a atenção de volta ao mantra sempre que percebe um pensamento julgador. Quando está envolvido na escuta profunda, ele trata a música como um mantra, volta a atenção a ela repetidas vezes sempre que percebe que outros pensamentos aparecem.[15]

Além do julgamento, somos distraídos pelo medo: medo da rejeição, de ser menos que o outro, de ser julgados, de não chegar ao resultado que desejamos. Talvez o outro diga algo que desperte em nós uma insegurança e, de repente, só conseguimos pensar em nos defender ou nos sentimos mal em relação a nós mesmos. Assim como acontece com os pensamentos de julgamento, o truque não é deixar de ter essas experiências internas, e sim adquirir o hábito de notá-las e, depois, voltar a focar a pessoa.

2. Feche a boca

Enquanto fico à toa, minha mentora, Diana Smith, usa outro truque quando tem reuniões importantes: escrever para si mesma no alto do seu bloco de anotações "CLBK!!!".

Essa sigla (que significa "Cale a boca") a mantém alerta para não interromper o outro e a incentiva a ficar em silêncio nos momentos em que ninguém está falando. Muita gente, pelo menos nas culturas ocidentais, costuma ter medo do silêncio e o evita a todo custo. É estranho, parece improdutivo, parece que deveríamos dizer alguma coisa... qualquer coisa! Muitas boas oportunidades acabam frustradas pela incapacidade de esperar em silêncio. Porque, como sabem os melhores ouvintes, muitas vezes, o mais interessante só é dito depois que deixamos o silêncio agir.

Por mais estranho que pareça, o silêncio é muito fértil. É possível parar um pouco, refletir e organizar pensamentos. Quando entrevistei o escritor e ativista Parker Palmer para este livro, ele destacou a importância de "respeitar o silêncio e aceitá-lo, tanto quanto devemos respeitar os outros e aceitá-los". Como destacou Parker, a quietude é uma parte estimada de qualquer grupo ou relacionamento, capaz de uma contribuição importante, se tiver o devido tempo.

Vejamos como isso funciona em outro tipo de relacionamento: a maternidade.

Monica é mãe de Jared, que tem 13 anos. Jared joga como interbase no time de beisebol da escola e foi considerado o melhor jogador nas últimas três temporadas. Ele tem bons amigos, tira notas decentes e sempre foi um garoto feliz. Apesar disso, Monica começou a perceber que o filho estava mais calado e retraído. Ele ficava em casa, em vez de sair com os colegas. Na semana anterior, uma das professoras a chamou para conversar, pois achava que Jared estava mais desatento na sala de aula. Monica, tentando não se preocupar demais até obter mais informações, viu uma oportunidade de puxar o assunto no carro voltando do treino de beisebol.

— Jared, como vão as coisas? — perguntou.

— Tudo bem — respondeu ele.

Monica sabia, no fundo, que seu filho não estava bem e, por isso, insistiu um pouco.

ESCUTE PARA APRENDER

— Sério, Jared. Você anda diferente, estou meio preocupada. Pode me contar qualquer coisa: boa, ruim… só quero saber como você está.

Ela queria que o filho se sentisse seguro para falar.

Mas... ele não disse nada.

Depois de alguns segundos, Monica teve vontade de dizer outra coisa, mas resistiu. Os minutos foram passando. Ela estava prestes a quebrar o silêncio e dizer a Jared o quanto o amava, quando ele finalmente falou:

— É que a vida anda menos divertida.

Essas não são palavras que uma mãe queira escutar, mas pelo menos Ela descobriu o que estava acontecendo. Ficou aliviada. (Vamos voltar a Monica e Jared daqui a pouco!)

O silêncio de uma pessoa não significa que ela não tem algo a dizer. Geralmente é o contrário! Muitas vezes, ela precisa de um tempo para pensar em como se expressar, ou para reunir coragem e dizer o que pensa ou sente. Fomos condicionados a sentir desconforto ante à quietude e, por isso, tentamos preencher o vazio. Mas, quando cedemos a esse impulso, não só impossibilitamos o que poderia ter surgido do silêncio, como também sinalizamos que não temos paciência nem curiosidade para esperar enquanto o outro pensa.

Educadores há muito já compreendem o valor do silêncio. Na década de 1970, a pesquisadora educacional Mary Budd Rowe cunhou a expressão "tempo de espera" depois de observar que, quando os professores esperavam apenas *três segundos* depois de fazer uma pergunta, os estudantes exibiam níveis significativamente mais elevados de criatividade e aprendizagem. Desde então, educadores e acadêmicos entendem que uma das razões de esse período de silêncio ser tão importante para a aprendizagem é que permite que tanto o professor quanto o aluno *pensem* — processem pensamentos, sentimentos e reações — de uma forma que enriquece a conversa e o processo que se seguem ao silêncio.[16] Compreender os benefícios do silêncio ajuda a resistir a fazer uma pergunta e a responder imediatamente eles próprios, ou a chamar o primeiro aluno que por acaso levantar a mão.

Experimente: da próxima vez que estiver em uma conversa, depois de fazer uma pergunta que não obteve resposta imediata, conte mentalmente até dez antes de acrescentar mais alguma coisa. Faça disso um hábito. Em geral, sete ou oito segundos depois, alguém responde algo valioso.

3. Cuidado com caras e bocas

Não esqueça que o outro está ouvindo você, e que suas reações, faladas ou não, podem ter um efeito profundo sobre o que e o quanto ele decide dizer. Chong-Hao Fu, CEO e excelente indagador, treina suas expressões faciais para refletir a energia que deseja aplicar em importantes interações de aprendizagem: calorosa, aberta e sem julgamento. Isso porque ele sabe que, se não fizer isso, as pessoas podem achar que não é seguro falar na frente dele. Fu controla sua linguagem corporal, que é externa, prestando muita atenção a seu estado interno, buscando desacelerar a respiração e relaxar o corpo.

O psicólogo infantil e familiar Fred Muench me explicou que um dos principais aspectos que influenciam as crianças a se abrir ou não com os pais é a resposta deles. Vê-los chateados, bravos ou exaltados diminui as chances de os filhos conversarem com eles.

O que aconteceria se, quando Jared — de quem falamos antes — contasse que estava meio desanimado, Monica começasse a chorar e dissesse: "Ah, meu Deus, não, Jared, não! É depressão? A depressão é uma epidemia hoje em dia!"? Seria uma reação emocional desmedida, tanto nas palavras quanto em linguagem corporal, e uma ótima maneira de assustar alguém — sobretudo se esse alguém for seu filho — e fazê-lo se calar.

Só que Monica não perdeu o controle.

— Às vezes a vida é difícil. O que está sendo mais difícil para você? — prosseguiu ela, calma.

Jared pensou um pouco.

— O beisebol.

"O beisebol?!" Monica ficou surpresa. Durante anos, o esporte havia sido tudo para Jared, o centro de sua vida, a única coisa boa quando todas as outras estavam ruins. Beisebol teria sido a última suposição para aquele desânimo. Ela continuou calada para ver se ele falava mais.

— Não é mais tão divertido — contou Jared. — Além disso, acho que não sou tão bom quanto era antes. Todos os meus amigos ficam falando de jogar no time do ensino médio ano que vem, mas a verdade é que acho que não *quero* mais jogar. O treinador está contando com isso. O técnico do ensino médio também, já veio até conversar comigo. Meus amigos também. Sinto que vou decepcionar todo mundo. Todos esperam que eu continue jogando, mas não sei se quero.

Monica estava chocada, mas fez o possível para continuar calma e pouco reativa, para que Jared continuasse respondendo. Ela precisava saber mais, muito mais, para poder ajudá-lo da maneira correta. De qualquer forma, o problema já era menos assustador do que ela acreditava.

4. Paráfrase e teste

Se conseguir dominar essas três práticas, já escutará melhor que 99% da população. Mas escutar para aprender exige o equilíbrio dessas estratégias de silêncio e receptividade com respostas mais ativas, que lhe permitam testar, esclarecer e expandir as informações que recebe.

As perguntas de acompanhamento são as ferramentas de escuta mais eficazes que temos à disposição, apesar de subutilizadas. O psicólogo organizacional Richard Davis salienta que a informação que obtemos com uma pergunta inicial muitas vezes não é tão boa, mas a maioria das pessoas aceita o que escuta e passa para a próxima questão (ou encerra a conversa). Davis argumenta: "A chave para compreender as pessoas reside na pergunta seguinte."[17]

A prática é simples: chama-se **paráfrase e teste**. Consiste em você dizer, com as próprias palavras, o que acha que entendeu do que o outro disse e checar se escutou direito. Por exemplo:

- ◆ "Pelo que entendi, sua maior preocupação no momento é como cuidar de seus pais idosos e, ao mesmo tempo, estar presente para seus filhos pequenos. É isso mesmo?"

- ◆ "Vejamos se eu entendi: você se sente sobrecarregado pela quantidade de trabalho que tem e frustrado pela falta de recursos para fazer tudo. É isso?"

Respostas como essas não só demonstram ao outro que você está prestando atenção, mas também fornecem a oportunidade de *confirmar* ou *esclarecer*, o que ajuda *você* a ter certeza de que está entendendo direito. Ao parafrasear o que escuta dos outros, é importante se ater ao máximo possível ao significado original e não misturar com interpretações ou avaliações suas.

Não há como fingir isso: você precisa *realmente* escutar para poder parafrasear o que foi dito. Como aponta Hanne Collins, da Harvard Business

School, é isso que torna essa prática muito mais valiosa que outros tipos de sinalização, como assentir, rir ou os clássicos "aham" e "ah". A qualidade da conversa aumenta e a pessoa que fala se sente, de fato, escutada.[18]

A jornalista Amanda Ripley me contou que começou a usar essa estratégia depois de aprendê-la em 2018 com Gary Friedman, um mediador de divórcios sobre quem ela escreveu em *High Conflict*. Friedman ensinava essa estratégia a seus clientes e a muitos outros; ele a chamava de *looping* (voltar ao outro para verificar se entendemos corretamente). Depois disso, Ripley usou a estratégia no trabalho e descobriu que "na metade das vezes, eu não entendo direito e eles me explicam melhor". O ato de dizer aos outros o que entendemos e verificar se está certo demonstra tanto interesse que, por si só, muitas vezes convida a mais conversa. Ripley me disse que passou a usar essa estratégia em todos os lugares "como mãe, esposa, amiga e com estranhos".

5. Puxe o fio

Outra maneira de continuar perguntando é uma prática que chamo de **puxar o fio**. Ou seja, fazer perguntas que convidem o outro a aprofundar o assunto, tais como:

- "Pode falar mais sobre aquilo que o preocupava?"
- "Que interessante! Fale mais sobre isso."
- "Desenvolva mais essa ideia que mencionou por alto?"

Essas perguntas têm o potencial de revelar todo tipo de informações úteis. Por que funcionam tão bem? Às vezes, o outro não declara de forma explícita o que lhe é mais importante. Talvez fique hesitante e se feche. Ou queira ver até que ponto você está interessado ou se persistirá. pode ser que não tenha tanta clareza das coisas, e suas perguntas o ajudarão a refletir. Ou pode ser que tenha compartilhado apenas 125 das novecentas palavras que passam por sua cabeça em um minuto. De qualquer forma, **você não pode presumir que o que ele disse até o momento é tudo que está acontecendo, nem sequer a parte mais importante.**

Puxar o fio pode inspirar a pessoa a *desenvolver*, durante a conversa, ideias em que ela talvez nem tenha pensado antes. Essa é a magia de escutar com atenção: atenção e interesse criam segurança e sensação de pertencimento que estimula a criatividade do *outro*.[19] Experimentei isso com Samra, uma colega de equipe. Eu perguntava coisas como "E o que mais?" e "Há mais alguma ideia que queira compartilhar?", e suas sugestões iam ficando cada vez melhores, culminando em uma ideia incrível para resolver um problema muito difícil e crônico com um cliente. Após o *brainstorming* de Samra, eu me recostei na cadeira, maravilhado com sua genialidade e com o surpreendente poder de perguntar coisas como "E o que mais?" várias vezes.

Nos Estados Unidos, alguns psicoterapeutas falam de um fenômeno chamado *doorknob moment* ["momento maçaneta", em tradução literal], que ocorre no final da sessão. Quando o paciente vai sair, ou às vezes já saiu, seus insights mais importantes são revelados. Alguma coisa na urgência do final da sessão o leva a dizer algo que é, ao mesmo tempo, importante e difícil de expressar.

Você pode antecipar o *doorknob moment* quando uma conversa estiver chegando ao fim. Basta perguntar: *"Antes de encerrar, há algo mais que você queira dizer?"*

Meu amigo Max Koltuv, que é coach de CEOs, faz uso desse recurso. Ele pergunta "Acha que posso ajudar em algo mais?" pouco antes do término de sua sessão de mentoria. Invariavelmente, os clientes falam de suas dificuldades mais interessantes e importantes, das quais não haviam falado até então. Por exemplo, um cliente pode passar a sessão inteira conversando sobre uma estratégia antiga, mas não fala de algo muito relevante que aconteceu, como o fato de sua empresa estar sendo investigada por uma suposta irregularidade. Ele sabe da importância do tema, mas precisa desse empurrãozinho "O que mais?" e da urgência do final da sessão para trazer o assunto à tona.

Michael Bungay Stanier, autor de *Faça do coaching um hábito*, chama isso de Pergunta OQM [no original, AWE — And What Else], um acrônimo para "O Que Mais".[20] Você vai se surpreender com o que surgirá com a regularidade.

6. Deixe quieto por um tempo

O contraponto de perguntar se a pessoa deseja dizer algo mais é **respeitar os limites dela**, mesmo que você não tenha descoberto tudo que esperava.

No início do ano, tentei conversar com minha filha, Eden, sobre um padrão de comportamento que havia percebido e que me preocupava. Ela baixou os olhos.

— Pai, não quero falar sobre isso.

— Eu só queria saber, porque me preocupo com você.

Recebi de volta um "Paaaai! Não quero falar sobre isso!!!". Então deixei quieto — o conteúdo, a emoção e a ação de Eden estavam alinhados: ela não queria falar sobre o assunto. Havia um limite e eu precisava respeitá-lo.

— Tudo bem, sem problemas. Mas se quiser, estou aqui — respondi.

Todo mundo tem direito a limites. Relacionamentos saudáveis são construídos com base no respeito saudável pelos limites do outro. Às vezes, isso significa *não fazer mais perguntas* por um momento e deixar a conversa descansar. Você pode dizer algo como: "Acho que há mais coisas para falar, mas respeito seus limites. Se em algum momento quiser conversar, estou aqui, sempre pronto para ouvir." Reconhecer e respeitar os limites do outro ajuda muito a fazê-lo se sentir seguro sem ser vulnerável, pois ele sabe que você não o pressionará a ir além do que está disposto.

Mais ou menos uma semana depois, eu estava com minha filha no quarto dela. Eden estava fazendo o dever de casa no laptop e eu lendo um livro. A certa altura, ela me olhou e disse, do nada:

— Pai, estou pronta para falar sobre aquele assunto.

Então, tivemos uma ótima conversa sobre o que estava acontecendo e como eu poderia ajudá-la. Também ficou claro que Eden só queria falar sobre o assunto por uns cinco minutos, momento em que outra marca foi atingida. Mas, como respeitei cada limite e deixei claro que ela podia contar comigo, a porta permaneceu aberta para que falasse mais.

7. Cheque as coisas

Por último, é importante saber como o outro vivenciou a interação que acabou de acontecer. Caso a pessoa tenha se sentido ignorada, sufocada ou desmotivada, é muito menos provável que volte a confiar e falar com você. Por outro lado, se a interação correu bem, é útil entender do que ela gostou, para que você repita no futuro. Um dos movimentos mais subutilizados, mas poderosos, que você pode fazer no final de uma conversa é **checar a interação que acabou de ter**. Pode ser por meio de perguntas como:

- "O que funcionou ou não na conversa que acabamos de ter?"
- "O que faria esse tipo de conversa ser melhor ou mais fácil para você no futuro?"
- "Essa conversa foi útil para você?"

Em muitos contextos, pode ir contra a cultura dominante falar de forma franca sobre a interação que acabamos de ter. Por exemplo, seria mais aceitável que as pessoas fofocassem depois com outras que não estavam presentes, mas nunca dissessem as coisas na nossa cara! Depois de sair, elas diriam: "Nossa, ele entendeu tudo errado"; "Ele ficou muito frustrado comigo"; ou "Ela só queria que eu concordasse com seu ponto de vista. Não houve espaço para discussão".

Quando esse tipo de coisa acontece, um mal-entendido não é resolvido, gerando distanciamento e ressentimento na relação. Mais importante ainda, se nosso impacto sobre o outro é negativo e não temos consciência disso (especialmente porque intenção e impacto nem sempre se alinham), é provável que o outro conclua que será mais seguro e confortável ficar calado no futuro. Por outro lado, se soubermos como foi a experiência alheia, poderemos abordar o problema antes que piore. Esse último passo é ignorado, na maioria das vezes, mas merece cuidado e atenção. É a diferença entre fechar a porta suavemente com um sorriso e batê-la, sacudindo a casa toda e tornando improvável que a pessoa nos convide a entrar de novo.

A "FESTA DA ESCUTA NÃO EGOICA"

Por último, algo a não fazer. Conheci o conceito de escuta egoica [B.S. listening, no original, sendo B.S. "back-to-self", "de volta para si", em tradução livre], e uma versão desse termo, da escritora e educadora de justiça racial Debby Irving.[21] Quantas vezes alguém nos contou algo e respondemos exclamando "Que interessante, eu tive uma experiência igual!", e aí começamos a falar sobre o que aconteceu? Embora seja bom expressarmos como nos identificamos com o que o outro disse, quando fazemos isso (seja em voz alta ou dentro da nossa cabeça) imediatamente tiramos o foco dele e o colocamos em nós. Em outras palavras, praticamos a escuta egoica!

Esse tipo de escuta não só faz o outro se sentir menosprezado, como também pode fazê-lo parar de falar. O que significa que deixaremos de aprender com ele. Há momentos, claro, em que é apropriado e útil estabelecer conexões com nossa experiência. Se fizermos perguntas de acompanhamento para sempre, isso geraria um discurso muito estranho. Entretanto, eu o convido a perceber com que rapidez você desvia o foco da conversa e a analisar se pratica a escuta egoica. Se for o caso, uma boa solução é ter certeza de que fez pelo menos três perguntas de acompanhamento — seja *parafraseando e testando* ou *puxando o fio*, ou qualquer outra questão que atenda à sua curiosidade — antes de tirar do outro o foco da conversa.

Portanto, "escuta não egoica" significa manter o foco no outro, em vez de levá-lo para você. Debby me falou de uma brincadeira que nunca esqueço: vamos brincar de "Festa da escuta não egoica"? A única regra dessa festa é que ninguém pode praticar a "escuta egoica". Em outras palavras, sempre que alguém conta algo na festa, os convidados precisam fazer pelo menos três perguntas antes de virar o foco da conversa para si mesmos ou para qualquer outra coisa. Imagine como seria diferente nosso mundo se todos nós vivêssemos como se estivéssemos em uma "festa da escuta não egoica"! Quanto mais aprenderíamos uns com os outros? Quão mais próximos seríamos? Como nossos equívocos podem começar a ser substituídos por mais compreensão?

Resumo dos pontos-chave

Pergunta essencial: Como escutar o que alguém está tentando dizer?

1. Estabeleça a **intenção** de escutar sem tentar consertar, aconselhar ou persuadir.

2. Aprenda a escutar os **três canais** ao mesmo tempo.

   - Conteúdo: os fatos que as pessoas contam e as afirmações que fazem.
   - Emoção: sentimentos, necessidades e desejos por trás das palavras.
   - Ação: intenções e objetivos que motivam o que estão contando.

3. **Elimine as distrações**. Desligue o celular, feche o e-mail e dê toda a atenção à pessoa que está à sua frente. Deixe de lado seus julga-

mentos, seus medos e suas reações por enquanto (poderá voltar a eles mais tarde!).

4. **Feche a boca**. Resista à tentação de preencher pausas e deixe o silêncio trabalhar em seu favor.

5. **Cuidado com caras e bocas**. Monitore suas reações e tente ser o mais convidativo possível enquanto o outro fala.

6. **Paráfrase e teste**. Para ter certeza de que você entendeu corretamente, teste sua compreensão repetindo o que acha que o outro quis dizer.

7. **Puxe o fio**. Mantenha a conversa viva fazendo perguntas como "E o que mais?". É comum as melhores e mais inesperadas coisas serem ditas no final da conversa.

8. **Deixe quieto por um tempo**. Respeite os limites da pessoa e mostre que você está aberto para escutar mais se e quando ela estiver pronta para falar.

9. **Cheque as coisas**. Uma oportunidade para obter uma visão mais profunda da experiência da outra pessoa com a interação e permitir que qualquer mal-entendido venha à tona.

EXERCÍCIOS

6A. Pratique a escuta dos três canais: conteúdo, emoção e ação. Ouça um trecho de um programa de TV ou filme três vezes: uma vez atento só ao conteúdo, outra à emoção e outra à ação. Compare as diferenças entre o que absorveu.

6B. Diga a um amigo que você está tentando praticar suas habilidades de escuta e peça que lhe conte uma história. Faça perguntas de acompanhamento e, depois, dê sua versão e teste sua compreensão do que foi dito. Continue até que ele diga "Exatamente!" ou "É isso".

6C. Pratique a "escuta não egoica" com um amigo, colega ou familiar. Melhor ainda, faça um almoço ou uma "festa da escuta não egoica", na qual todos devem fazer três perguntas antes de desviar o foco da pessoa que fala.

Capítulo 7

REFLITA E RECONECTE-SE

Pergunta essencial: Como colocar as conversas em prática?

A PARTE MAIS DIFÍCIL DE APRENDER COM OS OUTROS NÃO É FAZER PERGUNTAS, NEM mesmo escutar respostas. É decidir o que fazer com o que escutamos.

Os anos de pandemia foram um catalisador para o rápido crescimento da minha empresa. Os lockdowns e as interrupções dos serviços fizeram com que escolas de todos os Estados Unidos procurassem orientação. Reformulação educacional é a missão da minha empresa — por isso, agimos depressa para atender às necessidades; passamos de 35 pessoas para mais de cem, todas trabalhando remotamente em meio à tensão em um período tão difícil.

É praticamente impossível que uma empresa triplique de tamanho tão rápido sem passar por dificuldades, e não fomos exceção. Surgiram pequenas rachaduras em toda a organização, mas, no geral, conseguimos nos manter muito bem. Todos nós sentimos a pressão, mas nossa maior equipe de projeto, que estava assumindo uma nova carteira de clientes com necessidades intensas com as quais não tínhamos experiência, sentiu muito mais.

Meu co-CEO, Aylon, eu e outros membros seniores começamos a ouvir alguns burburinhos que envolviam questões clássicas de RH, como a falta de clareza de funções e de feedback sobre desempenho, dúvidas sobre se algumas partes do projeto estavam alinhadas com nossa missão; e uma preocupação geral sobre o futuro, sob a forma de perguntas como "Tem certeza de que estamos prontos para tanto crescimento?".

Tentamos várias soluções e pensamos, com otimismo, que as coisas estavam melhorando. Então, depois de alguns meses, ficou claro que não. Corríamos o risco de perder algumas pessoas incríveis que havíamos contratado um ano antes. Nossos supertalentosos e esforçados colegas de equipe haviam se dedicado — e muito — no trabalho com as comunidades escolares. Grande parte estava fazendo bons progressos, mas muitas vezes sentia estar dando dois passos para a frente e um para trás, e nossos desafios internos agravavam a frustração.

Por fim, concluímos que não havia como contornar a situação sem nos reunirmos pessoalmente para conversar e escutar a equipe inteira. Então, Aylon convidou a equipe do projeto para ir a Chicago passar dois dias dedicados a planejamento e reconstrução.

A equipe de quase vinte pessoas se reuniu em círculo em uma grande sala de reuniões. Devido às restrições de viagens em virtude da covid-19, alguns haviam estado juntos no mesmo espaço físico poucas vezes e, mesmo assim, era possível sentir o amor e a conexão na sala. Também havia cenhos franzidos e braços cruzados, denotando os meses anteriores de tensão. As pessoas tomavam café em copos descartáveis e rabiscavam em blocos de notas, conversando com quem estava perto, sem saber o que esperar.

Aylon e Lavada, outra líder sênior da equipe, ofereceram ao grupo uma recepção calorosa. Há uma coisa que você deve saber: meu co-CEO é um executivo e líder experiente, mas também um célebre guitarrista de jazz. Ele é capaz de subir ao palco e, com meia dúzia de notas, definir o tom emocional de uma sala. Também é muito bom nisso no âmbito profissional, usando suas palavras, sua voz e presença. "Estamos vivendo um ano difícil, eu sei", disse ao grupo. "Mas vamos encontrar uma saída juntos." Seu sorriso e sua voz profunda e calorosa comunicaram segurança, deixando claro que nenhum emprego estava em risco.

Em seguida, Lavada pediu a cada um que respondesse a duas perguntas: "No ano anterior, o que eu poderia ter feito melhor? E o que meus colegas poderiam ter feito melhor?" Ela e Aylon imaginaram que essas perguntas serviriam para quebrar o gelo emocional, proporcionando mais conexão e energizando o trabalho de planejamento, que comporia a maior parte daquele encontro de dois dias.

Então, as comportas se abriram. Em vez de recitar pequenas listas, como imaginávamos que aqueles indivíduos fariam, foi como se a sala respirasse fundo coletivamente e começasse a se livrar do peso emocional de um ano. As pessoas começaram a contar histórias tristes e a relatar arrependimentos, sem pressa, às vezes parando para chorar, falando também de problemas que haviam enfrentado, de coisas de que haviam precisado mas não conseguiram, e de momentos em que o trabalho parecia estar perdendo o rumo.

Aylon e Lavada haviam reservado três horas para essa conversa inicial, mas, no fim do primeiro dia, *as pessoas ainda estavam se abrindo*. Acabou que três quartos dos dois dias de reunião foram gastos respondendo àquelas duas perguntas. Informações e temas críticos surgiram para guiar os passos seguintes da organização. Mas também foi um dia e meio ouvindo muitos colegas compartilhando dolorosas dificuldades no trabalho — uma situação direta e indiretamente criada por, bem... *nós*.

Todos foram embora mais esperançosos e com uma noção mais clara das mudanças organizacionais que precisavam acontecer. Logo depois, o projeto deu uma verdadeira guinada para melhor. No fim, conseguimos reter mais de 90% da equipe e obtivemos resultados sólidos em muitas partes do projeto. Havia outra questão, mais pessoal, introduzida por todo aquele feedback: por que demoramos tanto para agir e como poderíamos acertar da próxima vez?

Havia muito sobre o que refletir. Para o bem dos nossos funcionários, Aylon e eu precisávamos ser capazes de extrair todo o aprendizado possível do que eles nos disseram e informá-los sobre o que faríamos com tudo aquilo.

Quando uma pessoa nos presenteia com respostas sinceras e atenciosas, devemos a ela os dois próximos passos: *refletir* sobre o que escutamos, processar e decidir o que faremos a seguir. E depois, *reconectar-nos* com ela. Esses dois passos são essenciais para dar sentido às informações que obtivemos e criar ações que fortaleçam nosso trabalho e nossos relacionamentos. Isso é tão importante quanto a maneira com que mantemos o aprendizado ao longo do tempo. Quando processamos o que nos foi dito e oferecemos nossas reflexões àqueles que falaram, asseguramos ter chegado às conclusões certas, aumentamos nossa compreensão coletiva e reforçamos a comunicação aberta.

ANTES DE REJEITAR, REFLITA

Nem tudo o que você aprende com os outros será útil. Algumas coisas podem até ser contraproducentes ou prejudiciais se você agir com pressa. O poder que as perguntas nos dão é que **nós decidimos o que fazer com o que escutamos**. Dizem que as palavras são como pasta de dentes: uma vez usadas, não podem ser colocadas de volta. Talvez seja verdade, mas você não precisa usar a pasta de dentes que saiu do tubo de outra pessoa. Pode até jogá-la fora. Como decidir, então?

Todo mundo precisa de uma forma de separar o joio do trigo, processar as informações que recebemos e avaliar o que fazer com elas. O poderoso mecanismo de classificação disponível para todos nós é a *reflexão*. Precisamos analisar o que nos foi dito, discernir o que significa para nós e, quando apropriado, usar a informação para ajudar a mudar as coisas para melhor.

Como veículo para descobrir o que e como mudar, a reflexão é um dos usos de mais valor. Não é preciso que você vire um monge e fique sentado de pernas cruzadas no topo de uma montanha por dias a fio, mas, mesmo assim, parece ser uma arte perdida em nosso atormentado mundo moderno. Por isso, descrevo um processo simples que você pode usar, chamado **Peneirar e virar**.

Comece com a peneira

Algumas das grandes oportunidades de aprendizagem surgem durante momentos emocionalmente intensos, como feedbacks, discussões e debates acalorados. Nessas situações, é comum subirmos nossa escada da compreensão com pressa e tirarmos conclusões simplistas: as pessoas estão sendo egocêntricas demais, sou uma pessoa terrível, esse trabalho é uma droga, e assim por diante. Quase nada no mundo é tão preto no branco, por isso, vale filtrar o que escutamos para discernir o que é importante e merece atenção, e o que descartar. Esse processo também ajudará a prevenir a ruminação, que ocorre quando você fica matutando as coisas repetida e compulsivamente, pensando em círculos.

A autora de *Radical Candor* [*Franqueza radical*, em tradução livre], Kim Scott, acredita na importância de estarmos abertos a feedbacks sinceros, mas até ela me incentivou a incluir a seguinte advertência. Quando conversamos, ela estava se preparando para um podcast, solicitando às pessoas histórias sobre ocasiões em que receberam feedback *ridículos* — coisas excêntricas, às vezes até ofensivas, derivadas de vieses, dificuldades e desafios do outro. Histórias foram chegando, e Scott me disse, com tristeza: "Há um mundo de dor por aí, um mundo cheio de besteira." Ela me contou de um feedback tão ridículo que chega a doer que recebeu de um chefe do setor de tecnologia, muitos anos antes, que lhe disse para usar calças mais justas para trabalhar.

REFLITA E RECONECTE-SE

163

(Como se não pudesse piorar, ele mandou alguém comprar uma calça e a entregou a ela, junto com a nota fiscal!) Scott, que não confiava muito no próprio gosto em termos de moda, chegou a usar a peça — até perceber que a machucava na barriga e que o comentário do chefe era machismo disfarçado de conselho. No fim, ela pediu demissão. (Scott conta a história completa em seu livro *Just Work: How to Root Out Bias, Prejudice, and Bullying to Build a Kick-Ass Culture of Inclusivity* [*Apenas trabalhe: Como erradicar os vieses, o preconceito e o bullying para construir uma cultura inclusiva incrível*, em tradução livre].)

Essa experiência foi uma situação notável; independentemente disso, todo mundo já deve ter recebido algum feedback "ridículo". Filtrar as informações recebidas não significa ser insensato, sobretudo se você faz parte de um grupo minoritário — portanto, mais vulnerável a receber informações contaminadas por vieses e preconceitos. Falando como uma mulher que trabalha no setor de tecnologia, Scott disse: "Muito se escreve sobre como solicitar feedback, sobre estar aberto a ele e não ficar na defensiva. Mas há razão para que fiquemos na defensiva [...]. Se aceitarmos tudo, ficaremos afundados em lixo."

Antes de peneirar, é bom documentar o que escutamos do outro. É melhor anotar tudo no mesmo instante, pois a memória se degrada depressa. Documentar a conversa permite clareza e evita que você questione ou tire conclusões precipitadas do que escutou. Uma boa maneira de documentar uma interação é o caso das duas colunas que exploramos no Capítulo 1.

Depois de documentar, analise se há algo valioso sobre o qual refletir. O triste é, às vezes, não haver nada de bom para extrair. Se as informações que recebeu lhe parecerem errôneas, injustas ou "ridículas", você vai querer peneirá-las e tocar a vida. Antes de fazer isso, conte a pessoas (de preferência, que tenham perspectivas diferentes das suas e do outro) em quem você confia, que sabe que dirão a verdade e o ajudarão a analisar seus pensamentos. Mesmo que acabem confirmando que é tudo lixo, elas podem ajudá-lo a identificar os melhores passos seguintes (como, talvez, dar uma passadinha pelo RH!).

Mas e quando parece haver algum valor no que você escutou? Então, é hora de começar a extrair o significado do que o outro disse com três viradas reflexivas.

Agora vire... e revire

Uma das minhas citações favoritas do velho rabino Ben Bag-Bag mostra o cerne do poder da reflexão: "Vire [o texto] e revire, pois tudo está nele."[1] O rabino se referia a refletir sobre textos sagrados, mas a citação se aplica ao "texto da vida", isto é, às palavras que os outros nos dizem. Se você conseguir ler os outros com a mesma atenção e o mesmo cuidado com que lê um texto que lhe é importante virando e revirando as palavras nele contidas, descobrirá o valor que existe naquilo que lhe oferecem.

As **três viradas**[2] são perguntas estruturadas para ajudá-lo a refletir sobre o que escutou de alguém, para que possa extrair as informações mais importantes daquilo que foi compartilhado. Apresento essas viradas em uma sequência específica, mas elas podem ser executadas na ordem que você achar mais apropriada à sua situação.

- Virada 1: Reflita sobre a **história** que você criou sobre a situação.
- Virada 2: Reflita sobre os próximos **passos**.
- Virada 3: Reflita sobre sua **bagagem** e possíveis fatores mais profundos a explorar.

Para fazer essas viradas, usaremos nosso modelo central, a escada da compreensão.

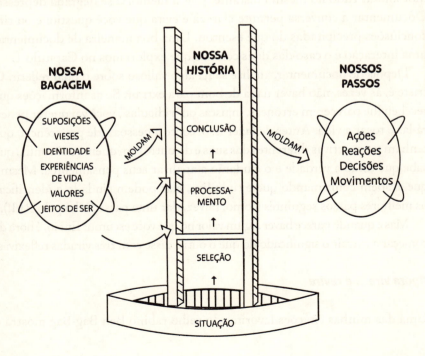

REFLITA E RECONECTE-SE 165

Como vimos no Capítulo 3, sempre que nos encontramos em uma situação qualquer, subimos a escada da compreensão para desenvolver nossa **história**, o que naturalmente nos leva a dar os próximos **passos** — agimos, reagimos, decidimos, tudo de forma coerente com essa história. Mas a história que contamos a nós mesmos em qualquer situação não é aleatória. É um produto de nossa **bagagem** — suposições, experiências, identidade, valores, vieses e jeitos de ser que acumulamos ao longo da vida. Carregamos tudo isso conosco e, quando nos deparamos com uma situação, recorremos a esse material para saber quais aspectos dela selecionar para lhes dar atenção, como processar o que selecionamos e quais conclusões tiramos. Em outras palavras, nossa bagagem preexistente influencia a história que contamos a nós mesmos em qualquer situação, o que determina os passos que daremos.

O problema é que, normalmente, nossa bagagem nos leva a formar uma história que confirma nossas crenças mais arraigadas. Assim, ficamos presos no *loop* da certeza, o que nos leva a agir de modo a confirmar nossa velha história — a menos que esse ciclo seja interrompido com ferramentas de reflexão. Com a reflexão, portanto, *temos a oportunidade de quebrar o loop fechado da certeza e aprender algo novo.*

Virada 1 — Reflita sobre sua narrativa

Ao fazer essa virada, você se faz uma pergunta simples:

Como o que escutei do outro afeta a história que venho contando sobre essa situação?

Ao refletir sobre essa pergunta, você tem a oportunidade de dar nuances à sua história, desafiá-la ou revisá-la. Para isso, talvez tenha que repensar seu papel na narrativa, o papel dos outros e a tarefa que designou para si mesmo. Talvez perceba que há outros aspectos da situação nos quais não havia pensado, ou outras conclusões que poderia tirar.

Lembra-se de Jim Cutler, do Capítulo 2, cujos amigos e colegas revelaram que achavam que ele não tinha a destreza comercial necessária para liderar? Quando ele refletiu sobre o feedback que recebeu, passou a reconsiderar o que pensava da própria liderança na empresa. A história inicial era de que estava arrasando: ao construir uma grande equipe, criar conteúdo valioso e vender projetos significativos, trilhava um caminho de sucesso e seus colegas estavam de acordo. Entretanto, conforme veio a descobrir com o processo de feedback 360 graus, seus colegas tinham uma visão mais crítica do trabalho dele. Ao refletir, Jim percebeu que talvez eles tivessem razão: era possível que a empresa atingisse ainda mais sucesso; talvez ele pudesse conduzi-la na direção de melhores resultados. Talvez não estivesse "arrasando", afinal; mas poderia, se fizesse algumas mudanças.

Continuando o caso da Transcend, depois daquela emocionante reunião de equipe em Chicago, Aylon e eu nos reunimos para refletir sobre *nossas histórias* considerando aquela situação. No caso do meu co-CEO, ele percebeu que sua história era que as pessoas capazes e experientes que havíamos contratado não precisavam de uma tonelada de estruturas de gestão para fazer um trabalho melhor. No início da carreira, Aylon havia estabelecido esses sistemas e os aplicado em empresas maiores, mas muitas vezes sentiu que isso o colocava na posição de "babá" dos funcionários juniores. Na Transcend, nos demos ao luxo de contratar gente experiente e engajada com a missão da organização. Em tal ambiente, esses sistemas pareciam menos importantes que dar às pessoas espaço para realizar o trabalho para o qual estavam motivadas. Refletindo sobre o feedback externo, ele percebeu que sua história sobre sistemas de gestão de desempenho estava errada: funcionários experientes e muito envolvidos também precisavam de metas explícitas, sistemas de monitoramento de progresso e definição de funções mais claras que os interessassem, além de ajuda para que desempenhassem melhor suas funções.

Também percebemos que, juntos, havíamos construído uma história que dizia que, como aquele era um momento de grande e urgente necessidade para as escolas, tínhamos de fazer de tudo para atendê-las, mesmo que isso significasse fazer a empresa crescer muito mais rápido do que o planejado. Havíamos presumido que, com nossa cultura forte e focada na missão e uma equipe incrível, poderíamos adiar um pouco a construção de estruturas de gestão, que mantêm empresas maiores fortes e saudáveis. Então, pudemos ver que nossos funcionários carregavam o fardo da história que eu e meu co-CEO criamos — uma história confiante, mas, em última análise, insustentável.

Virada 2 — Reflita sobre seus passos

Depois de fazer a Virada 1 e revisar sua história, talvez se abra a possibilidade de novos possíveis passos; essa é a essência da Virada 2.

Com essa virada reflexiva, você se pergunta: *Com base no que escutei (e em como isso afeta minha história), que passos posso dar?*

Ao fazer essa pergunta e refletir sobre ela, você obtém insights valiosos sobre o que pode começar a fazer, parar de fazer ou continuar fazendo em resposta ao que escutou. Talvez seja uma ação possível de ser realizada ou modificada, uma nova decisão ou um novo caminho que possa tomar.

Depois que Jim revisou sua história levando em conta o feedback que recebeu foi natural que ele perguntasse o que poderia fazer a respeito. Isso o levou a contratar dois líderes comerciais seniores para sua divisão, o que gerou novas receitas significativas. A presença deles contribuiu muito para resolver as preocupações que as pessoas tinham sobre a rapidez do faturamento. Isso permitiu que Jim fizesse o que fazia de melhor: definir a visão, inspirar e desenvolver pessoas para alcançá-la e envolver-se na substância do trabalho, enquanto assegurava o crescimento comercial da empresa.

Depois que Aylon e eu revisamos *nossa história* (com base no que escutamos da equipe) e reconhecemos que havíamos ficado aquém no investimento em sistemas fundamentais, as medidas práticas que precisávamos tomar ficaram muito evidentes. Demos início a vários projetos para investir mais fundo em integração, treinamento, estruturas de comunicação, planejamento, gestão de talentos e de conhecimento (para que as pessoas pudessem encontrar os resultados do trabalho dos outros, em vez de ter de reinventar a roda). Também implementamos sistemas de definição de metas e monitoramento de desempenho e começamos a usá-los com regularidade. Por fim, investimos em processos de planejamento estratégico muito mais detalhados para analisar as novas oportunidades que tínhamos pela frente e decidir, de maneira mais deliberada, o que nossa equipe poderia assumir e entregar com qualidade.

Virada 3 — Reflita sobre sua bagagem

Nessa última virada, você reavalia suposições, vieses e valores mais profundos que estão no cerne da sua identidade e experiência de vida. Refletir sobre isso cria a possibilidade de subir a escada com mais eficiência da próxima vez. Faça a si mesmo esta pergunta: *Como o que escutei se relaciona com minha bagagem? O que revela sobre minhas mais profundas visões de mundo, meus vieses, minhas suposições e meu jeito de ser?*

168   FAÇA A PERGUNTA CERTA

Este é o nível de reflexão mais profundo e muitas vezes mais emocional —
e também no qual ocorre o aprendizado mais importante, porque se você não
evoluir, continuará levando as mesmas velhas coisas para cada nova situação
na vida (daí a frase "Aonde quer que você vá, ali estará você").[3] Pode ser difícil
questionar suas visões de mundo e seu jeito de ser — afinal, eles o levaram
aonde chegou e pode ser assustador perdê-los. Esse também é o lugar onde,
talvez, você tenha de enfrentar os vieses e preconceitos nada bonitos que,
como todos nós, internalizou ao longo da vida, e começar o árduo trabalho de
desaprendê-los. Às vezes, eu me sinto envergonhado quando observo minha
bagagem, porque ela não corresponde aos ideais e valores que defendo para a
minha vida. Se estiver disposto a olhar para si mesmo, você verá que essa é a
atitude reflexiva mais poderosa de todas, que vai ajudá-lo a crescer e evoluir
de maneira profunda e duradoura.

Quando Jim fez essa virada, refletiu bastante sobre onde estavam seus
superpoderes. Ele percebeu que ser CEO de uma divisão comercial em rápido crescimento talvez não fosse sua maior vocação, nem a maneira como
ele mais gostava de passar o tempo. Isso não foi fácil, pois exigiu que seu ego,
que achava que "deveria" fazer isso, fosse superado. Essa visão mais profunda
o liberou para tentar descobrir seus superpoderes únicos. Com o tempo, ele
transferiu a liderança comercial a outras pessoas e assumiu papéis de liderança funcional e consultiva, tanto na Monitor como em outros lugares, e
prosperou, foi mais feliz e continuou a influenciar as pessoas. Hoje, ele tem
uma vida gratificante, com valores, trabalho e impacto alinhados.

Quando Aylon examinou a fundo sua bagagem, perguntou-se o motivo
para ter ignorado os alertas anteriores de que o projeto estava se aproxi-
mando de um ponto de crise. Essa pergunta o levou de volta à sua criação, em
uma família de imigrantes superprotetora com os filhos. Ele cresceu na costa
sul da Califórnia, mas nunca teve permissão para nadar no oceano, porque
era "muito perigoso". A mãe via um perigo improvável por todo lado e insistia
para que Aylon desse ouvidos a seus avisos. Para compensar, Aylon desenvolveu o hábito de presumir que qualquer aviso provinha de alguém sendo
negativo. Essa tendência lhe serviu bem na vida, tal como em suas funções
de liderança anteriores, permitindo-lhe inspirar outras pessoas a seguirem
em frente em meio à incerteza e ao desafio. Naquele nosso momento, porém,
ele viu que isso tinha um lado negativo.

Essa percepção o ajudou a entender por que ele demorou tanto para agir enquanto os problemas cresciam. Mas também nos levou a perceber que essa dinâmica muitas vezes acontecia também em nosso relacionamento como co-CEOs. Fui criado sob o mantra implícito de que "só os paranoicos sobrevivem" e, em vez de resistir à mensagem do meu pai, eu a internalizei. Então, eu procurava Aylon para falar de preocupações e ele as descartava com segurança, às vezes — mas nem sempre — estando certo ao afirmar que eu não precisava ficar tão ansioso. Depois que examinamos nossa dinâmica e de onde surgiu a parte de cada um nela, Aylon e eu desenvolvemos uma forma mais equilibrada de discutir preocupações, examinando-as juntos, com mais cuidado e utilizando informações e contribuições dos outros para embasar nossas conclusões.

Ferramentas para reflexão

Para mim, a reflexão surge nos momentos de silêncio, nos espaços intermediários — como quando estou dando uma volta ou tomando banho, lavando a louça ou conversando sobre o assunto com minha esposa ou um amigo de confiança. Para mim, é fácil e tentador preencher cada fresta de tempo livre com estímulos (podcasts, notícias, ligações), mas isso bloqueia o tempo para a reflexão. Todavia, quando reservo tempo para refletir sobre as questões listadas nas três viradas, é provável que eu pegue as informações que outras pessoas compartilharam comigo e as transforme em ideias e ações significativas.

Se achar difícil fazer as três viradas na sua cabeça, você pode:

Manter um diário. Escrever ajuda muita gente a organizar os pensamentos e tornar o processo de reflexão mais concreto. Em vez de pensar nas três viradas, escreva seu caminho de reflexão.

Conversar. Assim como a curiosidade é um esporte de equipe, pode ser muito útil refletir com outra pessoa, especialmente porque as histórias que construímos e os *loops* da certeza que nos prendem nessas histórias podem dificultar a mudança de pensamento. Um amigo crítico pode nos ajudar a ver que nossa história é apenas uma das várias formas possíveis de compreender a realidade. Incentive a postura crítica do seu amigo dizendo-lhe que é disso que você precisa. (Você se lembra do ciclo de segurança do Capítulo 4? Pois irradie resiliência.)

Fazer coaching e/ou terapia. Trabalhar com um profissional remunerado pode dar mais segurança, estrutura e suporte às suas viradas reflexivas.

Independentemente de como você reflita, é muito útil registrar suas conclusões: anote-as, diga-as em voz alta, conte-as a um amigo. Isso ajuda a solidificá-las, recordá-las e para que passemos a agir de acordo com elas. Você encontrará um modelo para essas três viradas reflexivas no site (em inglês) www.AskApproach.com.

VOCÊ JÁ REFLETIU. AGORA, RECONECTE-SE.

Depois de refletir, é hora de fechar o ciclo **reconectando-se** com a pessoa que respondeu generosamente à sua pergunta. Se e quão bem você fizer isso poderá definir o relacionamento daí em diante. Fazer perguntas pode fortalecer a relação, mas só se todas as partes envolvidas se sentirem recompensadas pela troca. Não é interessante que a conversa que você teve tenha uma utilidade pontual. **A resposta determinará se a porta que você abriu permanecerá aberta para sustentar conversas e aprendizado contínuos.**

Talvez você tenha perguntado a alguém como poderia melhorar como chefe. Talvez tenha solicitado ideias para resolver um problema com um cliente ou melhorar um relacionamento pessoal. Talvez tenha apenas pedido dicas para melhorar no esporte que pratica. Qualquer que tenha sido a pergunta, posso garantir que a interação deixou seu amigo, familiar ou colega com dúvidas e perguntas como: *Será que o que eu disse terá algum impacto? Será que foi bem-recebido? E agora, o que vai acontecer?* Se a pessoa disse algo que a fez se sentir vulnerável, poderá ter aquilo que Brené Brown chama de "ressaca de vulnerabilidade",[4] quando se sentirá exposta, até envergonhada, pelo que revelou, ou com medo de como você poderia usar o que foi dito. Portanto, não deixe a pessoa na mão!

Comece com gratidão

A gratidão faz diferença até nos casos em que, depois de refletir sobre a opinião do outro, você decidiu não segui-la. (Mais sobre isso em breve.) Você pode expressar um agradecimento sincero, que ajuda muito a mostrar que a opinião da pessoa foi levada em consideração, especialmente se ela não estiver segura sobre o que disse. Chong-Hao Fu, que você conheceu no capítulo anterior, se condiciona para receber o feedback como um *presente* e sempre responde com um agradecimento, não importa quão difícil tenha sido escutá-lo. Pensar nele como um serviço generoso que alguém nos presta em nossa busca por aprender e melhorar pode nos ajudar a responder de forma positiva mesmo quando uma conversa nos provoca emoções contraditórias.

Dizer obrigado não é apenas educação. Pesquisas demonstraram efeitos positivos de expressar gratidão tanto na pessoa que agradece quanto em quem recebe o agradecimento, como alegria, otimismo e entusiasmo, além de diminuição dos níveis de estresse e ansiedade. Com a gratidão, sentimo-nos mais próximos e mais ligados à outra pessoa, e ela aumenta nosso desejo de ajudar e dar apoio ao outro.[5]

Agradecer por conselhos ou informações em si faz sentido, mas a expressão de gratidão pode ter ainda mais impacto se você focar as qualidades da pessoa. Uma pesquisa realizada por Sara Algoe, professora de psicologia da UNC Chapel Hill, e colegas demonstrou que a expressão de gratidão que foca as características positivas de uma pessoa — como sua coragem, sabedoria ou criatividade — é mais impactante.[6] Por exemplo: "Muito obrigada por sua consideração e seu cuidado incomuns, que se refletem nos comentários e conselhos que você dividiu comigo."

Mostre o impacto do que a pessoa disse

A gratidão, às vezes, é apenas um ponto de partida. As pessoas querem saber o que você está fazendo com as informações que elas deram e talvez até esperem uma ação. Por isso, **diga à pessoa que o que ela disse teve um impacto e conte qual foi.**

O modelo de escuta de David Kantor do capítulo anterior — conteúdo, emoção e ação — também funciona aqui como uma forma de expressar o impacto das palavras de alguém sobre você.

Mostrar impacto no canal *conteúdo* significa resumir o que você escutou e aprendeu e suas conclusões substanciais. Isso mostra ao outro que você realmente o escutou e que as palavras dele influenciaram seu pensamento ou lhe ensinaram algo novo.

No canal *emoção*, fale do impacto emocional que as palavras do outro tiveram sobre você e demonstre empatia pela experiência dele. Mas cuidado: não sobrecarregue nem culpe o outro por sua reatividade emocional. Por exemplo, não é útil dizer que ficou mal por causa do feedback que recebeu, ou que ficou chateado e não vai conseguir se concentrar pelo restante do dia. Tudo bem compartilhar as emoções negativas ou dolorosas que a conversa despertou em você (por exemplo, "Foi muito doloroso escutá-lo, mas estou feliz por ter falado"), contanto que o outro não seja responsabilizado por suas reações. O objetivo de falar sobre o impacto emocional é mostrar que a pessoa o comoveu de alguma forma e retribuir a vulnerabilidade.

Por fim, no canal *ação*, informe o que está pensando ou o que se compromete a fazer com base no que aprendeu. Isso mitiga proativamente uma preocupação comum que as pessoas têm: que nada resultará de suas palavras, uma conclusão que pode desencorajá-las a se dar ao trabalho de falar com você no futuro. Como diz o ditado, uma ação é capaz de dizer mais que mil palavras e isso é verdade quando se trata de aprender com outras pessoas.

Quando eu era diretor de aprendizagem da TFA, às vezes fazíamos parcerias com outras empresas para fornecer mais suporte e desenvolvimento profissional aos nossos colaboradores. Houve um ano em que realizamos um projeto piloto com uma empresa que nunca havíamos contratado antes, e os dados das primeiras pesquisas mostraram que nossos professores classificaram esses programas como inferiores a outras formas de suporte que haviam recebido. Enviei os feedbacks para o presidente da empresa, Nick, e agendei uma reunião. Na minha cabeça, essa era a única chance de ele me convencer a não rescindir o contrato e procurar outro fornecedor melhor para dar suporte aos professores. Eu estava cético.

No dia da reunião, entrei na sala de Nick quase certo de que era o fim daquela parceria. Uma hora depois, no entanto, saí entusiasmado para continuarmos trabalhando juntos.

Como ele conseguiu essa reviravolta? Nick me convenceu — por meio dos canais conteúdo, emoção e ação — de que o resultado da pesquisa com os professores causou um forte impacto nele.

Ele me disse que entendia e concordava com os dados da pesquisa. "É evidente que nosso desempenho não foi suficiente", disse. Os professores não se sentem amparados por nós e nosso material não atende às suas principais necessidades. Eles querem mais apoio prático e estamos lhes dando muita teoria. Vejo por que eles não estão recebendo o que necessitam."

Então falou do impacto emocional que a pesquisa teve sobre ele: "Ouvir isso foi avassalador. Sei como é difícil ser professor e que é um insulto quando nos fazem perder tempo. É doloroso saber que somos a rede de apoio com a classificação mais baixa dada por seus professores. Sempre me orgulhei de desenvolver um programa diferente, mas os resultados vão contra isso."

Por fim, ele prometeu ações firmes. "Vou conversar com nosso instrutor principal esta tarde e analisar esses dados. Faremos várias e imediatas mudanças na equipe para que os professores recebam nossos profissionais mais bem avaliados. Também revisarei pessoalmente o material com eles para me assegurar de que sejam práticos, observarei as aulas todas as semanas durante o próximo mês e ligarei para você para discutir o que eu vir."

Essa resposta não deixou dúvidas de que ele não só havia aprendido e pensado muito sobre o que eu lhe disse, mas também que foi bom termos nos reunido. Também fiquei confiante sabendo que, se surgissem outros problemas, valeria a pena conversarmos de novo. Em vez de a parceria terminar, saí de lá me sentindo conectado e otimista, com a certeza de que a conversa teria um impacto real. Mais importante, porém, foi Nick transmitir os dados que tirou da conversa. Em pouco tempo, as coisas mudaram e seu programa se tornou o mais bem avaliado dentre todos os nossos colaboradores.

Quando você não pretende agir

O que acontece quando você reflete e decide que o aprendizado que obteve não foi útil? Pode até ter concordado com o que escutou, mas algo o impede de agir de acordo.

Nesses casos, compartilhar *seu processo de reflexão* — além da conclusão honesta — é uma excelente maneira de se reconectar. À primeira vista, parece estranho e você pode resistir, mas, na verdade, é uma ótima oportunidade para aprofundar a conexão com a pessoa e até aprender algo que não esperava. Diga algo como: "Pensei muito no seu conselho e quero explicar por que não pretendo seguir sua sugestão. Talvez você possa me ajudar a ver se deixei passar alguma coisa, ou talvez essa conversa nos inspire a ter novas ideias." Assim, você mostra seu processo reflexivo e, sim, pergunta sobre as reações do outro!

As pessoas não dão sugestões com a expectativa de que sempre levem a uma aceitação total ou a uma ação direta. Elas *esperam* que a contribuição seja considerada e que tenha *potencial de impacto*. Dessa forma, o tempo delas não terá sido desperdiçado. É por isso que você se **reconecta:** para dar um retorno, mesmo que seja para dizer "É por isso que não faremos tal e tal coisa".

Shereen El Mallah é psicóloga do desenvolvimento e pesquisadora da Universidade da Virgínia, especializada em uma prática chamada Youth Participatory Action Research (YPAR), que é um nome chique para dizer que ajuda jovens a serem pesquisadores em questões importantes para eles. Ela viu o profundo impacto da reconexão quando uma rede escolar com a qual trabalhou, a Community Lab School, implementou um processo em seu sistema para dar retorno aos estudantes que respondiam quando solicitados a opinar. *Sempre* que as escolas coletam feedback e ideias dos alunos, essas informações vão para um desses três grupos: (1) *É pra já*: podemos e tomaremos medidas imediatas sobre o tema; (2) *No radar*: embora não seja possível tomar medidas imediatas para resolver a questão (devido a temas como restrições orçamentárias e prazo), este é nosso plano para resolver o problema a longo prazo; ou (3) *Não está em nossas mãos*: escutamos o feedback, mas, pelo motivo X, não podemos agir. Esses três grupos ajudam a escola a dar retorno aos alunos depois que eles oferecem sugestões, e os efeitos têm sido notáveis. Os estudantes estão mais engajados e animados, e a informação que compartilham é muito mais rica que a das escolas sem esse processo circular de retorno. Foi uma prática tão empoderadora que os próprios alunos assumiram a responsabilidade de compartilhar os resultados com os colegas. Por isso, Shereen passou a exigir que todas as escolas com que trabalha se comprometam a criar canais de retorno para os alunos que derem sugestões. E se todas as empresas fizessem isso com seus clientes? E com o feedback dos funcionários? E se todos os líderes políticos — ou religiosos — fizessem isso com seus eleitores?

EXEMPLIFICANDO PUBLICAMENTE O PROCESSO REFLEXIVO

Reconectar-se para compartilhar seu *processo de reflexão* é importante e gratificante, ainda mais quando as palavras do outro tiveram um impacto verdadeiro. Aylon e eu decidimos fazer isso em público, diante da empresa inteira, cerca de um mês depois da grande reunião de Chicago. Já havíamos começado a implementar mudanças importantes para fortalecer sistemas de gestão e parecia que as coisas estavam encaminhadas. Mas queríamos mostrar como aquele feedback, embora desafiador, nos levou a crescer como líderes. Também queríamos demonstrar as três viradas para incentivar esse tipo de reflexão na organização.

Tudo parecia uma ótima ideia, até chegar o grande dia.

A ocasião foi o retorno do nosso retiro organizacional anual após um hiato de três anos devido à covid-19. Pedimos a Jenee, nossa diretora de aprendizagem, que nos ajudasse a refletir diante da empresa. Subimos no palco e ela nos pediu para explicar as três viradas que fizemos enquanto refletíamos sobre nosso aprendizado no ano anterior. Em voz alta, na frente de todos.

De repente, lá estávamos nós, de microfone na mão, revelando a todos nossa história, nossos passos e nossas bagagens. Expusemos que nossas escolhas como líderes haviam causado as consequências dolorosas (mas recuperáveis) sentidas por muitos. Aylon me disse, mais tarde, que o processo havia sido incrivelmente catártico e agradável para ele.

Quanto a mim, abrir-me daquela maneira diante de tanta gente foi constrangedor do início ao fim. Eu suava e às vezes me enroscava com as palavras. Não olhei muito para os rostos na multidão, acho que por medo do que poderia ver: julgamento, decepção, talvez choque. Mesmo assim, não deixei que esses sentimentos me impedissem de abrir meu coração, de ser honesto sobre o que havia aprendido.

Quando terminamos de falar da última virada — Aylon contou sobre sua infância e eu sobre minha incessante busca por mais e mais impacto —, Jenee agradeceu à equipe por nos escutar. Houve um breve momento de silêncio, durante o qual fiquei olhando para minhas mãos, me perguntando se aquilo tudo não teria sido um grande erro. Talvez houvéssemos perdido a confiança deles.

Então alguém bateu palmas, e então outra pessoa, e outra. Só então olhei para a equipe. As pessoas estavam aplaudindo de pé; uma entusiasmada ovação que durou quase um minuto. Fiquei aliviado, mas também dominado pela gratidão e pelo sentimento de pertencimento.

O QUE NÃO MATA...

Talvez você ache que **refletir e reconectar** seja o mais difícil dos cinco passos do Ask Approach. Este capítulo lhe fornece uma estrutura e algumas ferramentas, mas, assim como acontece com falar em público, talvez seja necessário praticar para desenvolver confiança na capacidade de confrontar e revisar sua história. Até porque isso exige um exame de crenças arraigadas e a superação do poderoso condicionamento relacionado aos riscos da vulnerabilidade. Os riscos podem ser reais, ainda mais para quem ocupa posições de menor poder organizacional ou social e que enfrenta mais pressões para falar e se comportar de uma forma que não incomode. Na maioria das vezes, as recompensas dessa prática, como uma visão mais profunda, ação poderosa e relacionamentos mais próximos e honestos, superam — e muito — os riscos.

Nossa reflexão pública foi tão desconfortável como eu imaginava, mas sobrevivemos. Na verdade, foi tão impactante que nossos colegas nos pediram para incluí-la em todos os retiros anuais da liderança. Espero que a próxima seja mais fácil para mim, porque já experimentei, de forma muito visceral, a profunda realização de refletir e me conectar com outras pessoas falando sobre o que aprendi com elas.

Depois de nossas três viradas, colegas nos procuraram, emocionados, e disseram que nunca haviam visto líderes de organizações se mostrarem tão vulneráveis em público. Outros nos disseram que a experiência que tiveram ao nos observar naquele dia confirmou que estavam trabalhando na empresa certa; eles tinham mais — e não menos — confiança em líderes que estavam dispostos a expor aberta e profundamente os próprios erros. Com as reações deles, aprendi que o importante foi mostrar à equipe, talvez ainda mais que nossos erros, que não só escutamos os feedbacks, como também aprendemos com eles, de tal maneira que fortaleceu a todos e a empresa. Eles também aprenderam algo importante: que eram poderosos e que suas vozes importavam.

Resumo dos pontos-chave

Pergunta essencial: como colocar as conversas em prática?

1. Depois que alguém diz o que pensa, cabe a você decidir o que fazer com o que escutou. Para **refletir**, é preciso **peneirar** e depois **virar** as informações.

2. Comece **peneirando**. Separe o joio do trigo. Decida sobre o que vale a pena refletir mais a fundo ou não. Compartilhe o que escutou com um amigo de confiança que vai ajudá-lo a ter outra perspectiva sobre as informações.

3. A seguir, reflita durante as três viradas sobre o que você escutou:

- **Reflita sobre sua história**. Como o que escutou do outro afeta a história que você vem contando sobre a situação?
- **Reflita sobre seus passos**. Com base no que escutou (e em como isso afeta sua história), que passos pode dar?
- **Reflita sobre sua bagagem**. Como o que escutou do outro se relaciona com sua bagagem? O que revela sobre suas mais profundas visões de mundo, seus vieses, suas suposições e seu jeito de ser?

4. Depois de refletir, é hora de se **reconectar.**

- Expresse gratidão pelas pessoas e pelas características positivas refletidas em suas contribuições.
- Mostre como o que lhe disseram o afetou e o que pretende fazer com isso.
- Se não pretende agir de acordo com o que lhe disseram, explique a razão e solicite reações.

5. Incorpore à sua rotina práticas reflexivas, como manter um diário, fazer coaching, terapia ou conversar com pessoas em quem confia para ajudá-lo a refletir.

EXERCÍCIOS

7A. Aplique as três viradas reflexivas. Pense em algo significativo que escutou de outra pessoa e pergunte-se:

- Virada 1 - Reflita sobre sua **história**: *Como o que escutei afeta a história que venho contando sobre essa situação?*
- Virada 2 - Reflita sobre seus **passos**: *Com base no que escutei (e em como isso afeta minha história), que passos posso dar?*
- Virada 3 - Reflita sobre sua **bagagem**: *Como o que escutei se relaciona com minha bagagem? O que revela sobre minhas mais profundas visões de mundo meus vieses, minhas suposições e meu jeito de ser?*

FAÇA A PERGUNTA CERTA

Procure um amigo que o escute fazendo essas viradas reflexivas e que seja um crítico gentil para extrair reflexões e, quando útil, incitá-lo a pensar.

7B. Agora, reconecte-se. Volte para a pessoa que lhe deu a opinião sobre a qual refletiu. Diga como o que ela disse o afetou. Diga que agradece por......, que concluiu que......, e que vai fazer...... com o que ouviu.

PARTE III

Aplicando o Ask Approach™ na liderança e na vida

A PARTE III REVELA COMO O ASK APPROACH PODE SER UM VERDADEIRO SUPERPODER para nós mesmos, nossas equipes e organizações, nossos jovens e, inclusive, para curar nossa sociedade tão dividida.

É preciso praticar para incorporá-lo de maneira fluida e natural, mas o Capítulo 8 fornece a estrutura de apoio e as estratégias necessárias para dominar esta ou qualquer nova habilidade.

No Capítulo 9, você verá como o poder de perguntar pode melhorar a eficácia de equipes e organizações, e o que fazer para aumentar o número de perguntas no seu local de trabalho, em qualquer nível hierárquico.

Quanto à próxima geração de líderes, o Capítulo 10 o ajudará a dar suporte aos jovens para que se tornem grandes *indagadores*, além de mostrar formas de transformar suas naturais centelhas de curiosidade em um motor vitalício para a criatividade.

Por fim, no Epílogo, veremos como o mundo seria melhor se, conversa a conversa, participássemos de interações com curiosidade renovada sobre o que podemos aprender com cada pessoa, independentemente de quão diferente ou difícil cada um possa parecer.

Capítulo 8

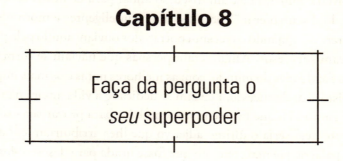

Faça da pergunta o *seu* superpoder

Pergunta essencial: Como se tornar um excelente inquiridor?

QUANDO TRABALHEI NA MONITOR E VI COMO ERAM PODEROSAS AS ABORDAGENS DE Chris Argyris, me senti motivado pelo desafio de desenvolver em mim — e nos outros — habilidades no uso daqueles métodos. Uma coisa é ler sobre essas práticas e outra é desenvolver a musculatura para aplicá-las quando são mais necessárias. Como transformar grandes ideias em um arsenal prático de habilidades concretas?

Então perguntei a Argyris quanto tempo ele achava que as pessoas demorariam para dominar suas abordagens. A resposta foi simples: "O tempo necessário para aprender a jogar tênis de um jeito mais ou menos decente."

Por sorte, era o meu caso. Eu jogava tênis amador desde o ensino médio e meu desempenho, *no máximo*, era meio decente!

O processo de aperfeiçoamento no tênis, ou em qualquer outra habilidade, é muito semelhante ao que podemos aplicar para dominar o Ask Approach. Neste capítulo, veremos como é esse processo e apresentaremos estratégias concretas para você melhorar cada vez mais, até transformar o ato de perguntar em um superpoder.

"VOCÊS SÃO TODOS INCOMPETENTES!" (E TUDO BEM!)

Desenvolver um superpoder começa pelo reconhecimento da própria incompetência e por saber em que ponto estamos. Quando trabalhei na Monitor, o CEO, Mark Fuller, fazia um discurso anual para os novos consultores. O título do discurso era: "Vocês são muito inteligentes e motivados, mas incompetentes". Quando os recém-contratados ouviam aquilo pela primeira vez, ficavam surpresos. Afinal, eram pessoas que haviam se formado nas melhores faculdades do mundo, com as melhores notas e os mais impressionantes históricos de sucesso. Haviam se dedicado a vida inteira não só para ser bons em tudo o que fizessem, mas também para provar sua excelência. "Incompetentes" seria o último adjetivo que lhes atribuiriam e, talvez, no fundo, a palavra que mais temiam que fosse usada para descrevê-los.

Lá estava o CEO, a pessoa mais poderosa daquele novo universo profissional, chamando-os de "incompetentes". Claro que Fuller queria dizer que os novos contratados não tinham as manhas para serem consultores de gestão — e ele tinha razão: eram todos incompetentes nessa função. Ao defender isso, Fuller dizia que eles eram capazes, mas normalizava a ideia de serem incompetentes no novo emprego. Como havia acabado de contratar, com bons salários, aquele grupo de pessoas "incompetentes", ser incompetente talvez não fosse algo tão ruim assim, não é? Além disso, por que *deveriam* ser competentes em algo que nunca haviam feito? Era compreensível ser incompetente naquela situação; seria estranho *não o ser*.

Quando ainda não sabemos fazer algo, somos *incompetentes*. Em nossa sociedade, a palavra "incompetente" tem uma conotação negativa, é como um julgamento severo sobre alguém ou uma falha permanente de caráter. O fato é que todos somos incompetentes em muitas coisas, e não há vergonha nisso. Esse constrangimento é aprendido, o que significa que pode ser desaprendido. Afinal, quando éramos crianças, ninguém esperava que soubéssemos fazer tudo que tentávamos fazer. Compreendia-se que não saber fazer alguma coisa era onde começava o processo de aprendizagem. Infelizmente, muita gente levou consigo à idade adulta a mensagem de que não se pode mais ser iniciante em algo. Poucas crenças são mais sufocantes para o crescimento e a aprendizagem contínua que essa.

Por exemplo, só porque não tenho competência como flautista não quer dizer que sou incompetente de uma forma geral. Apenas significa que não

FAÇA DA PERGUNTA O *SEU* SUPERPODER

dediquei tempo e esforço para aprender a tocar flauta. Por outro lado, sou um motorista competente, não porque nasci sabendo dirigir, mas porque passei muito tempo desenvolvendo essa habilidade. Da mesma forma, muitas pessoas são incompetentes na técnica de aprender com os outros, não porque sejam más ou egoístas, mas porque (ainda) não investiram no treinamento das habilidades do Ask Approach.

A pergunta é: como passar de incompetentes a competentes?

A ESPIRAL DA MAESTRIA

Abordaremos essa questão usando uma estrutura simples, mas poderosa, para o desenvolvimento de capacidades, chamada **espiral da maestria**.[1] (Nota: essa estrutura — e, mais importante, as estratégias para progredir nela — se aplica praticamente a *qualquer* habilidade complexa que queira dominar; portanto, lembre-se dela quando quiser ficar bom em cantar tirolês, jogar *pickleball*, tricotar, tocar tuba ou seja lá o que queira aprender.)

Neste capítulo, percorreremos a espiral, começando de cima, onde você está no processo de aprendizado: empacado. Quando tentamos fazer algo novo, muitas vezes nos sentimos paralisados sem saber por quê; às vezes nem percebemos que o problema é a falta de certas habilidades. Por esse motivo, chamamos esse estágio de *incompetência inconsciente*. Conforme vamos percebendo as lacunas em nossas capacidades, vemos o que estamos fazendo e ficamos mais *conscientes* da nossa incompetência. É então que começa a aprendizagem. À medida que descobrimos e experimentamos habilidades, o processo fica meio instável e exige concentração, mas começamos a entender — chamamos isso de *competência consciente*, porque precisamos nos concentrar muito para fazer avançar. Finalmente, com bastante prática e feedback, começamos a internalizar a capacidade, a tal ponto que se torna tão natural que nem precisamos refletir sobre. Em outras palavras, temos *competência inconsciente*. Então, começamos a aplicar habilidades em circunstâncias mais difíceis e podemos ficar empacados de novo... até que voltamos a subir a espiral. Veja só: à medida que passamos repetidamente por esses estágios, em circunstâncias cada vez mais complicadas, vamos desenvolvendo nosso superpoder!

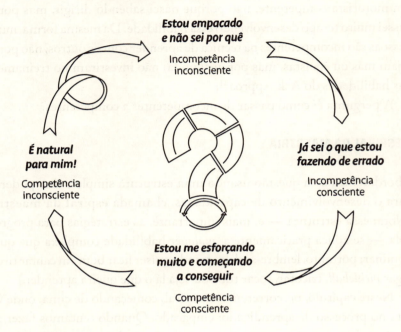

Aprender a dirigir é um ótimo exemplo de como funciona a espiral da maestria. Quando crianças, imaginamos que é só sentar na frente do volante para participar de uma corrida. Depois, fazemos a autoescola e aprendemos que dirigir com segurança e rapidez requer várias ações realizadas simultaneamente: usar os retrovisores, saber que pedal usar, como sinalizar, como fazer curvas e muito mais. A princípio, é impossível fazer bem todas essas coisas, quem dirá ao mesmo tempo. Com o tempo e a prática, começamos a adquirir habilidade, mas ainda é necessário um esforço consciente (e, vez ou outra, um adulto agarrado no banco do carona gritando: "Olhe no retrovisor!") para realizar cada uma dessas tarefas com sucesso. Finalmente, depois de muita repetição, chegamos ao ponto de fazer tudo isso sem nem pensar; conseguimos dirigir com segurança e conversar ao mesmo tempo, com facilidade. Alcançamos a competência inconsciente!

Para mostrar como isso se aplica ao Ask Approach, vou apresentar a você uma consultora de negócios chamada Alexa e o angustiante dilema que a levou a um workshop que ministrei para consultores de gestão. Quero deixar

FAÇA DA PERGUNTA O *SEU* SUPERPODER   185

claro que, para dominar este material, você não precisa participar de um workshop. É que, por ser um ambiente ideal de aprendizagem, é uma ótima maneira de observar as etapas na prática. Façamos de conta que estamos assistindo à gravação de um grande jogo; vamos pausar o vídeo algumas vezes e explicar as estratégias de aprendizagem.

"Estou empacado e não sei por quê" (experimentando a incompetência inconsciente)

Alexa era consultora de gestão; tinha 30 e poucos anos e trabalhava no nosso escritório de Nova York. Era seu segundo emprego depois de se formar em uma faculdade de alto nível e, se tudo corresse bem nos anos seguintes, chegaria a sócia. Ela levou seu caso a um workshop do qual, durante um dia inteiro, participaram mais cinco consultores. Eu fui o facilitador.

Alexa tinha um cliente chamado Bryan, vice-presidente sênior de manufatura de uma empresa em dificuldades que fabricava e vendia produtos industriais. A equipe dela, que havia recém-concluído dois meses de pesquisas intensivas sobre a empresa e o setor, foi contratada pelo CEO da organização. Ela se sentia pronta para, formalmente, fazer recomendações: com o objetivo de racionalizar custos e salvar a empresa, duas das seis megafábricas sob a gestão de Bryan deveriam ser fechadas.

O gerente de Alexa pediu que ela discutisse as recomendações com Bryan individualmente antes da reunião da equipe com o CEO. Era importante que ele não se opusesse a nenhum conselho na apresentação final. Alexa estava ansiosa, temia que o cliente reagisse mal quando ela dissesse que a recomendação implicaria uma grande redução na divisão dele.

Ela estava certa: Bryan ficou na defensiva e fez uma série de objeções. Impaciente, Alexa derrubou todas as objeções como se fossem pinos de boliche. No fim, ele disse que precisava de mais tempo para revisar a análise e encerrou a reunião de forma abrupta. Ao sair da sala, Alexa teve a sensação de que Bryan faria politicagem com o CEO para enfraquecer as recomendações dela. Achava que qualquer conversa futura com ele chegaria ao mesmo impasse, porque ele era intransigente.

Alexa se sentia empacada. Estava frustrada com a reação de Bryan e não sabia como prosseguir. A reunião com o CEO se aproximava e o tempo estava se esgotando.

FAÇA A PERGUNTA CERTA

Esse foi o tipo de cenário que pedimos aos participantes que identificassem para trabalharmos no workshop. Para isso, Alexa registrou a conversa com Bryan no formato das duas colunas. As anotações dela retratavam, em detalhes dolorosos, como o cliente havia rejeitado suas recomendações. Na coluna da direita, Alexa anotou os principais trechos do diálogo, como se estivesse escrevendo o roteiro de uma peça. Na coluna da esquerda, registrou sua frustração diante das reações dele. Já com tudo no papel, tinha algo com que trabalhar.

"Já sei o que estou fazendo de errado" (indo em direção à incompetência consciente)

Conforme Alexa foi apresentando o caso aos colegas do workshop, sua exasperação foi ficando clara. Ela sentia que estava dando murros em ponta de faca e não conseguia fazer Bryan entender a óbvia e única conclusão possível da análise feita por ela. Como resultado, o cliente não aceitou as recomendações. Além disso, o relacionamento ficou tenso, o que a deixou esgotada. Ela havia começado a trabalhar com consultoria para ajudar os clientes e, em vez disso, estava quebrando a cabeça com Bryan. Ele tinha idade para ser pai dela, e Alexa não gostava da ideia de discutir com ele, ou pior, de precisar ir além e dizer ao CEO que discordava do funcionário dele. Nada disso parecia bom e ela estava empacada. Só não sabia por quê.

Começamos a discussão do caso, e pedi a Alexa e ao grupo que dessem uma olhada nas ações dela — os comportamentos que estavam na coluna da direita — para ver como ela poderia ter contribuído para a dificuldade que estava enfrentando. A primeira coisa que fizemos foi um simples cálculo da proporção entre as declarações de Alexa a Bryan e as perguntas que haviam sido feitas a ele. O grupo, e a própria Alexa, percebeu bem rápido que ela havia feito só declarações, nenhuma pergunta. Quando ela — uma pessoa que gostava muito de dados — viu que não havia feito uma pergunta sequer ao cliente, ficou surpresa.

Vamos pausar o vídeo: ver que ela não havia feito nenhuma pergunta foi o ponto de partida para Alexa passar de *incompetente inconsciente* para *incompetente consciente*. Ela continuava empacada, mas, pelo menos, já sabia onde estava o erro.

Então, investigamos mais a fundo: o que a impedia de fazer mais perguntas?

FAÇA DA PERGUNTA O *SEU* SUPERPODER 187

Ao refletir sobre isso, Alexa disse: "Não devo ter feito nenhuma pergunta porque achava que estava ali para informar minhas descobertas e que não havia nada que precisasse perguntar a ele. É isso?" A partir daí, os colegas de workshop começaram um *brainstorming* sobre algumas coisas que ela poderia ter perguntado ao cliente.

Uma pessoa sugeriu que fazer perguntas seria um passo importante antes de tirar conclusões. Bryan poderia ter informações que melhorassem o plano. Mesmo que tais informações não existissem, entender os motivos dele teria permitido a Alexa apresentar um argumento mais convincente para suas recomendações originais — apontou o grupo —, e talvez convencê-lo. Por fim, ao não fazer nenhuma pergunta, ela lhe passou a sensação de que não se importava com o que ele pensava ou que não valorizava os trinta anos de experiência dele naquela empresa. Isso não era nada bom para o investimento do cliente. Portanto, faltava cultivar um relacionamento positivo com Bryan.

Alexa escutou o feedback do grupo. Todos percebemos que não era o seu melhor momento, mas havíamos construído uma cultura que valorizava a aprendizagem, mesmo que fosse desconfortável. Portanto, ela aproveitou a oportunidade e disse: "Vocês estão certos. Perdi muito por não fazer perguntas a Bryan. Quem me dera poder voltar no tempo."

O próximo passo foi analisar a história, procurar pistas sobre por que ela não havia feito nenhuma pergunta. A história dela era assim: quando se reunia com o cliente, acreditava que havia feito sua análise e chegado à resposta certa. Achava que as objeções dele estavam erradas ou, pior ainda, que o cliente estava na defensiva. Não pensou na possibilidade de que Bryan pudesse lhe mostrar algo que ela havia deixado passar. Alexa acreditava que seu papel era entregar as recomendações com confiança para que fossem aceitas, para que ela pudesse passar adiante e entregar as conclusões da equipe ao CEO sem que Bryan fosse um obstáculo.

Conforme dissecamos a história, foi ficando bastante evidente que as ações de Alexa estavam alinhadas com essa história: se sua tarefa principal era fazer com que Bryan concordasse com ela, era compreensível que afirmasse seus pontos de vista, rejeitasse as preocupações dele e não lhe fizesse perguntas.

Mas os colegas do workshop também lhe mostraram as diversas consequências de agir de tal forma. Ela já havia vivenciado a pior: Bryan havia brigado com ela na reunião e provavelmente faria o mesmo na frente do CEO.

Quando Alexa analisou sua história, seus passos e resultados — anotamos tudo em um cavalete —, sentiu uma surpresa que foi ao mesmo tempo decepcionante e esclarecedora.

Vamos pausar o vídeo de novo.

Esse momento de se sentir simultaneamente constrangido e esclarecido, por mais angustiante e doloroso que seja, é essencial. É a experiência emocional de passar de *incompetente inconsciente* a *incompetente consciente*. Essa percepção é desconfortável, avassaladora até, mas é um momento de possibilidades, quando pela primeira vez você vê por que ficou empacado. Basta desenvolver novas competências para sair dessa. A primeira competência é aguentar esse desconforto e não se deixar intimidar. Vai passar, e você poderá avançar para o emocionante desenvolvimento de habilidades.

Estratégias para desenvolver a incompetência consciente

- **FAÇA: Localize ou recrie o vídeo da interação.** Para ver no que precisa melhorar, é necessário ter todas as informações observáveis sobre si mesmo *em ação*. Para isso, revise e-mails ou mensagens de texto que enviou ou (melhor ainda) assista a uma gravação de alguma interação sua. Se os melhores atletas se assistem em ação nas gravações dos jogos, por que você não poderia fazer o mesmo? Hoje em dia, ainda mais com tantas reuniões virtuais, é mais fácil pedir o consentimento dos outros participantes e clicar em Gravar. Também é fácil transcrever a reunião em tempo real. (Se não puder acessar um registro de si mesmo em ação, use as duas colunas para recriar o vídeo da interação. Mesmo que sua memória não seja perfeita, na maioria das vezes é o suficiente para você aprender.)

- **FAÇA: Observe suas ações** *com um amigo ou colega*. Observe quais ações executou ou deixou de executar e como elas contribuíram para os resultados da interação. Veja se você colocou ou não em prática cada etapa do Ask Approach, e se o fez bem ou mal. Analise qual foi sua história interna e como ela moldou as suas ações. Somos limitados em relação à própria incompetência — é por isso que atletas profissionais não só assistem às gravações dos jogos, como também o fazem com seus treinadores e colegas de equipe. Recrute seus amigos e colegas para ajudá-lo a ver no que você precisa melhorar.

> ◆ **NÃO FAÇA: Não deixe que o desconforto o impeça.** Se você se sentir constrangido ou chateado consigo mesmo, lembre-se de que é normal. Veja isso como um sintoma da descoberta, um sinal de que está no caminho do crescimento. Tente se livrar do autojulgamento e não se esqueça de que isso faz parte do processo de aprendizagem.

"Estou me esforçando muito e começando a conseguir" (criando competência consciente)

A próxima etapa é crítica: consiste em começar a desenvolver novas habilidades. É o caminho para passar da *incompetência consciente* para a *competência consciente*. Vale ressaltar que implementar tais habilidades exige concentração e esforço.

Para desenvolver competência consciente, leia, assista a vídeos, participe de workshops ou procure um especialista que lhe dê aulas. O bom é que, se você chegou até aqui, já tem a ajuda no que tange o Ask Approach.

Depois de saber, dentro de sua cabeça, o que fazer, você precisa colocar tudo em prática. Por exemplo, não importa a quantos vídeos assista no YouTube sobre ciclismo, não vai ser assim que você vai aprender a andar de bicicleta. É necessário subir na bicicleta e pedalar. O mesmo vale para interagir com outras pessoas. A bicicleta tem rodinhas laterais para você começar. Nas interações, o equivalente mais próximo é a dramatização. Muitas pessoas se sentem ansiosas e constrangidas; não deixe que isso o impeça, valerá a pena, eu garanto.

Preparando-se para uma dramatização, na qual um colega interpretaria Bryan, Alexa começou com o Passo 1 do Ask Approach: precisava **escolher a curiosidade** e o conhecimento que ele poderia compartilhar. Com a ajuda do grupo, ela escolheu algumas perguntas para refletir sobre o assunto.

- ◆ Quais dados eu ignoro que serviram de base para as conclusões de Bryan?
- ◆ Como meu comportamento pode estar influenciando a reação de Bryan?

Já mais curiosa, Alexa estava pronta para encenar uma conversa com Bryan. Para se preparar, ela e os colegas debateram algumas maneiras de **promover segurança**. Ela poderia mostrar ao cliente que estava interessada na perspectiva dele, estivessem ou não alinhadas com suas recomendações.

Também poderia reconhecer que as percepções de Bryan eram essenciais para prosseguir.

A seguir, criaram **perguntas de qualidade**.

- ✦ "Bryan, pode me falar mais sobre as ocasiões anteriores em que avaliou a possibilidade de fechar fábricas? Quais foram as suas considerações e quais riscos o preocupavam?"
- ✦ "Como são as flutuações nas vendas e como elas influenciam sua convicção de que todas as fábricas precisam continuar em operação?"
- ✦ "Acha que eu e minha equipe deixamos passar ou negligenciamos algo em nossa abordagem?"
- ✦ "Eu adoraria saber mais sobre o compromisso da empresa com essas comunidades. Pode me contar essa história?"

Alexa escolheu um colega para interpretar Bryan. Quando chegou a hora de começar, ela relutou. Muitas pessoas com quem trabalhei ficaram travadas na primeira dramatização. "Como uma dramatização, que é algo inventado e artificial, poderia ajudar?", pensam. Mas Alexa abandonou suas hesitações e tentou.

A dramatização começou e Alexa fez suas primeiras perguntas à pessoa que interpretava Bryan. Ele respondeu em um tom caloroso e compartilhou mais informações do que ela havia recebido em uma hora de reunião com o verdadeiro Bryan. "Até agora, tudo bem", pensou Alexa, "estamos indo bem."

Então, a pessoa que interpretava Bryan complicou um pouco as coisas. Ele não respondeu a uma pergunta de forma tão aberta e direta como ela esperava. Na verdade, começou a ficar reativo, dizendo: "Suas recomendações não fazem sentido. Não posso endossá-las."

Ora, não era isso que Alexa esperava ao fazer mais perguntas! Ela ficou nervosa e de novo, como no começo, passou a percebê-lo como um obstáculo inamovível, e voltou ao tom combativo, dizendo os motivos de ele estar errado.

"Tempo!", gritei, para que pudéssemos analisar o que havia acontecido.

Vamos fazer uma pausa aqui um instante. Desenvolver competência consciente não é uma tarefa organizada e limpa. Às vezes caímos da bicicleta — e foi o que aconteceu com Alexa. Por isso, a dramatização em ambientes de menor risco (como em workshops ou com amigos de confiança) pode ser

FAÇA DA PERGUNTA O *SEU* SUPERPODER

tão útil; se você ficar aflito ou esquecer o que fazer, é só subir na bicicleta e tentar de novo.

Agora, de volta à ação.

Ofereci a Alexa uma pausa e pedi a outra pessoa que ocupasse seu lugar na dramatização. Ela ficou aliviada e pediu a Greg, um colega, que a substituísse. Ele disse a Bryan: "Entendo sua preocupação. Pode me falar mais sobre os problemas que vê nas nossas recomendações?"

Essa simples pergunta mudou tudo. Bryan começou a se abrir.

Alexa disse: "Tudo bem... Vou tentar de novo." Ela retomou e as coisas começaram a melhorar. Ela até implementou uma das estratégias de **escutar para aprender** — paráfrase e teste —, dizendo a Bryan: "Pelo que vejo, você .... Entendi certo?"

De novo, interrompemos a dramatização para **refletir.** Alexa relatou o que havia feito diferente na encenação: perguntar, escutar de verdade, fazer perguntas de acompanhamento, ajustar sua história interna com base no que havia escutado... e a pessoa que interpretava Bryan disse que isso tinha sido um diferencial para ele em comparação com o começo. Ele afirmou ter se sentido mais escutado e valorizado, e que parecia que Alexa tinha real interesse em entender suas razões. Tudo isso o levou a querer falar muito mais.

Durante essa primeira fase de desenvolvimento de habilidades, você aprende um novo processo e trabalha conscientemente cada etapa. Pode ser meio estranho e demandar bastante, mas não tenha pressa. Durante essa primeira prática, Alexa começou a vivenciar a competência consciente — a evidência de que já possuía habilidades que funcionavam e que lhe permitiriam ter um tipo de interação muito diferente com Bryan, na qual poderia *aprender muito mais e se conectar melhor* com ele. Mas isso ainda não era natural para ela. Alexa precisava se concentrar, desacelerar suas reações, respirar fundo e estar muito atenta ao que dizia. Apesar de às vezes recorrer a velhos padrões, ela estava desenvolvendo novas habilidades.

Estratégias para desenvolver a competência consciente

- **FAÇA: Divida as etapas.** Trabalhe em cada passo do Ask Approach, um de cada vez. Dedique um tempo para estudar e tente implementar cada habilidade a cada passo.

FAÇA A PERGUNTA CERTA

- **FAÇA: Prepare-se com antecedência.** Nem sempre é fácil pensar nas perguntas certas no calor do momento, ainda mais quando estamos desenvolvendo uma competência. Por isso, é útil ter algumas perguntas preparadas para começar. Anote-as antes e diga à pessoa que anotou algumas questões para não se esquecer.

- **FAÇA: Insira redutores de velocidade.** Você não precisa sempre pensar depressa em uma resposta ou pergunta. Não há problema nenhum em dizer, no meio de uma conversa: "Um momento, isso é muito importante, não quero me apressar. Preciso pensar um instante sobre o que você disse." Durante esse tempo, cheque se entendeu tudo corretamente ou faça uma pergunta de acompanhamento.

- **FAÇA: Pratique em situações de baixo risco.** É importante começar em situações mais fáceis e confortáveis, nas quais não haja problema se nem sempre der certo. Dramatizações estão entre as situações mais seguras e de menor risco, mas você também pode colocar suas habilidades em prática em situações reais, com colegas ou amigos. Explique no que está trabalhando e peça que lhe digam o que sentem a respeito.

- **FAÇA: Procure modelos.** Pratique identificar e observar pessoas que já são boas nas habilidades que você gostaria de dominar. Quando possível, peça que lhe digam como conseguem. Mas não precisa limitar seus modelos a pessoas que conhece pessoalmente; você pode se inspirar em celebridades, figuras históricas e até personagens fictícios. (No meu caso, é o sempre curioso personagem Ted Lasso!)

- **NÃO FAÇA: Não se surpreenda se for meio estranho.** Porque se não for, você não deve estar se esforçando o suficiente para desenvolver novas competências. Novos comportamentos, precedidos por novas formas de pensar, são naturalmente estranhos. Preste mais atenção aos resultados da nova abordagem. Conforme for desenvolvendo um histórico de conquistas, será mais fácil aceitar a estranheza inicial. Se não der certo, é normal. Parabenize-se por tentar!

"É natural para mim!" (desenvolvendo a competência inconsciente)

Isso não acontecerá em um workshop de um dia, mas quando **Alexa** atingir a competência inconsciente, não precisará mais das rodinhas, **não precisará**

FAÇA DA PERGUNTA O *SEU* SUPERPODER 193

mais pensar nos passos. As novas habilidades serão habituais e naturais. Conversas difíceis não parecerão tão difíceis e, com o tempo, ficarão ainda mais fáceis. Como escreve o jornalista e eterno aprendiz Adam Gopnik em *The Real Work: On the Mystery of Mastery* [*O mundo real: sobre o mistério da maestria*, em tradução livre]: com a prática, "os passos se tornam uma sequência, e a sequência, então, parece mágica".[2]

Alexa, como qualquer pessoa, não vai conseguir da noite para o dia. Ela precisará praticar, com intenção, escolhendo a curiosidade, promovendo segurança, fazendo perguntas de qualidade, escutando para aprender, refletindo e reconectando. Precisará de muitas tentativas e de feedback. Para isso, poderá se gravar e se ouvir depois do fato; escrever os casos nas duas colunas e analisá-los com colegas; ou trabalhar com um coach que possa observá-la ou refletir com ela sobre interações passadas e futuras. Mas também poderá pedir a amigos ou colegas que lhe digam como suas tentativas estão sendo recebidas.

A chave para dominar qualquer coisa até se tornar natural são ciclos deliberados de prática repetida e feedback. A prática por si só não é suficiente. Temos de combinar prática com feedback para corrigir o curso e refinar o que fazemos.

Meu amigo Tom St. Hilaire é consultor financeiro de famílias. O sucesso dele depende de aprender com os clientes quais são seus objetivos mais valiosos, qual a situação atual deles e o que pensam sobre as recomendações que dá. Tom passou toda a sua carreira se dedicando a melhorar as próprias habilidades de perguntar e escutar e, agora, é um verdadeiro profissional.

Como Tom ficou tão bom nisso? Durante anos, ele ia a reuniões com clientes junto de sua sócia, Hailey. Assim, conseguia aproveitar cada encontro como uma oportunidade para praticar suas habilidades de perguntar, escutar e pedir feedback objetivo sobre o que poderia melhorar. Após cada reunião, Tom e Hailey faziam um balanço, explicando o que cada um havia escutado. Ela apontava onde a escuta dele falhava — onde havia deixado passar alguma coisa ou interpretado mal uma afirmação por causa de suas suposições. Às vezes, Tom e Hailey discordavam sobre o que haviam entendido, o que lhes dava a chance de incentivar o pensamento crítico um do outro. Cada pequena correção, por menor que fosse, dava a ele a chance de melhorar um pouco e aprimorar uma nova habilidade na próxima vez. Talvez, ainda mais importante, era um lembrete para que continuasse humilde e curioso, independentemente de quantas centenas de famílias ele escutasse e aconselhasse.

Tom continua praticando até hoje, sempre que ele e Hailey participam de reuniões. Imagine como poderíamos ser muito melhores e *mais competentes* se aprimorássemos nossas habilidades tanto quanto ele.

Estratégias para desenvolver a competência inconsciente

- **FAÇA: Dedique-se a dominar uma habilidade de cada vez.** Por exemplo, pratique a escuta do conteúdo, da emoção e da ação uma de cada vez enquanto aprende. Faça perguntas para *esclarecer a confusão*, como: "Pode me explicar o que quer dizer com ......?" Concentre-se apenas em uma habilidade em suas interações até que ela se torne habitual e natural. Quando a dominar, aprecie-a, fique feliz e passe para a próxima.

- **FAÇA: Pratique, pratique, pratique.** Quanto mais praticar uma habilidade, mais natural ela se tornará. Depois que já se sentir à vontade usando-a em determinado ambiente, experimente-a em uma situação diferente.

- **FAÇA: Peça feedback, sempre que possível.** Por exemplo, diga: "Estou tentando melhorar ......, seria útil saber como você se sentiu quando fiz aquelas perguntas de acompanhamento."

- **NÃO FAÇA: Parar de crescer.** Assim como Tom, que faz isso há décadas, e ainda pratica e sempre pede feedback à sócia — e continua se beneficiando com isso —, todos nós podemos fazer o mesmo!

Agora, suba de nível

Quando chegamos à competência inconsciente, a coisa fica natural. Parabéns! E agora? Acabou a aprendizagem, não é?

Bem, sim e não. O caminho para a maestria é uma espiral — conforme assume dificuldades e responsabilidades maiores, você precisa aprimorar suas habilidades de perguntar para atender a essas novas demandas. Vejo a subida de nível como uma série de ciclos em espiral ascendente, quase como uma molécula de DNA; a cada novo nível, entramos em uma nova dimensão de incompetência inconsciente. Você saberá quando chegar a esse ponto porque, de repente, se verá empacado de novo. Voltando ao exemplo sobre aprender a dirigir, esse momento pode acontecer quando você sai das ruas calmas de seu bairro e pega uma estrada na hora do rush.

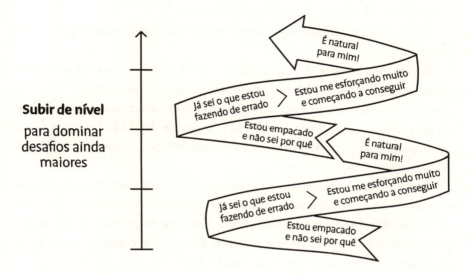

Esse momento chegou para Alexa quando ela foi promovida a sócia e começou a trabalhar com Whitney, a CEO de uma empresa que era uma cliente nova. De repente, o trabalho dela não era mais apenas desenvolver e entregar as análises da equipe, mas também aprimorar o relacionamento da empresa com a nova conta e vender novos projetos de consultoria.

Depois de meses no cargo, Alexa não estava chegando a lugar algum. Várias vezes Whitney se recusou, educadamente, a falar sobre a compra de novos projetos de consultoria, apesar de Alexa estar convicta de que eles ajudariam. Mais uma vez, Alexa se sentiu empacada, no limite da própria competência e sem saber o que estava fazendo de errado.

Então, fez o que havia funcionado para ela no passado. Redigiu a análise de duas colunas e a apresentou em nosso workshop, quase um ano depois. Nesse workshop, colegas rapidamente a ajudaram a ver o que ela estava fazendo de errado. Estava empurrando suas ideias para Whitney sem primeiro dedicar um tempo para entender o mundo da CEO: suas esperanças para a empresa, seus medos mais profundos, sua perspectiva sobre o negócio, seu relacionamento complicado com o conselho corporativo e, inclusive, suas aspirações pessoais de carreira. Como poderia aprofundar o relacionamento com Whitney e a empresa, e ser útil para eles, sem saber nada disso?

A primeira reação de Alexa foi defensiva: "Como posso aprender esse tipo de coisa se nossas reuniões duram quinze minutos e nem conseguimos falar do trabalho tático do projeto atual direito?"

Para começar, a cliente alguma vez foi convidada para uma reunião mais longa?

Sugeri uma espécie de "experimento". No fim de uma reunião, ela perguntaria: "Whitney, eu adoraria ter outro tipo de conversa com você. Sei o que penso sobre sua empresa, mas gostaria muito de ter uma noção melhor da *sua perspectiva*. Gostaria de almoçar comigo um dia?" Muitas vezes, fazer um experimento para estudar nossas ações é suficiente para percebermos que essas novas atitudes são benéficas.

Alexa ainda não estava pronta para isso. Então, analisamos a história que estava contando para si mesma. Ela acreditava que Whitney nunca desejaria falar com ela sobre nada além de análises. Como acreditava nisso, sentia que perguntas de um nível mais alto pareciam falsas, e um convite para almoçar só poderia acabar em uma rejeição constrangedora.

Em grupo, discutimos histórias alternativas sobre a cliente que poderiam tornar mais fácil para avançar nessas novas ações. Um membro do grupo sugeriu uma história de Whitney que chamou a atenção de Alexa: *é solitário ser CEO e é muito difícil encontrar em quem confiar seus pensamentos mais sinceros. Seria útil e um alívio ter uma consultora externa interessada em me escutar.* Incentivei-a a experimentar essa nova história, não porque fosse verdade (ninguém sabia se era), mas para ver se poderia libertá-la para o experimento. Ao considerar essa nova perspectiva, Alexa ficou surpresa ao ver como a história inspirou mais preocupação e empatia por Whitney, muito mais do que jamais havia sentido.

Ela concordou em tentar uma dramatização. Respirou fundo e, com um colega, teve uma conversa muito diferente com "Whitney", que poderia abrir espaço para um relacionamento mais profundo e rico em aprendizado.

Na reunião seguinte com Whitney, Alexa ficou o tempo todo pensando que estava só fazendo um experimento e que, independentemente do que acontecesse, aprenderia algo. Essa mentalidade de testar uma história diferente para ver o que aconteceria manteve seu nervosismo sob controle. Quando a reunião acabou, Alexa sorriu e a convidou para almoçar, adap-

FAÇA DA PERGUNTA O *SEU* SUPERPODER

tando a linguagem que havia aprendido no workshop. Whitney nem piscou. "Claro! Fale com meu assistente e peça para colocar na minha agenda." Uma semana depois, Alexa e Whitney se encontraram em um café ensolarado para almoçar. Enquanto conversavam, ela começou a entender quantos pratos minha cliente tinha de equilibrar. Fez perguntas que lhe concederam uma visão das reais necessidades de Whitney e escutou com muita atenção. Ela a ouviu dizer que, na verdade, estava muito mais aberta ao apoio de Alexa do que esta imaginava, mas também estava sobrecarregada e ansiosa por causa da relação tensa com o conselho. Saiu do encontro com uma compreensão mais profunda da CEO como pessoa e com esperanças de que a cliente também a visse sob uma nova luz, como alguém disposto a escutar, cujas recomendações eram válidas para serem consideradas. Alexa só veria isso com o passar do tempo e em outras conversas, mas o que quer que acontecesse, ficou feliz por perceber que estava ansiosa pela próxima interação.

Estratégias para subir de nível

- **FAÇA: Lembre-se da espiral.** Quando se sentir desafiado, empacado ou frustrado em uma nova situação, lembre-se de que atingiu o limite do nível de competência atual e que isso é uma oportunidade de crescer. Em vez de pensar "Que pessoa idiota", experimente uma nova atitude: "Esta situação vai além do meu atual nível de competência. É uma oportunidade para eu ampliar e expandir minhas habilidades." Essa atitude é mais empoderadora e o incentiva a dar os passos necessários para expandir e crescer.

- **FAÇA: Teste novas ações.** Quando você passa para o nível seguinte de competência, por definição, talvez não tenha o repertório de histórias e passos necessários para lidar com a dificuldade e complexidade da nova situação. Mas pode testar uma habilidade deste livro por vez e ver o que acontece. Se gostar do resultado, faça mais. Se não gostar, pense em uma estratégia diferente (ou peça ajuda a alguém).

- **FAÇA: Teste uma história diferente.** Se não estiver pronto para novas atitudes, teste uma história diferente. Se achar que a pessoa está errada, experimente pensar: "Talvez ela tenha uma visão importante, mas ainda não consegui entender qual." Se achar que o outro quer prejudicá-lo, experimente: "Talvez ele não tenha a intenção de me prejudicar. Pode estar no limite da *própria competência.*" Você não precisa acreditar na história experimental; basta que a aplique para testar ações diferentes e ver o que acontece.

- ◆ **NÃO FAÇA: Não interprete os resultados de sua experiência sozinho.** Se estiver no limite de sua competência, interpretará seu experimento com base em suposições de sua antiga história. Contar com outra pessoa para analisar o que aconteceu pode ajudá-lo a se libertar.

Com o tempo, o ciclo de aprendizagem também se torna uma segunda natureza. A estranheza, as reações imprevisíveis, os experimentos que não dão certo se tornam sinais tangíveis não de fracasso, mas sim de esforço necessário no decorrer do ciclo. Se você persistir, começará a ver diferenças significativas em semanas e meses.

Há algo que pode ser feito agora mesmo: imagine a vida como uma série de experimentos fascinantes, nos quais as pessoas e situações mais complicadas não trabalham contra você. São portais por meio dos quais é possível coletar informações, testar hipóteses e aprofundar sua compreensão do mundo. Mantenha essa mentalidade e seus superpoderes continuarão crescendo.

Resumo dos pontos-chave

Pergunta essencial: Como se tornar um excelente questionador?

1. Para chegarmos a ser bons em uma nova habilidade, temos que trabalhar para subir pela espiral da maestria:

   - ◆ Para passar da **incompetência inconsciente** para a **incompetência consciente**: Analise uma interação difícil recente com a ajuda de um amigo ou grupo e procure áreas em que poderia ter aplicado aspectos do Ask Approach.
   - ◆ Para desenvolver a **competência consciente**: Separe os passos e trabalhe-os um por vez. Concentre-se ao implementá-los um a um.
   - ◆ Para desenvolver a **competência inconsciente**: Leve suas novas habilidades ao mundo real em situações cada vez mais difíceis. Pratique e peça feedback em cada passo do processo.

FAÇA DA PERGUNTA O *SEU* SUPERPODER

2. Saiba que haverá constrangimento, frustração, desconforto e retrocessos. Tudo isso faz parte do processo de aprendizagem!

3. Experimente uma nova habilidade por vez, não todas juntas.

4. Pratique suas novas habilidades com pessoas de confiança para turbinar e acelerar sua maestria.

5. Comece em situações e ambientes de baixo risco — com amigos, familiares ou colegas próximos — e vá avançando até situações mais difíceis.

6. Aprender novas habilidades requer *prática* e *feedback* contínuos.

7. Quando subir de nível de dificuldade, tente experimentar novas ações (e, se necessário, novas histórias), mesmo sem saber se vão dar certo. Você aprenderá muito testando-as e refletindo com um colega de confiança sobre o que acontecer!

EXERCÍCIOS

8A. Use a Avaliação do Ask Approach para refletir sobre seu nível geral de competência em perguntas e suas habilidades em cada passo do método. Você a encontra, em inglês, no site www.AskApproach.com.

8B. Pense em uma situação profissional ou pessoal em que você se sentiu empacado. Tente observá-la pelas lentes da competência: há alguma habilidade deste livro que você não implementou bem? Analise cada passo:

- Escolher ser curioso
- Criar um espaço seguro
- Fazer perguntas de qualidade
- Escutar para aprender
- Refletir e reconectar-se

8C. Escolha uma dessas habilidades e trabalhe para se tornar competente nela. Experimente uma ou mais das seguintes estratégias:

- Escreva como você falaria ou a implementaria antes de experimentar na prática.

FAÇA A PERGUNTA CERTA

- Procure um amigo ou colega de confiança para dramatizar com você.
- Use-a em uma situação de baixo risco e peça feedback às pessoas.
- Pratique em diversas situações (talvez mais difíceis), sempre pedindo feedback.

Capítulo 9

Faça da pergunta o superpoder de sua *organização*

Pergunta essencial: Como desbloquear a inteligência coletiva de sua equipe?

QUEM NÃO GOSTA DE UM BOM BISCOITO? EU ADORO, AINDA MAIS MOLHADO NO LEITE. Bem, um dia, um homem que também adora um bom biscoito abriu um pacote de Oreo, mas só encontrou um monte de farelo e biscoito quebrado. Comprou outro pacote em uma loja próxima e se deparou com o mesmo problema.

Nossa história poderia acabar com ele fazendo um sundae com cobertura de biscoitos quebrados, mas acontece que esse homem era, na verdade, um membro recém-nomeado do conselho da Mondelēz International, empresa-mãe da Oreo. Portanto, ele foi direto ao topo. Levou a questão da qualidade à atenção do conselho e da CEO da Mondelēz à época, Irene Rosenfeld.

Irene ficou chocada. Se um problema com o controle de qualidade apareceu nos biscoitos de um dos membros do conselho, era provável que já existissem Oreos esfarelados dentro das embalagens por todo o país ou até pelo mundo. Como isso aconteceu? Cada fábrica da Oreo possuía sistemas para detectar e corrigir esse problema. Por que ela estava descobrindo aquilo só naquele momento? Irene decidiu que a melhor maneira de entender qual era a questão no sistema de embalagem era perguntar às pessoas da linha de frente: os funcionários da fábrica.

Descobriu que a empresa responsável por embalar os biscoitos havia instalado uma máquina nova e sofisticada capaz de embalar até seis vezes mais itens por vez que o equipamento anterior. Entretanto, era evidente que havia um problema com o equipamento e os biscoitos estavam esfarelando.

Era bem provável que os funcionários da linha de frente tivessem percebido algo, mas não disseram nada. Ou se disseram, os supervisores não encaminharam o problema a quem precisava saber dele. Quem ia querer ser o portador das más notícias ou o responsável por atrasar o progresso, ainda mais com a alta demanda? Aqueles nos cargos mais altos não sabiam do problema, e, embora não houvesse preocupações de saúde ou segurança (ainda bem!), foram necessários meses para corrigir a situação e isso gerou custos financeiros.

Se a empresa pudesse ter aproveitado o conhecimento dos funcionários à frente do processo *antes* que fosse tarde demais, muito tempo, dinheiro e dor de cabeça teriam sido poupados. Essa experiência levou Irene a se perguntar: o que seria necessário mudar para que a empresa utilizasse sua inteligência coletiva de maneira consistente? Como seria trabalhar em uma organização que tem como centro de estratégia e tomada de decisões o ato de perguntar e aprender?

Até agora, exploramos a pergunta como um ato que acontece entre indivíduos. Mas as observações de Irene Rosenfeld como CEO da Mondelēz levantam questões que *todos nós* deveríamos fazer acerca das empresas em que trabalhamos. **Seja você o líder de uma empresa inteira, de uma equipe de cinco pessoas, ou membro de uma equipe, está em posição de incorporar perguntas mais profundas em sua organização.** Você perceberá os benefícios de imediato.

AS EMPRESAS TAMBÉM PERGUNTAM

No mundo de hoje, ocorrem muitas ações e sentenças importantes nas empresas. É nelas que inovamos, respondemos aos grandes desafios, como oscilações do mercado e mudanças climáticas, e distribuímos recursos sociais preciosos, como ajuda e educação. Assim como os indivíduos podem apren-

FAÇA DA PERGUNTA O SUPERPODER DE SUA *ORGANIZAÇÃO*   203

der a tomar decisões melhores, a ser mais criativos e a compreender mais profundamente o impacto de cada um sobre os outros fazendo perguntas às pessoas, as empresas também podem explorar a inteligência coletiva de clientes, parceiros e funcionários.

Por que os riscos nunca foram tão altos

Os riscos de fazer perguntas no âmbito organizacional nunca foram tão altos. Seja qual for o setor, todos vivemos em meio a uma incerteza sem precedentes. Diversas pesquisas mostram que, nesse contexto, muitos aspectos do Ask Approach são preditivos do desempenho organizacional. As equipes cujos membros se sentem seguros para admitir erros, expressar incertezas e se comunicar de forma aberta e consistente têm melhor desempenho, aprendem mais rápido e são mais inovadoras que aquelas com níveis mais baixos de segurança psicológica.[1] O aumento da curiosidade no ambiente organizacional tem sido associado a uma troca de informações mais rica, mais criativa e com menos conflitos.[2] As empresas que aprendem mais com seus membros se adaptam melhor a cenários incertos,[3] o que representa uma competência crucial em um mundo caracterizado pelo rápido progresso tecnológico, pela mudança cultural e pela precariedade ambiental. Minha experiência no desenvolvimento e na liderança de organizações me mostrou que descobrir o que funcionários e clientes sabem, sentem e no que acreditam gera resultados muito melhores, às vezes em pouco tempo.

Conjunto de indivíduos versus inteligência coletiva

Uma empresa, por definição, é um conjunto de indivíduos que trabalham juntos em prol de um objetivo comum. Os objetivos podem variar, desde a produção de smartphones até a cura do câncer ou a educação das crianças, mas todas compartilham uma característica comum: a coletividade. Onde existe um coletivo de pessoas, existe potencial para a *inteligência coletiva*.[4] Ela ocorre quando um grupo de pessoas se reúne e compartilha ideias, conhecimentos, experiências e capacidade intelectual. Isso libera um poder cognitivo e um potencial criativo que excede o de qualquer indivíduo. Ao aproveitar e amplificar a inteligência coletiva, 1 + 1 + 1 é igual a um potencial infinito. Para mim, poucos fenômenos sociais são mais interessantes ou mais animadores que esse (especialmente porque, em muitas organizações convencionais, $1 + 1 + 1$ é igual a 3, na melhor das hipóteses). O antigo modelo de competição individualista dentro das empresas sufoca o tipo de compartilhamento de informação e de aprendizagem necessários para avanços e sucesso.

A inteligência coletiva não é apenas um subproduto passivo de grupos de indivíduos ou organizações. Como me explicou Bruce Patton, especialista mundial em comunicação interpessoal e cofundador do Harvard Negotiation Project, é o produto de uma *aprendizagem interpessoal eficaz*. Em outras palavras, o que distingue as organizações que aproveitam a inteligência coletiva — e se beneficiam dela — daquelas que não o fazem é o *grau de capacidade de seus integrantes de aprender uns com os outros*, o que, ressalta Bruce, muitas vezes exige conversas difíceis. Como argumentei até agora, a melhor maneira de aprender com as pessoas é *perguntando*. Isso vale tanto no âmbito profissional quanto no pessoal. Assim sendo, como podem as empresas explorar a própria inteligência coletiva? Tal como você, elas precisam fazer das perguntas seu superpoder.

Organizações que "perguntam" — sejam elas públicas ou privadas, grandes ou pequenas — tomam decisões que consistentemente exploram a inteligência dos principais agentes envolvidos nela, dos quais os mais importantes são os usuários finais e os funcionários. Empresas questionadoras incorporam isso em sua estrutura, nas práticas de RH, como a fase de recrutamento e seleção de funcionários e treinamento. Ritualizam as práticas de perguntar a colaboradores e equipes, e operacionalizam o processo por meio de ciclos anuais de aprendizagem e atividades com propósito. Por último, os líderes demonstram curiosidade, humildade, inquirição e escuta por meio de seu comportamento, dando o tom desde cima.

Acesse a inteligência dos usuários finais

Emily Weiss não pretendia revolucionar a indústria da beleza, mas foi isso que aconteceu quando a Glossier, marca de beleza que fundou para vender diretamente ao consumidor, entrou em cena em 2014, angariando adeptos devotados que a levaram a ser avaliada em mais de 1 bilhão de dólares — e subindo — menos de uma década depois. A chave para o grande sucesso da marca foi, desde o início, as clientes, nas quais Emily reconheceu uma fonte

FAÇA DA PERGUNTA O SUPERPODER DE SUA *ORGANIZAÇÃO*   205

imensa e inexplorada de informações valiosas. "Eu estava entrevistando centenas de mulheres do mundo todo", contou Emily Weiss, "e percebi que existia uma desconexão entre as marcas de beleza e elas. Não havia comunicação, as marcas não falavam com as mulheres, o que as afastava." Antes de a Glossier desenvolver o primeiro protótipo, ela já trabalhava com potenciais clientes para cocriar a visão da empresa, um relacionamento que definiria sua abordagem para tudo, desde o desenvolvimento de produtos até o marketing e o atendimento.[5]

Uma maneira de a Glossier aproveitar a inteligência coletiva dos usuários finais é integrando o atendimento ao cliente em todas as alas da empresa, em vez de isolá-lo em um escritório-satélite ou terceirizá-lo, como fazem muitas organizações. Dessa forma, a empresa está sempre perguntando às clientes: *O que está dando certo? O que não está funcionando? O que mais você gostaria que lhe oferecêssemos? Como podemos servi-la melhor?* A empresa até usou um canal no Slack — um espaço digital fácil e confortável para promover conexões, parecido com nossas recomendações de "Promover segurança" do Capítulo 4 — para que as freguesas mais fiéis fornecessem feedback detalhado dos produtos. Enquanto a maioria das empresas sofre para conseguir que as pessoas respondam a pesquisas básicas (cuja precisão é, na melhor das hipóteses, variável), a Glossier tem uma base engajada e entusiasmada, que adora compartilhar informações que são inestimáveis para o sucesso contínuo da marca.

Essa empresa não é a única a buscar maneiras de engajar os usuários finais para produzir um fluxo constante de aprendizagem de qualidade. Grandes organizações como o Google, a Intel e a Samsung (para citar apenas alguns) contratam cada vez mais etnógrafos organizacionais, psicólogos e sociólogos, além de profissionais treinados em comunicação e pesquisa qualitativa só para esse fim. Falei com Sheethal Shobowale, pesquisador de experiência do usuário (UX) do Google e especialista em fazer perguntas de maneiras que proporcionem o maior aprendizado com os usuários finais da empresa. Sheethal e outros pesquisadores da equipe empregam muitas das práticas exploradas neste livro para fazer com que os clientes se sintam seguros para falar de maneira aberta e honesta. Eles fazem perguntas para descobrir as informações mais úteis sobre as necessidades e experiências dos usuários finais, escutam com atenção e traduzem o que aprendem em ações. Esse processo gera informações sobre aspectos dos produtos que só o usuário pode ter, pois, como observou Sheethal: "Quando você olha um produto por muito tempo, esquece como é diferente para alguém que o usa pela primeira vez."

206 FAÇA A PERGUNTA CERTA

Como investe tempo e recursos em *perguntar*, o Google é capaz de acessar uma riqueza de conhecimento que permaneceria oculta se dependesse da iniciativa dos usuários. Além disso, os clientes gostam de participar do processo de design dos produtos. Estão sempre animados para compartilhar pensamentos e experiências. Sheethal enfatiza a natureza mutuamente enriquecedora dessa metodologia; as informações compartilhadas pelos usuários finais são inestimáveis para gerentes de projeto, designers de produtos e engenheiros, que digerem esses dados e os transformam em mercadorias melhores, proporcionando também uma melhor experiência do usuário. Em reuniões de desenvolvimento de produtos, Sheethal sempre escuta essas equipes fazendo referência a citações de usuários.

Estratégias para fazer perguntas aos usuários finais

- **FAÇA: Torne prioritário conhecer e compreender seus consumidores finais.** Trate-os como pessoas sensatas e complexas, que têm ideias brilhantes, bem como uma ampla gama de necessidades, desejos e esperanças que são valiosos e que devem ser conhecidos. Observe-os na vida cotidiana. Inclua essas prioridades nas responsabilidades dos funcionários. Desenvolva perguntas e foque-as para aprender sobre eles. E não pare depois de fazer isso uma vez.

- **FAÇA: Crie diversas maneiras para que os usuários finais digam o que pensam, sentem e desejam.** Não espere que eles tomem a iniciativa de fazer sugestões ou comentários. Pergunte!

- **FAÇA: Desenvolva um relacionamento contínuo com consumidores fiéis.** Convide-os para suas equipes e comunidades. Faça com que se sintam não só seguros, mas que valha a pena para eles fazer críticas e dar ideias ousadas.

- **NÃO FAÇA: Não se esqueça de agradecer.** Informe-os sobre o impacto dos comentários deles.

Encontre sabedoria na linha de frente

Segundo minha experiência, a fonte mais valiosa e essencial de ideias, conhecimentos e dados em qualquer empresa reside nos funcionários, es-

FAÇA DA PERGUNTA O SUPERPODER DE SUA *ORGANIZAÇÃO*   207

pecialmente os mais próximos da linha de frente. Professores, enfermeiros, operários de fábricas, representantes de atendimento ao cliente, pessoal de vendas, de varejo, caixas e motoristas de caminhão são exemplos de colaboradores cuja proximidade com a "ação" dá acesso a informações, em grande parte, invisíveis para as pessoas que se encontram em posições superiores na organização.

Apesar de "falar com a linha de frente" ser reconhecido como uma necessidade organizacional, poucas empresas passaram com sucesso da teoria à prática eficaz disso. Os esforços para engajar funcionários costumam ser superficiais ou desconectados demais para gerar neles a confiança de que o tempo e a energia que investiram vai afetar a tomada de decisões. Muitas empresas fazem algo parecido com "perguntas de qualidade", mas esquecem todas as outras etapas do Ask Approach.

Eu mesmo fui culpado de cometer esse erro quando cheguei à Teach For America e fui encarregado de liderar meu reino (treinamento de professores e suporte contínuo) por um período de cinco anos. Uma das razões de eu e outras pessoas do setor corporativo termos sido contratados foi porque tínhamos experiência em aconselhar e dirigir organizações na escala que a TFA desejava alcançar. Assumimos esse desafio com entusiasmo e começamos a aplicar com confiança todos os tipos de técnicas de gestão corporativa com base em dados naquele contexto educacional: implementamos metas, métricas, sistemas de responsabilização, painéis de controle, projetos organizacionais com intervalos racionais de controle etc.

Durante o processo, todos os números relacionados com o crescimento continuaram subindo, tal como seria de se esperar; exceto um. Durante vários trimestres, nossas pesquisas de satisfação mostraram que o ânimo de professores e funcionários diminuía. Apesar de conseguir triplicar o tamanho da organização e manter métricas consistentes de qualidade técnica, as pessoas estavam desanimadas. A minha equipe e eu estávamos tão ocupados otimizando a escala e o desempenho que negligenciamos a maneira como essas mudanças estavam afetando as pessoas na linha de frente.

Começamos a perceber que não podíamos simplesmente aplicar, de cima para baixo, as ideias que surgiam nas salas de reuniões da matriz. Para tomar decisões melhores em toda a organização, precisávamos de informações às quais só o pessoal da linha de frente tinha acesso — por exemplo, os efeitos colaterais das métricas de desempenho sobre a forma como os professores

208 FAÇA A PERGUNTA CERTA

ensinavam e os alunos aprendiam. Mas nossas "perguntas" a professores e funcionários se limitava a pesquisas, grupos focais e entrevistas. Eles duvidavam que essas ferramentas de coleta de dados produzissem mudanças úteis, por isso, não as levavam a sério. Como resultado, não tínhamos uma visão profunda do que pensavam, sabiam, sentiam ou queriam. Essa constatação foi como um pontapé que nos levou a **escolher a curiosidade** em uma amplitude muito maior.

Precisávamos, então, de uma maneira diferente e melhor de aprender com nossos colegas de campo. Pesquisamos as áreas de *design thinking* e pesquisa-ação e desenvolvemos uma nova abordagem para a tomada de decisões que impactava a linha de frente. Batizamos a iniciativa de "Inovação colaborativa" e precisávamos deixar as **pessoas seguras** para que falassem e não se deixassem intimidar pelo que poderiam perceber como os "chefões da matriz". Assim, começamos reunindo vários pequenos grupos de professores e seus supervisores. Compartilhamos as dificuldades e os dilemas que haviam levado a todas as mudanças organizacionais e, a seguir, fizemos perguntas de qualidade para trazer à luz as melhores ideias para criar um sistema de gestão que equilibrasse a necessidade de informações para a empresa no geral com as realidades particulares de cada região. Informamos que tudo era discutível e que todas as ideias eram valiosas. Usamos protocolos de design para trazer à tona as melhores e mais ousadas ideias das pessoas e, então, pedimos à equipe que as priorizasse e construísse protótipos dos novos sistemas de gestão para mostrar como poderiam funcionar. **Escutamos** com atenção para **aprender** com as melhores ideias.

Eu ainda não havia criado o meu método naquela época, mas você pode notar que a inovação colaborativa é bem parecida com os cinco passos, com uma variação da teoria do design organizacional. Assim como essa abordagem pode levar a novas revelações e soluções em conversas individuais, o mesmo aconteceu com nossa empresa. Às métricas de desempenho originais, os professores e seus supervisores acrescentaram visões pessoais, que serviam como diretrizes para orientar esforços. Isso os devolveu o controle local, em cuja visão estavam metas que fossem pessoalmente estimulantes e alinhadas com as necessidades únicas de suas salas de aula e comunidades. A paixão que os levara ao magistério começou a ser recuperada, eles voltaram a trabalhar em prol de objetivos que lhes davam apoio para dar o melhor de si em seu dia a dia. O processo de cocriação não só aproveitou a inteligência

FAÇA DA PERGUNTA O SUPERPODER DE SUA *ORGANIZAÇÃO*   209

coletiva da organização, como também liberou enorme energia e inspiração na equipe.

Essa experiência me ensinou que o trabalho dos líderes não é encontrar soluções, e sim ter curiosidade sobre as experiências e os conhecimentos escondidos na mente das partes interessadas da organização e desenvolver a cultura e os sistemas que desbloqueiam essa inteligência coletiva. Os professores e funcionários que lhes davam apoio sabiam, melhor que nós, como enfrentar as dificuldades; e nós, na gestão, precisávamos criar uma relação muito diferente com eles para poder ter acesso a essa visão.

Estratégias para fazer perguntas aos funcionários

- **FAÇA: Reduza ao máximo os efeitos da dinâmica de poder**, reconhecendo que você tem um dilema ou quebra-cabeça e precisa da *colaboração deles* para enfrentá-lo. Traduza sua avaliação à perspectiva deles.

- **FAÇA: Informe antecipadamente como decisões finais serão tomadas** e quais papéis ou influência eles terão nesse processo. O ideal é deixar que as decisões sejam tomadas o mais próximo possível das linhas de frente.

- **FAÇA: Deixe que participem do problema**, mostrando-lhes todos os dados que puder, e peça que ajudem a checar sua compreensão das questões e que acrescente informações que só eles têm.

- **FAÇA: Dê a eles o poder de desenvolver soluções** perguntando "Como poderíamos..." e promovendo o máximo de ideias criativas possível *antes* que outras ideias sejam avaliadas ou descartadas. Convide-os a priorizar as soluções que considerarem mais relevantes e a expressar seus motivos.

- **FAÇA: Reporte consistentemente aos funcionários como as ideias e os feedbacks deles serviram de base para as decisões da empresa.** Se não puder incorporar as ideias ou os comentários deles, ou não puder responder de imediato, explique por que e o que pretende fazer.

- **NÃO FAÇA: Não pense que precisa ter todas as respostas.** Faça perguntas mais espinhosas às pessoas que estão mais próximas da ação: aquelas que estão na linha de frente.

Inclua perguntas nas práticas dos funcionários

Organizações que perguntam precisam de funcionários que perguntem também, para que a aprendizagem crie raízes. Momentos essenciais para incorporar essas habilidades nos funcionários são durante o recrutamento, a seleção, os programas de treinamento e os rituais de feedback.

Quando fui entrevistado pela Monitor Group, a consultoria de negócios que foi meu primeiro lar profissional depois que me formei, a etapa final do processo — sem que eu soubesse — foi receber feedback sobre a tarefa que me passaram. Fui pego desprevenido, pois até então isso nunca tinha acontecido comigo em nenhum outro processo seletivo de que eu havia participado — normalmente, eles faziam uma oferta ou diziam que não me contratariam.

Mais tarde, descobri que esse feedback era um teste, aplicado a todos os candidatos que chegavam à fase final. O objetivo era ver como o candidato respondia às críticas — se acaso se defendiam, explicando por que o retorno estava errado; se aceitavam calados, só assentindo. Ou se demonstravam uma curiosidade mais profunda e faziam perguntas. Embora eu tenha ficado meio perplexo com o feedback, devo ter demonstrado um nível satisfatório de curiosidade e abertura para aprender, porque, no dia seguinte, me avisaram que o emprego era meu!

Graças, em parte, a essa prática, as pessoas que conheci na Monitor estão, até hoje, entre as mais curiosas, questionadoras e focadas no crescimento que já conheci. A empresa não só confiava nessa competência, como esta era apresentada logo de cara. Eles a desenvolviam por meio de treinamento frequente. Por exemplo, todos os consultores eram treinados durante um dia inteiro sobre o que na época era chamado de "dar e receber feedback". Quanto mais sênior o funcionário, mais longo e intenso era o processo. Por meio de um investimento significativo, a Monitor treinava funcionários de vários níveis — e em todos os escritórios — para que ensinassem esse material a outras pessoas e lhes dessem apoio para aplicá-lo. Os funcionários mais seniores tinham acesso a coaches especializados para assegurar que aplicassem essas competências tanto internamente quanto com os clientes, e que dessem o exemplo. Com o tempo, conceitos como *coluna da esquerda, escada* e *combinar defesa (dizer) e inquirição (perguntar)* se tornaram parte da linguagem comum da empresa. Isso permitiu que não só mantivéssemos essas habilidades presentes na mente, como também nos ajudássemos como um todo.

FAÇA DA PERGUNTA O SUPERPODER DE SUA *ORGANIZAÇÃO*   211

Para inserir as perguntas no DNA de uma organização, é importante estabelecer rituais de feedback que incentivem os funcionários a praticar e priorizar o costume de fazer perguntas e falar. Uma estratégia eficaz é o método 2x2. Duas vezes por ano, na Transcend, cada funcionário deve ter uma conversa com cada pessoa com quem trabalha. Nessas reuniões, cada um deve dizer duas coisas que o outro está fazendo bem e duas coisas que poderia melhorar. Depois, dizem o mesmo sobre si mesmos. Essa estrutura força as pessoas a dizerem coisas que não seriam ditas em outros contextos, normalizando o perguntar, falar e refletir por meio de uma prática coletiva. Em outras palavras, tira dos funcionários o fardo de ter que pedir um feedback crítico e constrangedor. A prática já determina as perguntas e, assim, promove uma cultura de funcionários que solicitam feedbacks uns aos outros de forma mais ampla. Invariavelmente, no método 2x2 os colegas dizem coisas que não diriam sem essa oportunidade. Gosto de pensar nisso como o ritual de limpar um armário duas vezes por ano; às vezes, precisamos nos comprometer com uma prática para trazer à tona tudo o que está se acumulando no fundo da nossa mente.

Estratégias para incorporar a prática de perguntar nos funcionários

- ◆ **FAÇA: Contrate com base na curiosidade, escuta e reflexão.** Peça exemplos dessas características em experiências passadas; encontre maneiras de os candidatos as demonstrarem de forma autêntica durante o processo de seleção. Além disso, peça referências, pergunte às empresas anteriores se os candidatos demonstravam bem essas habilidades.

- ◆ **FAÇA: Incorpore essas habilidades nos modelos de gestão de competências e desempenho da empresa**, para que seja avaliado como os funcionários aprendem com os outros e para que recebam reforço positivo quando se saírem bem nisso.

- ◆ **FAÇA: Estabeleça rituais de feedback que normalizem as perguntas como parte do *éthos* da organização.** Promova reuniões semestrais como um espaço para que os funcionários façam uns aos outros perguntas que poderiam parecer estranhas. Enfatize o valor de dar e receber feedback para todos no trabalho.

- ◆ **FAÇA: Treine as pessoas para perguntar, escutar e refletir**, até que dominem a prática.

> **♦ NÃO FAÇA: Não veja isso como mais uma tarefa a ser cumprida.** Invista no reforço contínuo de habilidades por meio de práticas de coaching e feedback que ajudem as pessoas a transformar as ideias deste livro em prática.

Lidere ciclos de aprendizagem

Costuma-se dizer que "o que se mede se administra". Isso vale tanto para o aprendizado quanto para a satisfação do cliente ou o cumprimento de prazos. Se as empresas não integrarem formalmente as métricas de aprendizagem na maneira como avaliam o próprio desempenho, o aprendizado ficará abandonado, juntando pó dentro de um armário enferrujado, em vez de servir como uma força motriz para o crescimento. Além disso, aquilo que medimos reflete o que *valorizamos*. Ao somar metas de aprendizagem às metas de desempenho, a empresa não só melhora suas chances de aprender de forma consistente e eficaz, como também comunica esse compromisso a funcionários, colaboradores e clientes.

Na Transcend, operacionalizamos isso por meio de nosso ciclo anual de aprendizagem, uma prática tão crucial para a empresa como qualquer outra. Temos todo um processo, criado pela diretora dessa área, Jenee Henry Wood, dedicado a trazer à tona, sintetizar e compartilhar os aprendizados coletivos da equipe. O ciclo começa com a definição de uma *agenda de aprendizagem*, na qual a equipe de Jenee pergunta aos funcionários de todos os setores da empresa em quais tópicos estão trabalhando e que tipos de informação esperam desenvolver no ano seguinte. Essa etapa gera uma rica lista de matéria-prima, e a priorizamos por meio de perguntas que esperamos abordar mais à frente. Ter uma agenda de aprendizagem — uma lista de perguntas *acionáveis, concisas e testáveis* — e um processo robusto para buscar informação em todos os lugares nos permite desenvolver protocolos específicos para buscar respostas (quem entrevistar, quais estatísticas levantar, que tipos de pergunta fazer em uma pesquisa) de maneira sistemática e gerenciável. Mas esse é só o primeiro passo.

Durante o ano, Jenee e seus colegas facilitam reuniões chamadas "conversas de mesa" e "pit stops no projeto". Com isso, incentivam no compartilhamento de informações — o que está funcionando, onde percebem as tensões

— e o que estão aprendendo com o que veem. Essas conversas incluem, além de experiências e observações pessoais dos funcionários, dados quantitativos que coletamos sobre o que está acontecendo em cada projeto. Jenee e a equipe sintetizam centenas de coisas preciosas que coletaram da empresa inteira em informações que validam, desafiam ou complicam a abordagem do trabalho na Transcend. Refletimos sobre essas percepções juntos, como empresa, todos os anos, convidando os membros da equipe a sugerir o que *eles* veem como problemas que precisam ser melhorados para que façam um trabalho melhor.

As mudanças que resultam desse processo não são superficiais, tendo evoluído de modo considerável desde o início. Por exemplo, quando abrimos a Transcend, acreditávamos que a melhor forma de mudar a educação era com o desenvolvimento de "modelos inovadores" de ensino, que seriam adotados por escolas do mundo todo. Essa abordagem logo apresentou nuances quando a colocamos em nossa agenda de aprendizagem. Percebemos que focávamos muito a parte do "fornecimento" da inovação. Mas e quanto à "demanda" — ou seja, as comunidades que implementariam nossos modelos? Passamos a nos concentrar em parcerias com as comunidades para saber o que elas queriam, de que precisavam, como poderiam incorporar novos projetos em suas escolas, para que pudéssemos construir modelos que levassem em conta esses fatores. Fazer dos professores, das famílias e, mais importante, dos próprios alunos (os "consumidores" finais) *parceiros* no processo de desenvolvimento de projetos locais levou a uma inovação mais bem-sucedida e sustentável e a melhores resultados. Acredito que, se houvéssemos mantido a abordagem inicial, nossa empresa não teria tido o impacto que temos visto no decorrer dos anos.

Estratégias para liderar ciclos de aprendizagem

* **FAÇA: Defina uma agenda de aprendizagem**. Escolha perguntas que possam ser respondidas e objetivos concretos, e priorize-os junto a outras metas de desempenho superior.

* **FAÇA: Incorpore esses objetivos de aprendizagem nas responsabilidades dos líderes** para mostrar que têm alta prioridade e dote-os de tempo e recursos para realizá-los.

* **FAÇA: Faça vários tipos de pergunta**. Abra espaço para fazer perguntas específicas no intuito de encontrar informações de que

precisa, bem como para processos de aprendizagem mais abertos, que criem um canal para que surjam dados, ideias e feedback.

- **FAÇA: Crie processos de "ciclo de aprendizagem"** — estruturas formais e rituais, com reuniões sistemáticas das equipes para entender as informações dadas por pessoas de dentro e de fora da organização. Defina uma equipe dedicada à elaboração de perguntas e ao aprendizado no trabalho.

- **NÃO FAÇA: Não se esqueça de relatar as descobertas.** Mantenha a empresa atualizada sobre as descobertas e informações que decorrerem da agenda de aprendizagem — incluindo áreas que ainda sejam meio obscuras e incertas — e peça que as pessoas reajam ao que surgir e refinem os resultados.

Promova-se ao cargo de "executivo-em-aprendizagem"

Acredito que cada membro de cada organização tem a oportunidade de exercer liderança. Contudo, os que ocupam posições de autoridade formal têm papéis especiais a desempenhar. Líderes que dão o exemplo, enfatizam e recompensam as práticas de perguntar e aprender aumentam as chances de que todos os funcionários as adotem.

Infelizmente, os líderes quase nunca fazem isso. Em uma pesquisa realizada com mais de 27 mil pessoas, 42% afirmaram que na empresa em que trabalham nunca ou raramente "se fala abertamente das dificuldades que a organização enfrenta", ao passo que apenas 15% dos entrevistados relataram que são comunicados sobre tais desafios.[6] Os líderes não podem ter esperanças de explorar a inteligência coletiva se não estiverem dispostos a revelar os problemas que enfrentam e que precisam resolver. Embora muitos executivos compreendam intelectualmente a importância de demonstrar e incentivar curiosidade nas empresas — cujos benefícios estão bem documentados e são ensinados nas faculdades de administração há anos —,[7] poucos chegam ao ponto de traduzir essa ideia em comportamento ou aplicá-la no funcionamento da organização.

Hoje, acredito que o papel mais útil que um líder pode desempenhar na promoção do aprendizado em uma empresa é ser o "executivo-em-aprendizagem". Ou seja, a pessoa que mais publicamente incorpora o que significa ser curioso, fazer perguntas e aprender com os outros. Ao fazer isso, passa

FAÇA DA PERGUNTA O SUPERPODER DE SUA *ORGANIZAÇÃO* 215

a mensagem de que perguntar e aprender não só é permitido, mas também vital — na verdade, é o caminho para o sucesso.

O que descobri com minha experiência é que quanto mais dou o exemplo com uma conduta de curiosidade, voltada para a aprendizagem e inquirição, mais os outros também a exibem. Um dos meus mantras favoritos é "Se você não tem vergonha de quem era no ano anterior, não está aprendendo rápido o suficiente".[8] Como líder, tento transmitir e repetir isso inúmeras vezes para lembrar às pessoas que aprender em público, por mais estranho que possa parecer, não causará problemas na empresa. É nossa melhor oportunidade de crescer e melhorar, de tomar melhores decisões e de ter relações significativas e produtivas entre nós e com nossos colaboradores.

Estratégias para se tornar um "executivo-em-aprendizagem"

- **FAÇA: Compartilhe publicamente suas metas**, suas necessidades, seus dilemas e suas dificuldades de desenvolvimento e aprendizagem.

- **FAÇA: Promova uma cultura de abertura dando exemplo de vulnerabilidade.** Permita que as pessoas o vejam como um ser humano, complexo e imperfeito. Na medida do possível, deixe que participem de seu processo — por exemplo, fale sobre o trabalho ou as dificuldades pessoais que já enfrentou.

- **FAÇA: Busque feedback e sugestões publicamente.** Não apenas sugira, mas peça por eles. Mesmo que não os receba publicamente, reflita sobre eles em grupo, compartilhando o feedback que recebeu e como o entendeu.

- **FAÇA: Agradeça e faça um reconhecimento público às pessoas que lhe deram sugestões.** Informe o que pretende fazer com as informações que recebeu e por quê.

- **NÃO FAÇA: Não espere que seja agradável.** Perguntar e aprender vai contra muitas normas que sugerem que os líderes precisam dar a impressão de que têm tudo planejado. Se for estranho, desconfortável e meio assustador, você está fazendo certo.

As empresas, tal como os líderes (como todos nós!), são uma obra em andamento, ainda inacabada. Na Transcend, um dos nossos valores fundamentais é o que chamamos de *beta perpétuo*, algo que reflete a ideia de que somos e sempre seremos uma obra inacabada, o que significa que estamos sempre perguntando o que funciona e o que não funciona e crescendo com o que aprendemos. O importante não é "chegar" ou alcançar a perfeição (isso nunca acontecerá), e sim que nunca esqueçamos onde reside a inteligência: no aprendizado, que só pode acontecer em colaboração contínua.

Resumo dos pontos-chave

Pergunta essencial: Como desbloquear a inteligência coletiva de sua equipe?

1. O Ask Approach também pode ser aplicado em equipes e empresas. Quando as organizações perguntam, têm muito mais sucesso.

2. Para se adaptar e prosperar em nosso mundo acelerado e incerto, as organizações devem aprender a explorar a inteligência coletiva de seus funcionários, clientes e parceiros.

3. Como criar empresas que perguntam:

   - **Acesse a inteligência dos consumidores finais** perguntando sistematicamente aos clientes e consumidores sobre suas necessidades, experiências, opiniões e ideias.

   - **Encontre sabedoria nas linhas de frente,** engajando a equipe na estratégia e na tomada de decisões, do início ao fim.

   - **Inclua o hábito de perguntar nas práticas dos funcionários,** contratando com base na curiosidade e investindo em treinamento contínuo nas habilidades do Ask Approach.

   - **Lidere ciclos de aprendizagem** definindo uma agenda voltada para isso e priorizando objetivos nessa área, junto a outros importantes indicadores de desempenho.

   - **Seja um "executivo-em-aprendizagem".** Fale sobre as dificuldades e incertezas que enfrenta e priorize publicamente o aprendizado. Lidere pelo exemplo.

EXERCÍCIOS

9A. Identifique um problema ou uma decisão difícil que sua organização ou equipe esteja enfrentando. Então, analise:

- ✦ Que passos você está tomando para desbloquear a inteligência coletiva de todos os envolvidos?
- ✦ Até que ponto os usuários finais, os membros da equipe e outros elementos-chave não só fornecem informações, como também criam soluções?
- ✦ Se houver espaço para desbloquear mais inteligência coletiva, tente uma ou mais estratégias deste capítulo!

9B. Avalie as práticas dos funcionários de sua empresa em relação ao Ask Approach. Você está:

- ✦ Contratando pessoas curiosas?
- ✦ Incorporando essas habilidades na maneira como lidera e recompensa o desempenho?
- ✦ Estabelecendo rituais (como o processo 2x2) que normalizem as perguntas?
- ✦ Treinando os funcionários para perguntar, aprender e refletir?

Escolha um dos tópicos acima, aquele em que possa melhorar, e faça um plano para testá-lo com sua equipe.

9C. Promova-se a "executivo-em-aprendizagem"! Tente:

- ✦ Compartilhar publicamente suas metas de aprendizagem e desenvolvimento.
- ✦ Dar o exemplo de vulnerabilidade e abertura (sempre levando em conta as realidades complexas da cultura e da identidade em seu contexto específico).
- ✦ Pedir feedback e sugestões publicamente.
- ✦ Agradecer e reconhecer publicamente a todos que contribuíram e mostrar o que aprendeu.

Como foi tentar? O que poderia fazer para ir ainda mais longe?

Capítulo 10

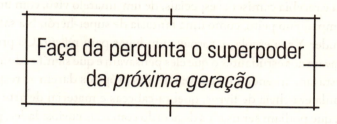

Faça da pergunta o superpoder da *próxima geração*

Pergunta essencial: Como deixar de reprimir a curiosidade das crianças e incentivá-las a perguntar?

RHONDA BROUSSARD É UMA DAS PESSOAS MAIS CURIOSAS QUE CONHEÇO. ELA CONStruiu sua vida tendo o ato de perguntar como princípio. A Beloved Community, sua organização mais recente, faz parceria com empresas e ONGs de vários setores para aumentar a equidade em comunidades, locais de trabalho e escolas, e uma parte de seu trabalho é ensinar a perguntar e aprender com os membros da comunidade. Ela projetou ferramentas que as organizações podem usar para fazer perguntas melhores. Antes disso, fundou e dirigiu a St. Louis Language Immersion School, uma escola progressiva, gratuita, na qual os alunos aprendem a colaborar com os colegas enquanto aprendem francês, espanhol ou chinês. Além disso, escreveu um livro inspirado na curiosidade chamado *One Good Question*, que narra como usou perguntas para se conectar e transformar sua vida e carreira. Como ela se tornou uma inquiridora tão curiosa e criativa?

Como todas as crianças, Rhonda tinha muitas perguntas. Que gosto tem meu pé? Para onde vai a lua todas as manhãs? De onde vêm os bebês? Mas, ao contrário do que acontece com a maioria de nós, que tende a parar de perguntar com o passar da infância, Rhonda se manteve curiosa até a idade adulta. Como isso aconteceu?

Para entender como Rhonda se tornou uma adulta que pergunta, precisamos voltar no tempo, até o primeiro dia no terceiro ano dela na escola, junto a outros alunos identificados como "superdotados" selecionados para um programa chamado "Wonder Y's". Esse grupo tinha uma sala de aula separada e recebia camisetas especiais, de um amarelo vivo, com um grande "Y" estampado no peito, como uma fantasia de super-herói. Na sala de aula dos Wonder Y's, a escola se tornava um lugar para *refletir*. Os professores perguntavam aos estudantes o que eles pensavam e que significado atribuíam ao que estavam aprendendo, em vez de eles próprios darem as respostas. A sala de aula era cheia de livros, quebra-cabeças e material de arte de todos os tipos, que podiam ser usados de acordo com suas curiosidades, passando como quisessem de cadeiras de leitura aconchegantes para mesas agrupadas e estações de ciências. As mensagens que ela recebia na escola eram refletidas e reforçadas em casa pelos pais e pela avó, que a incentivavam de uma maneira pouco comum. Juntas, essas primeiras experiências alimentaram a curiosidade inata de Rhonda e criaram nela o amor pelo aprendizado e a autoconfiança para uma vida inteira de perguntas.

Infelizmente, a história de Rhonda é exceção, não regra. Muito mais comum é que as experiências das crianças, na escola e em casa, sufoquem a curiosidade natural e suas perguntas, em vez de as promoverem. No outro extremo estava a experiência do tio de Rhonda, poucos meses mais velho e criado na mesma casa. Embora recebessem os mesmos incentivos, as experiências dele foram diferentes. O tio de Rhonda, que não fazia parte do programa Wonder Y's, passava os dias na escola sentado à sua carteira, recebendo instruções diretas de uma professora que parecia ter todas as respostas. Nunca teve espaço para explorar, questionar ou honrar a curiosidade que ele ansiava e que gostaria muito de explorar, tanto quanto a sobrinha. Rhonda notava, desde pequena, como era difícil para ele e que havia algo errado na maneira como as escolas separavam os ambientes de aprendizagem.

OS HUMANOS NASCEM CURIOSOS, MAS A CURIOSIDADE NÃO DURA

As crianças nascem cheias de curiosidade. Mesmo antes de aprender a falar, suas perguntas assumem a forma de observação e ação. Elas olham intensa-

FAÇA DA PERGUNTA O SUPERPODER DA *PRÓXIMA GERAÇÃO* 221

mente para objetos e pessoas que não conhecem; experimentam o mundo ao redor, colocam tudo o que encontram na boca. Empurram, mexem e desmontam as coisas. A curiosidade delas é voraz, uma graça e, para os pais, fonte infinita de problemas. Quando deixam de comer terra e de brincar perto do alto da escada, aprendem uma nova maneira de tentar atender ao desejo insaciável de saber: fazer perguntas. Especificamente, uma categoria de perguntas chamada, em inglês, de "W-H questions" o quê, quem, onde, quando, por quê, como.

Como demonstram pesquisas realizadas por psicólogos do desenvolvimento, quando as crianças descobrem que são capazes de fazer essas perguntas, não se acanham. Em um importante estudo sobre os questionamentos feitos na infância, Barbara Tizard e Martin Hughes colocaram gravadores (tipo uma versão da GoPro de 1984) em crianças em idade pré-escolar para escutar suas conversas durante o dia.[1] Eles descobriram que, em média, entre 25 e cinquenta perguntas *por hora* eram feitas aos pais. Outro estudo realizado com mães no Reino Unido mostrou que o número de questionamentos tende a atingir o pico por volta dos 4 anos, quando as crianças fazem às mães uma média de 390 perguntas por dia, ou cerca de uma pergunta a cada 1 minuto e 56 segundos![2]

É importante ressaltar que a maioria dessas perguntas visa coletar informações (Por que você está fazendo isso? Quando vamos embora? Que som fazem as nuvens?), em vez de, por exemplo, pedir permissão (Posso levantar?). Muitas dessas questões buscam não apenas fatos, mas sim uma explicação mais profunda, o que indica a forte curiosidade que atua na mente das crianças, bem como sua crença de que as pessoas têm as respostas.[3] Como aponta a psicóloga e pesquisadora Susan Engel em *The Hungry Mind: The Origins of Curiosity in Childhood* [*Mentes insaciáveis: As origens da curiosidade na infância*, em tradução livre], muitas das indagações têm como objetivo descobrir coisas sobre outras pessoas por meio de outras pessoas. Assim como os adultos, as crianças adoram fofocar. Como sugere Engel, a quase universalidade da fofoca revela algo sobre nossa "curiosidade fundamental sobre a vida dos outros".[4] Em outras palavras, elas não nascem apenas curiosas, mas também com uma boa dose de curiosidade conectiva.

Mas então acontece uma coisa estranha. Justo quando se poderia pensar que as crianças ficariam ainda mais curiosas — quando entram na escola —, elas passam a questionar *menos*. Quando entram na adolescência, a maioria já não faz mais perguntas.[5]

Em parte, isso se deve ao nosso desenvolvimento natural. Como aprendemos no Capítulo 3, nossa necessidade de coletar informações diminui à medida que envelhecemos, o que, naturalmente, nos leva a fazer menos perguntas que nos primeiros anos da infância. Mas a psicologia do desenvolvimento explica apenas uma parte do quadro. Não consegue explicar, por exemplo, por que Tizard e Hughes, que estudaram os históricos escolares das crianças, descobriram que as mesmas crianças que faziam entre vinte e cinquenta perguntas por hora em casa faziam apenas cerca de duas perguntas por hora na escola.[6]

A história do tio de Rhonda responde ao enigma: a maioria das crianças é desencorajada a perguntar na escola. É um lugar onde elas *recebem* o aprendizado, em vez de buscá-lo ativamente. Isso não acontece por acaso; é intencional. O chamado modelo industrial de educação tem mais de cem anos e persiste, apesar das mudanças fundamentais ocorridas na organização econômica e social. Foi concebido para formar, socializar e preparar massas de jovens (fossem imigrantes ou camponeses de todo o país) para operarem em uma economia industrial cuja base era a fábrica. Ele recompensa a conquista individual, em vez do trabalho em equipe; a conformidade, em vez da criatividade; e o silêncio, em vez da expressão. Nunca foi pensado para produzir inquiridores interpessoalmente curiosos e colaborativos. E, infelizmente, em nosso sistema educacional e em outros lugares, as oportunidades de se expressar e cultivar a curiosidade não são distribuídas entre as crianças.

Nos Estados Unidos, cidades que têm programas para "superdotados e talentosos", como o de Rhonda na infância, enfrentam a triste realidade de que isso gerou salas de aula segregadas, o que expõe a desigualdade educacional generalizada no país. Alunos das mesmas turmas, com os mesmos professores, podem ter experiências diferentes. Raça, classe, etnia, deficiências e outras dimensões da diferença afetam a maneira como os alunos são tratados: se suas perguntas são incentivadas e respondidas com seriedade; se suas dificuldades são recebidas com paciência ou punição; e se as crianças se sentem seguras e incentivadas a descobrir todo o seu potencial.

Para que *todas* as crianças continuem sendo curiosas e fazendo perguntas, não podemos ser passivos. Precisamos tomar providências específicas, tanto em casa quanto nas escolas.

Enquanto nosso sistema educacional ainda tem um longo caminho pela frente, há muitos administradores e professores mais conscientes de que não

FAÇA DA PERGUNTA O SUPERPODER DA *PRÓXIMA GERAÇÃO* 223

estamos fazendo um bom trabalho com as crianças e estão tentando mudar isso. Se você é pai ou responsável, recomendo que pergunte aos professores e diretores o que estão fazendo para formar indivíduos curiosos e como você pode ajudar.

Nesse meio-tempo, com base nas minhas pesquisas, na minha prática e experiência como pai, quero compartilhar quatro princípios fundamentais sobre como ajudar os jovens a continuar sendo questionadores ávidos até a idade adulta.

Acenda o fogo da curiosidade natural

No Capítulo 6, conhecemos o educador e CEO Chong-Hao Fu, cuja profunda curiosidade alimenta seu entusiasmo pela vida. Ele credita essa habilidade, em parte, à educação bicultural. Seus pais, ambos falantes nativos de chinês, deixaram os Estados Unidos, foram para Singapura quando Chong-Hao ainda era bebê e retornaram quando ele tinha cerca de 5 anos. Enquanto crescia, ele estava imerso nas culturas chinesa e estadunidense nos quesitos idioma, cultura, alimentação e valores. Isso o dotou de um ponto de vista único. Ele se lembra de dormir na casa de amigos no ensino fundamental, olhar dentro da geladeira dos outros e ver que continham alimentos totalmente diferentes dos que estavam na geladeira da casa dele. Esses momentos o ajudaram a perceber, desde muito jovem, que tudo e todos são produto de uma história e de uma cultura. Isso o levou a se dedicar a entender como as pessoas e os sistemas se tornam o que são.

Em seu livro *I Never Thought of It That Way* [*Nunca pensei nisso dessa forma*, em tradução livre], Mónica Guzmán argumenta que a *homofilia* — termo da psicologia que se refere à nossa tendência a conviver com pessoas semelhantes a nós — é, ao mesmo tempo, uma lei básica da natureza humana e antagônica ao cultivo do tipo de curiosidade conectiva que defendo aqui.[7] Para criar crianças curiosas, precisamos trabalhar ativamente contra essa predisposição, expondo-as a diferentes tipos de gente, perspectivas e culturas.

Por exemplo, Tyler Thigpen, cofundador e diretor da Forest School e pai de quatro filhos, convida pessoas de diversas origens ideológicas, raciais, econômicas, vocacionais etc. a jantar com sua família. Antes da refeição, ele e seus filhos definem perguntas para fazer aos convidados, como "Do que você mais gosta em seu trabalho?", "O que faz você rir?" ou "O que faz você

224 FAÇA A PERGUNTA CERTA

chorar?". Em outras palavras, perguntas de qualidade elaboradas para ajudá-los a aprender algo com e sobre o convidado, de humano para humano. Invariavelmente, essas perguntas geram uma conversa interessante e informativa. Além do mais, permite que as crianças vejam o quanto é possível aprender ao se fazer uma boa pergunta à outra pessoa.

Ajudar crianças a compreender que sua realidade não é a única é acender uma importante centelha de curiosidade; mas há outras centelhas, que seus filhos acenderão ao encontrar um zilhão de coisas e pessoas que despertarão a curiosidade deles. Às vezes, esbarramos em momentos de confusão como "Espere aí, como é que é?". É fácil para eles — ou para nós — continuarem andando, ignorando essas centelhas de curiosidade. É nesses momentos que é mais importante lhes dar oxigênio para atiçar o fogo.

Por sorte, as crianças nos dão muitas chances de fazer isso. Quando começam a desenvolver uma paixão ou interesse, a centelha aparece o tempo todo. Para meu filho, Jacob, isso se manifestou como um crescente interesse em programação de computadores. Com o tempo, ele começou a aprender linguagens de codificação sozinho. Observando seu desejo de aprender cada vez mais, eu e minha esposa nos perguntamos como poderíamos manter aquela chama acesa. Tínhamos ouvido falar do Recurse Center, um lugar pouco convencional para as pessoas aprenderem programação de graça, e o incentivamos a se inscrever quando tinha 13 anos. Ele se dedicou ao processo de seleção — fez as redações, pedia feedback e levou a entrevista on-line muito a sério. Ficou muito animado quando entrou e participou de um "retiro" de uma semana para conhecer o local.

O Recurse Center segue uma filosofia educacional chamada "unschooling", que vê o currículo rígido, imposto de cima para baixo, das salas de aula tradicionais como o derradeiro assassino da curiosidade. No retiro, nada era obrigatório, nem mesmo as aulas. Jacob e os colegas receberam recursos e foram convidados a explorar, aprendendo com o novo grupo e com a comunidade toda do Recurse Center. No final do retiro, ele apresentou seu trabalho a pessoas de todas as idades e do mundo todo. O mais incrível foi que aquele adolescente relativamente tímido e introvertido ganhou mais confiança para falar e com quem quer que fosse, e a fazer perguntas.

Há pouco tempo, perguntei a Jacob o que os adultos poderiam fazer para ajudar a formar pessoas curiosas. Ele pensou um pouco e disse: "Dar espaço para que elas descubram seus interesses. Depois, deixar que aprendam, sem atrapalhar."

FAÇA DA PERGUNTA O SUPERPODER DA *PRÓXIMA GERAÇÃO* 225

> ### Estratégias para atiçar a chama da curiosidade
>
> - **FAÇA: Ofereça às crianças estímulos** que as exponham a algo novo, confuso ou diferente. Observe suas reações e incentive-as a explorar as perguntas que surgirem.
>
> - **FAÇA: Dê tempo e espaço às crianças para brincar, mexer e explorar.** Observe o que mais desperta o interesse e curiosidade delas e apoie-as para que continuem explorando.
>
> - **FAÇA: Atice as faíscas** procurando oportunidades para que continuem fazendo perguntas, se aprofundem nas áreas e explorem cada vez mais.
>
> - **NÃO FAÇA: Não os apresse a superar os momentos de confusão, curiosidade ou exploração.** Em vez disso, participe do processo com eles.

Seja exemplo do comportamento que deseja ver

Uma das minhas citações favoritas sobre os jovens e a aprendizagem vem de James Baldwin, que observou que "as crianças nunca escutam os mais velhos, mas nunca deixam de imitá-los".[8]

A psicóloga Susan Engel conseguiu demonstrar essa sabedoria usando um experimento em sala de aula no Williams College. Ela pediu a uma de suas alunas universitárias, Maddie, que conduzisse dois grupos de crianças em um experimento científico. Enquanto trabalhava com o primeiro grupo, Maddie acrescentou uma etapa surpresa ao experimento, dizendo às crianças que havia feito isso porque estava curiosa para ver o que aconteceria. Com o segundo grupo, Maddie também fez uma pausa no meio do caminho, mas, em vez de demonstrar curiosidade, sugeriu que parassem para arrumar um pouco o local. No final da aula, Maddie disse que já voltava e saiu da sala.

O que aconteceu a seguir era o que realmente interessava a Engel: acaso a pequena diferença no comportamento da professora influenciaria a conduta das crianças quando fossem deixadas sozinhas? O resultado foi que os alunos a quem Maddie havia demonstrado um momento de curiosidade começaram a mexer nos materiais quando foram deixados sozinhos, ao passo que os do grupo da arrumação apenas ficaram ali em silêncio, esperando sua volta. Esse foi apenas um dos muitos experimentos que levaram Engel a concluir que "uma das formas mais poderosas de os professores cultivarem a curiosidade em seus alunos é eles próprios se mantendo curiosos".[9]

Isso vale também para pais e responsáveis. Para que os jovens desenvolvam curiosidade conectiva, precisamos lhes mostrar que *nós somos* curiosos — e em particular, *sobre eles*. Muitas crianças nunca ou quase nunca fazem perguntas sobre si mesmas. A escritora e professora da Penn State, Heather Holleman, escreve:

> Há pouco tempo, perguntei à minha filha adolescente quantas pessoas na escola já fizeram perguntas sobre a vida dela. Ela me disse que *talvez uma pessoa* entre mil alunos demonstrava interesse genuíno. Então, fiz a mesma pergunta aos meus alunos universitários, e um deles lamentou: "Quando estou com meus amigos, eles *nunca fazem perguntas* sobre mim." A turma inteira assentiu. [...] Os jovens adultos desejam que tenhamos curiosidade sobre eles, que os façamos sair da casca e tentemos nos conectar por meio de boas perguntas. Só que a maioria das pessoas só fala de si.[10]

As gerações mais jovens recebem muitas críticas por serem mais egocêntricas e narcisistas que as mais velhas, só que os jovens aprendem observando os adultos. Devemos nos perguntar, então, que exemplo temos dado à nova geração?

Meu amigo Jonathan Skolnick, um pensador extremamente curioso e criativo, recorda o impacto dos adultos que fizeram isso por ele. "Pelo menos duas vezes por semana, antes do jantar, minha avó entrava na cozinha com sacolas cheias de salgadinhos, detergente, melão, além de roupas que havia comprado no bazar beneficente onde meu avô trabalhava", lembra Jonathan. "Antes de deixar as sacolas no balcão, ela me dava um beijo e me fazia a mesma pergunta de sempre: *Vos machst du?* (Como vão as coisas?)" A escolha pelo iídiche naqueles momentos significava, para ele, que ela esperava mais que um superficial "tudo bem". Queria saber de verdade, detalhes. Ela queria saber das histórias dele, às quais escutava com atenção, fazendo perguntas, exibindo um comportamento que ajudou a transformar Jonathan no incrível educador que é hoje.

Para despertar a curiosidade das crianças, podemos fazer ainda mais

FAÇA DA PERGUNTA O SUPERPODER DA *PRÓXIMA GERAÇÃO*   227

que perguntar e responder, embora isso seja um começo importante. Tal como a avó de Jonathan, podemos criar e até ritualizar momentos memoráveis que demonstrem importantes habilidades de perguntar e que ecoem por toda a vida. Vejamos alguns exemplos de *rituais de curiosidade* fáceis de implementar:

Use sua comunidade como um Google: Toda comunidade é rica em conhecimento e experiências, mas muitas vezes não sabemos nada sobre eles porque não perguntamos. Alguns anos antes de se interessar por programação de computadores, meu filho era obcecado por ímãs. Um dia, ele me perguntou por que, ao enrolar um fio ao redor de um prego e transferir eletricidade pelo mesmo, cria-se de repente um ímã. Como se eu soubesse! Então, eu disse: "Jacob, essa é uma ótima pergunta. Eu não faço ideia, mas vamos pensar a quem podemos perguntar." Lembramos que nosso vizinho, Robert, era professor de física. Vestimos nossas jaquetas, descemos a rua e batemos à porta dele. Levamos pregos, fios e baterias e pedimos a Robert que nos ensinasse. Ele levou poucos minutos para dar a Jacob a resposta que procurava. Minha esperança era que meu filho percebesse que as respostas de que precisamos muitas vezes podem ser encontradas nas pessoas ao nosso redor, basta perguntar. Mesmo que não haja esse tipo de intimidade com o vizinho, todos podem procurar um grupo no qual se sintam à vontade para perguntar, seja um clube, um time esportivo, uma comunidade religiosa ou até outros familiares.

Conversa empática: Durante a infância, sempre que Emily — minha colaboradora na pesquisa e redação deste livro — voltava da escola reclamando de um amigo ou de um colega de classe que dissera algo maldoso, sua mãe reconhecia a oportunidade de expandir a compreensão da filha. Depois de validar os ressentimentos de Emily, ela fazia perguntas como "Por que você acha que ele fez isso? O que acha que ele pensou? Será que ele também está sentindo coisas difíceis?". Juntas, discutiam as suposições de Emily sobre as intenções do outro e questionavam quais informações ela talvez ignorasse. Na época, muitas vezes Emily só queria que a mãe ficasse do lado dela e lhe desse razão, mas, conforme foi crescendo, começou a entender que, ao ter aquelas conversas, sua mãe lhe incutiu o hábito de, ao interpretar determinada interação, analisar o que o outro poderia estar sentindo ou vivendo.

Rosas, espinhos, caules e muito mais: Toda sexta-feira à noite, minha família se reúne para o jantar de Shabat. Quando começamos a comer, damos início a um ritual chamado "Rosas, espinhos, caules, brotos e estrelas". Esse exercício tem origem nos escoteiros e, com o tempo, foi adaptado. Cada palavra dessas é um comando. Com *rosas*, você deve contar algo bom da semana, uma conquista ou um momento divertido; com *espinhos*, algo difícil ou doloroso; com *estrelas*, algo que você fez e de que se orgulha; com *brotos*, algo que anseia ou um novo objetivo. Mas meu comando favorito é *caules*, que leva a dizer algo que aprenderam ou as fez crescer durante a semana. Falar dos caules não só proporciona às crianças a oportunidade de refletir sobre sua aprendizagem — o que os psicólogos chamam de metacognição —, como também lhes permite ver que os adultos também vivenciam a surpresa, o constrangimento e o desconforto que às vezes acompanham o processo. (Se achar muito complicado, comece com um ou dois comandos ou deixe cada um escolher o seu.)

Se considerarmos verdadeira a citação de Baldwin — de que as crianças imitam os mais velhos —, narrar nosso processo de aprendizagem talvez seja a forma mais poderosa de incutir esse hábito nas crianças, que estão sempre nos observando, mesmo quando não percebemos.

> ### Estratégias para dar o exemplo no processo de perguntar e aprender
>
> - **FAÇA: Admita quando não souber a resposta**, aceite isso como uma maneira de demonstrar entusiasmo pela oportunidade de aprender.
> - **FAÇA: Explique como você usa as práticas do Ask Approach e as siga** para os jovens o verem como um exemplo.
> - **FAÇA: Compartilhe suas reflexões** sobre o processo que utilizou e o que aprendeu.
> - **NÃO FAÇA: Não disfarce as lacunas em seu conhecimento** nem sinta necessidade de mostrar que tem todas as respostas.

Ensine habilidades aos jovens

As crianças nascem curiosas, mas isso não significa que já vêm equipadas de fábrica com todas as habilidades para aprender com os outros. Especialmente porque a sociedade e as escolas não as incentivam a desenvolver esses múscu-

FAÇA DA PERGUNTA O SUPERPODER DA *PRÓXIMA GERAÇÃO* 229

los, de modo que elas precisam de oportunidades para aprendê-los e praticá-
-los. A boa notícia é que existem educadores e programas de vanguarda para
ajudá-las — em uma vasta gama de contextos e com origens diversas — a
desenvolver competências específicas a fim de questionar e aprender com os
outros. Aqui, quero destacar duas abordagens que ensinam a fazer perguntas
aos outros para descobrir algo que desejam saber.

Shereen El Mallah (a psicóloga da Youth Participatory Action Research
que conhecemos no Capítulo 7) ajuda os jovens a se tornarem pesquisadores
em temas importantes para eles. A maioria das pesquisas tradicionais é feita
sobre as crianças, por pesquisadores supostamente objetivos que observam
de fora. A YPAR coloca os alunos no comando da pesquisa. Assim, não só
gera informações muito mais poderosas (e práticas), como também cria um
nível muito maior de agência entre os jovens, que se encarregam do processo
e desenvolvem habilidades concretas sobre como aprender uns com os outros.

El Mallah começa ensinando aos alunos sobre o funcionamento das
perguntas. Ela pede que pensem sobre o que distingue uma boa pergunta de
uma não tão boa, algo sobre o qual a maioria dos alunos nunca foi convidada
a pensar. Ensina a fazer *perguntas sobre perguntas*, aplicando o velho esquema
W-H o quê, quem, onde, quando, por quê, como para avaliar a qualidade da
pergunta. A maioria deles já conhece o *quê* — O que a pergunta quer saber?
—, mas, e o resto? *Quem* está perguntando? A pergunta é específica para
a pessoa a quem está sendo feita? Em que contexto a pergunta é feita (*onde*
e *quando*)? *Por que* a pergunta está sendo feita; qual é a motivação? *Como* a
pergunta é feita? Com julgamento ou sem suposições? Com gentileza ou
hostilidade?

Usando essa estrutura, os alunos aprendem não só a elaborar perguntas
de qualidade, mas também a ajudar os outros a melhorar. Desenvolvem um
sentido de agência a esse respeito, dando feedback a professores e colegas
sobre a qualidade de seus questionamentos, bem como falando sobre como
eram impactados com eles. Como El Mallah me explicou, o objetivo desse
exercício não é fazer as crianças identificarem perguntas ruins, e sim lhes
oferecer um processo por meio do qual possam "identificar em uma pergunta
uma possível fonte de desconexão", para que aprendam a se conectar mais
profundamente com as pessoas ao redor.

Ensinar a habilidade de perguntar também significa ensinar a *escutar*.
Sobre isso, podemos aprender muito com a professora de psicologia do de-

senvolvimento Niobe Way, chefe do Science of Human Connection Lab da NYU e fundadora do Listening Project junto a seu colega e ex-aluno Joseph Nelson, que é diretor do Black Studies Department do Swarthmore College. O Listening Project visa fomentar a curiosidade e a conexão dentro e entre diversas comunidades, treinando jovens e professores em algo chamado "entrevista transformativa". A entrevista transformativa se baseia em vários princípios que também norteiam este livro. Eles a consideram um método de "inteligência relacional", no qual se aprendem várias práticas de escutar com curiosidade (por exemplo, perguntas abertas, comparativas, de acompanhamento), o que permite ao entrevistador aprender algo novo com a resposta, com as experiências do outro. Isso transforma a maneira como aqueles que entrevistam percebem seus entrevistados e como se veem. Parece bastante intenso, mas, segundo a vasta experiência de Niobe na aplicação desse método em escolas de ensino fundamental e médio e universidades no mundo todo, os mais jovens aprendem melhor o método se for comparar com os mais velhos, pois os jovens ainda estão conectados com sua curiosidade natural. As primeiras pesquisas sobre o impacto do Listening Project mostram que os alunos que participaram demonstraram habilidades aprimoradas de escuta, curiosidade interpessoal, empatia, conexão com colegas e adultos e um senso de humanidade comum.[11]

Estratégias para ensinar as habilidades

- **FAÇA: Nomeie, mostre e explique as ações** envolvidas para que saibam o que fazer.

- **FAÇA: Dê oportunidades de praticar** as habilidades e dê apoio quando houver dificuldades.

- **FAÇA: Ofereça feedback claro e concreto** para que possam refinar a abordagem.

- **NÃO FAÇA: Não dê ajuda nem orientação demais**, a ponto de que nunca errem, para que possam aprender com os erros.

Ajude-os a obter benefícios imediatos

Do ponto de vista comportamental, uma das melhores maneiras de fortalecer a aprendizagem de um novo comportamento é dar reforço positivo imediato.

FAÇA DA PERGUNTA O SUPERPODER DA *PRÓXIMA GERAÇÃO* 231

No campo da educação, têm surgido debates sobre o valor e as limitações daquilo que chamamos de "recompensas extrínsecas" para reforçar a aprendizagem. Pessoalmente, também acredito que esse tipo de compensação tem lugar no processo de aprendizagem, mas, como tudo na vida, também tem limites.[12]

Minha amiga Cassandra Sweet me contou um ótimo exemplo de como seu pai encontrou uma maneira de demonstrar que a curiosidade conectiva tem recompensas intrínsecas e extrínsecas. Os pais de Cassandra, Midge e John Sweet, eram destemidos ativistas progressistas em Atlanta. Quando ela era pequena, eles a levavam a todas as reuniões e todos os eventos, nos quais o *éthos* era se engajar e aprender com todos. A filha não os impediria de realizar um trabalho importante. Eles acreditavam que expor a filha aos amigos e colegas deles seria uma boa influência. Mas o pai de Cassandra também entendia que ser a única criança em uma sala cheia de adultos se tornaria desinteressante. Assim, dava-lhe uma tarefa a cada reunião: antes de sair da sala, ela tinha que contar a ele sobre três pessoas novas que havia conhecido naquela noite e três coisas interessantes que aprendeu com cada uma. Depois de cumprir o objetivo, a garota ganhava o prêmio: brincar com as outras crianças lá fora! Esse jogo incentivava Cassandra a passar a noite fazendo perguntas, e o que ela aprendia com as pessoas a fascinava.

Existe uma recompensa intrínseca muito óbvia que podemos dar às crianças por fazerem perguntas: uma resposta clara e honesta que satisfaça sua curiosidade. Embora seja óbvio, nem sempre é fácil. Os questionamentos podem ser terríveis. Mas nossa capacidade de respondê-las de uma forma calma e direta — mesmo ou especialmente quando perguntam sobre assuntos delicados ou tabus — ajuda muito a incentivar questões futuras.

Precisamos ser "adultos que aceitam perguntas". A campanha Askable Adult, que treina adultos para ajudar jovens a lidar com questões difíceis na vida, define um adulto que aceita questionamentos como "aquele que é acessível e fácil para que crianças e jovens falem sobre qualquer coisa que lhes passe pela cabeça".[13] A maioria das crianças quer ajuda para lidar com temas como solidão, drogas e álcool, bullying, estresse e ansiedade, e relatam que gostariam de ter mais adultos com quem pudessem se abrir. Quando elas temem ser mal interpretadas, rejeitadas, julgadas e que sintamos raiva, não se abrem e não fazem perguntas. Ao demonstrar que fazê-lo é seguro, satisfatório e muito menos estranho do que elas pensam, aumentamos a recompensa e diminuímos a expectativa de punição associada à pergunta. Isso proporciona uma relação segura e acolhedora para falar sobre dúvidas e dificuldades, o que, por si só, já é uma recompensa.

O elogio do outro também é um incentivo poderoso. A maioria das crianças frequenta escolas que focam elogiar quem fornece a resposta certa, e não quem faz uma pergunta valiosa. Portanto, quando elogiamos suas perguntas, ajudamos a vencer as forças que suprimem a curiosidade. Uma das melhores maneiras de oferecer esse tipo de elogio é, depois que a criança chega à resposta ou ao objetivo que procurava, chame sua atenção de volta ao momento do processo em que fez um questionamento que a ajudou a avançar.[14]

Os pais, cuidadores e educadores também podem lutar para que as escolas adotem práticas que recompensem as condutas de perguntar e aprender com os outros. Por exemplo, na Forest School, de Tyler Thigpen, antes que um aluno se forme, ele precisa fornecer evidências de pelo menos uma pessoa que ateste sua capacidade de empatia, alguém que se sinta conhecido e compreendido por ele. Thigpen me explicou que, como a maioria dos adultos, eles tendem a apontar evidências do que fizeram — ações que realizaram com a intenção de ajudar os outros, momentos em que acreditam ter sido bons ouvintes. Mas isso não é suficiente para cumprir o requisito. Os estudantes têm que provar que fazem parte da vida das pessoas, fazendo perguntas que revelem o impacto que têm nos outros. Por meio desse processo, eles praticam a curiosidade, a vulnerabilidade e a resiliência, além de, às vezes, como receber e refletir sobre um feedback que pode ser difícil de escutar.

Outro forte exemplo vem de uma escola chamada Red Bridge, dirigida por Orly Friedman. Na maioria das escolas, as crianças são agrupadas por idade: aos 6 anos, estão no primeiro ano, aos 7 passam para o segundo, e assim por diante. Algumas escolas progressistas resistem a essa sequência linear fundamentada na idade, permitindo que os alunos avancem de acordo com o domínio do conteúdo. A Red Bridge dá um passo além: os estudantes são agrupados e avançam na escola com base na demonstração de *prontidão para a autonomia*: a capacidade de conduzir o próprio aprendizado. Por exemplo, para cursar o Nível de Autonomia 1, é necessário demonstrar capacidade de fazer perguntas esclarecedoras. Para passar para o Nível 2,

FAÇA DA PERGUNTA O SUPERPODER DA *PRÓXIMA GERAÇÃO* 233

precisam demonstrar capacidade de fazer perguntas aos adultos quando se sentem empacados; e no Nível 3, é preciso demonstrar que são capazes de fazer perguntas aos colegas quando precisam de ajuda. Quantos adultos, no trabalho, se sentem à vontade para pedir ajuda aos colegas? Na Red Bridge, aprender como fazer isso está integrado ao projeto de educação.

Estratégias para ajudar os jovens a vivenciar os benefícios de perguntar

- **FAÇA: Elogie e incentive quando os jovens perguntarem, escutarem e aprenderem.** O incentivo mais natural é ajudá-los a descobrir o que buscam aprender.

- **FAÇA: Ajude-os a ver a conexão entre seus esforços para perguntar e seu sucesso, e a refletir sobre o tema.**

- **FAÇA: Torne o processo divertido!** Seja por meio de jogos como o que o pai de Cassandra usava ou inventando os seus, faça com que seja divertido, e não uma tarefa árdua.

- **NÃO FAÇA: Não reprima a curiosidade natural das crianças, o desejo de perguntar e aprender,** usando demasiadas recompensas extrínsecas.

O incrível potencial de perguntar das novas gerações

Um dia desses, meu filho, Jacob, à mesa do jantar, pegou um garfo, examinou-o por um momento e falou: "Como um garfo é feito?" Eu disse: "Ótima pergunta; o que você acha?" Minha esposa riu e perguntou: "A manufatura de metal é um novo interesse seu?" Jacob respondeu com três palavras que me informaram que talvez estivéssemos fazendo algo certo: "Tudo me interessa."

Se pudermos dar à nova geração o superpoder de aprender com os outros — ter curiosidade, fazer perguntas, refletir —, não creio que seja um exagero dizer que daremos à raça humana sua melhor chance de sobrevivência. Talvez ainda mais importante seja que nossos filhos terão as ferramentas para construir relacionamentos e comunidades enraizadas, que tornem a vida significativa e satisfatória, inclusive em tempos de grandes mudanças e desafios.

Resumo dos pontos-chave

Pergunta essencial: Como deixar de reprimir a curiosidade das crianças e incentivá-las a perguntar?

1. As crianças nascem curiosas, mas a quantidade de perguntas que fazem diminui conforme elas crescem.

2. Para nutrir seu desejo de saber e capacitá-las a aprender com as pessoas que as cercam:

   • **Mantenha acesa a chama da curiosidade natural**, expondo-as a uma diversidade de pessoas, perspectivas e experiências, e dando-lhes tempo e espaço para explorar aquilo que as atrai.

   • **Dê o exemplo de comportamento que deseja ver demonstrando a própria curiosidade**. Faça a elas perguntas sobre si mesmas e escute de verdade. Seja exemplo de vulnerabilidade sendo honesto quando não souber algo.

   • **Ensine a elas as habilidades para fazer perguntas**, nomeando e explicando as práticas. Dê às crianças oportunidades de praticar e feedback sobre seus esforços.

   • **Ajude-as a vivenciar os benefícios imediatos de perguntar**, recompensando-as pela curiosidade. Quando lhe fizerem uma pergunta, tente ao máximo dar uma resposta honesta e atenciosa. Quando fizerem outra descoberta, ajude-as a percorrer o caminho de volta às perguntas que fizeram inicialmente.

Exercícios

10A. Como apontou James Baldwin, as crianças repetem os comportamentos que observam nos adultos. Para desenvolver a consciência sobre como você trata os jovens, é útil relembrar suas experiências da infância:

   • Para quem (se for o seu caso) você fazia mais perguntas? Como os adultos respondiam? Quais adultos aceitavam perguntas?

   • Até que ponto suas perguntas eram incentivadas ou desencorajadas? De que maneira?

FAÇA DA PERGUNTA O SUPERPODER DA *PRÓXIMA GERAÇÃO* 235

- Quando (se é que) você parou de fazer perguntas ou passou a fazer menos? O que percebia ao seu redor que incentivava ou desencorajava suas perguntas?
- Você teve modelos de grandes inquiridores em sua vida? Se sim, quem foram? Com que frequência *você* recebia perguntas? De quem?

10B. Identifique um jovem conhecido ou próximo. Pode ser um filho seu, uma sobrinha ou afilhado, um aluno ou orientando, a filha de um amigo ou vizinho etc.

- Peça que ele conte sobre o que tem curiosidade ou quer saber mais. Como incentivar a curiosidade dele? Poderia ajudar a conectá-lo a alguém a quem ele pudesse perguntar para saber mais?
- Em suas interações com esse jovem, tente se guiar pelo modelo do Ask Approach: curiosidade, segurança, perguntas de qualidade, escutar, refletir e reconectar. O que você aprendeu? Como poderia narrar a ele as práticas que usou?
- Tente ensinar uma das práticas deste livro, a que achar que beneficiaria esse jovem. Dica: para fazer com que isso seja o mais simples possível, comece com uma das sugestões de perguntas do Capítulo 5 ou com uma estratégia de escuta do Capítulo 6.

Epílogo

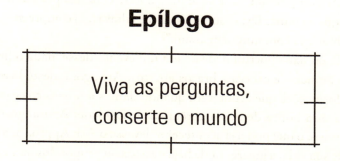

Viva as perguntas, conserte o mundo

UM DIA, O CEO DINAMARQUÊS RONNI ABERGEL OBSERVOU A CRESCENTE DIVISÃO NO mundo e fez uma ótima pergunta: "Como podemos nos entender se não temos a oportunidade de conversar?"[1] Essa pergunta o levou a criar a Human Library™ (*Menneskebiblioteket*, em dinamarquês), uma biblioteca bastante rica não em livros, mas em pessoas, indivíduos que sofreram algum tipo de preconceito ou exclusão social e se voluntariaram para compartilhar experiências, para serem "lidos" por quem for lá em busca de aprendizado. Quando escutei falar dessa ideia, achei-a brilhante, mas me perguntei onde fariam uma coisa dessas.

Depois, descobri que 85 países em seis continentes já acolheram eventos da Human Library, e o número aumenta a cada ano. As histórias compartilhadas nesses eventos são comoventes, tanto para os "leitores" quanto para os voluntários que fazem de sua vida "livros abertos" voltados para o aprendizado. Em um evento, por exemplo, na cidade conservadora de Muncie, em Indiana, uma mulher chamada Charlize Jamieson se ofereceu para representar o "livro" *Transgênero*. Em entrevista ao *Muncie Journal*, ela comentou que, no começo, ficou apreensiva quanto à recepção que teria. Sua preocupação foi confirmada quando uma mulher cristã conservadora se sentou ao lado dela e recusou um aperto de mãos. Depois de uma hora de conversa, a mulher tinha várias perguntas a fazer e escutou as respostas de Jamieson. Nenhuma das duas queria abrir mão da companhia uma da outra.

Por fim, despediram-se com um abraço genuíno e uma mútua compreensão mais profunda de si como seres humanos.[2]

Na Human Library, as pessoas conhecem indivíduos que antes só entendiam de longe, como estereótipos. Diane Bottomly, bibliotecária do projeto, disse ao *Muncie Journal*: "Este lugar me ajudou a entender pessoas de diversas origens, que eu nunca teria conhecido. E me faltava [...] compreensão porque eu não interagia com ninguém assim."[3]

Tendo ou não oportunidade de ir a um evento desse, nada o impede de estar no mundo de cabeça e braços abertos. Até agora, neste livro, foquei as transformações que acontecem quando damos a nossos colegas, amigos e familiares a honra de nossa autêntica curiosidade. Agora, gostaria que você pensasse o que poderia acontecer se levasse o Ask Approach a todos os cantos de sua vida, a lugares onde haja pessoas ou grupos dos quais discorde veementemente, e usasse perguntas, escuta e reflexão para acessar a infinita variedade de gente que existe no mundo que o cerca.

Uma decisão simples e espontânea como escolher a curiosidade pode ter um impacto profundo. Certa vez, vivi um momento assim com um motorista de Uber. Eu havia chamado um carro para me levar ao aeroporto e levei um susto quando ele parou e vi um adesivo da bandeira dos Estados Unidos em preto e branco com uma faixa azul no meio. "Caramba", pensei, abrindo a porta do banco de trás, nervoso. Isso aconteceu não muito depois do verão em que policiais mataram George Floyd, levando estadunidenses enfurecidos às ruas para protestar contra a brutalidade policial, o racismo e a injustiça. Para mim, aquele adesivo representava um contraprotesto, pró-polícia.

O motorista, um homem mais ou menos da minha idade, tinha olhos castanhos e cabelos escuros espetados que escapavam do boné. Quando ele se voltou e se apresentou como Raphael, vi que seu boné tinha a mesma bandeira — Blue Lives Matter — que o adesivo no para-choque. Enquanto ele dirigia, um monte de julgamentos invadia meu cérebro. Que tipo de pessoa levantaria uma bandeira que declarasse sua falta de empatia pelos efeitos devastadores da violência policial? Eu me sentia indignado e cheio de razão. Ao mesmo tempo, sentia-me desconfortável, pois sou judeu e essa bandeira também é associada a grupos supremacistas brancos antissemitas.

Eu suspirei e me preparei para me distrair no laptop. Como sempre, a caixa de entrada do meu e-mail estava lotada e eu estava louco para começar a esvaziá-la. Melhor ficar calado e trabalhar um pouco. Esse era meu pa-

EPÍLOGO

drão. Então, pensei em uma possibilidade diferente. Se eu acreditava que as perguntas eram capazes de dissolver oposições e construir conexões, talvez devesse reunir coragem e curiosidade para fazer algumas a ele. Eu estava nervoso. Como o motorista responderia? Ficaria ofendido? Ficaria com raiva? Passaríamos os 45 minutos que restavam da corrida discutindo ou em um silêncio constrangedor?

Respirei fundo e, com toda a curiosidade genuína que consegui despertar, perguntei: "Notei seu boné e o adesivo da bandeira com a faixa azul. Você é da polícia?"

Raphael pensou um instante antes de responder com uma voz surpreendentemente suave e gentil. Ele disse que sim, que havia sido policial antes de ser Uber e que vários membros da família dele também eram policiais. Então, me contou que a violência de gangues — um problema que não me afeta pessoalmente no enclave suburbano de Nova York que chamo de lar — o levou a se tornar um agente da lei. Seu primo havia sido assassinado por membros de uma gangue no último dia da academia de polícia. Sua ex-esposa, que também era policial, e sua filha foram ameaçadas por esses criminosos. Um amigo dele — outro ex-policial — que trabalhava em prisões, foi brutalmente assassinado por presidiários que havia prendido. Raphael pensava em trabalhar em penitenciárias depois de deixar a força policial, mas reconsiderou ao encontrar reclusos que havia detido e ser ameaçado de uma retaliação agressiva. Conforme contava essas histórias, abria-se uma nova perspectiva diante de mim. Fiquei chocado com a violência e a tragédia pessoal que ele, seus amigos, familiares e colegas policiais haviam sofrido. Escutei sua dor e tristeza, bem como seu genuíno desejo de proteger as comunidades que servia.

Recebidas com abertura e generosidade, minhas perguntas passaram a fluir com mais facilidade. Perguntei como Raphael se sentia quando as pessoas chamavam a polícia de instituição racista ou criticavam o uso da força. Perguntei o que achava sobre aqueles que defendiam a retirada total do financiamento da polícia. Ele pensou e respondeu que acreditava que todos tinham direito a opiniões, mas que gostaria de entender do que especificamente queriam retirar financiamento e a que alternativas imaginavam recorrer caso sua casa ou loja fosse invadida.

Suas opiniões sobre esse tema eram muito mais matizadas que a maioria das outras que eu já havia ouvido — sem dúvida mais que as minhas.

Raphael acreditava que a polícia era um serviço social fundamental, mas também apoiava reformas e treinamento antipreconceito de qualidade que permitissem aos policiais fazer seu trabalho de forma respeitosa e orientada para o serviço que o levou a entrar na polícia. Ele me contou sobre seu profundo compromisso com o policiamento comunitário, por meio do qual os policiais constroem relacionamentos pessoais com as pessoas nas ruas em que trabalham.

Quando chegamos ao aeroporto, eu já havia passado do medo à conexão e gratidão. A disposição de Raphael de ser um livro aberto me permitiu desenvolver e refinar minhas ideias sobre o assunto de uma maneira que eu nunca teria feito se não houvesse feito perguntas e ele não houvesse respondido. Em vez de ficar sentado no banco de trás daquele carro respondendo a e-mails e me sentindo um hipócrita, senti empatia e me conectei com uma pessoa a quem eu estava pronto para classificar como "problema". Uma vez que entendi a perspectiva de Raphael, percebi que sabia menos sobre o tema do que pensava. Minha postura anterior foi substituída por um desejo de aprender mais, com variadas fontes. Não sei como nossa conversa o afetou, mas sua receptividade às minhas perguntas sugere que ele ficou grato por alguém ter ouvido sua história.

Por mais valiosa que essa conversa tenha sido para mim, essas interações têm um custo — desde o trabalho emocional até o risco físico real. Embora ser um judeu explorando aquela simbólica bandeira com Raphael não parecesse isento de riscos, como homem branco saudável sentado no banco de trás de um Uber, o custo de fazer perguntas me parecia relativamente baixo e valia a pena. Para outros, por exemplo, uma pessoa negra, que inevitavelmente corre riscos sociais e físicos devido ao racismo, a análise de certas situações será muito diferente. Em todas as circunstâncias, cada um de nós precisa pesar os riscos da interação e as potenciais recompensas de fazer perguntas. As escolhas serão únicas, dependendo de suas circunstâncias, de sua identidade e segurança.

PERGUNTAR COMO ANTÍDOTO À DIVISÃO QUE IMPERA EM NOSSA ERA

É fácil sentir que a *divisão*, mais que qualquer outra coisa, é a característica definidora da sociedade moderna, não só nos Estados Unidos, mas no mundo todo. Com a crescente desigualdade econômica, a polarização política, as divisões religiosas e culturais, o aumento de grupos de ódio e a violência identitária, todos os dias dezenas de notícias confirmam nossa incapacidade de nos relacionarmos uns com os outros, ou inclusive de concordar sobre o que é fato e o que é ficção. Muitas vezes, tratamos quem tem pontos de vista opostos aos nossos, ou cuja identidade difere da nossa, com rejeição, desinteresse e desconfiança. Como me disse Eboo Patel, fundador da Interfaith America, as pessoas costumam aceitar a perigosa ideia de que "se discordarmos sobre A, não poderemos trabalhar juntos no restante do alfabeto".

Estamos em um momento raro e precário da história da humanidade. Os riscos — e as oportunidades — talvez nunca tenham sido tão altos. Como espécie, enfrentamos dificuldades sem precedentes que *demandam* trabalho conjunto. A crise climática, as guerras, os efeitos após uma pandemia e a ameaça iminente de outra (para citar apenas algumas questões) exigem que imaginemos uma maneira diferente de fazer as coisas, um método de cooperação que liberte o imenso poder de nossa inteligência coletiva. **Perguntar é o comportamento que desbloqueia tudo.**

Ao mesmo tempo, forças poderosas trabalham em nome da divisão: políticos que se beneficiam dos efeitos mobilizadores do medo e do ódio, redes sociais que descobriram que algoritmos que promovem a radicalização são melhores para os negócios, uma cultura de materialismo, hiperindividualismo e interesse próprio etc. É em tempos como estes, quando as instituições e a cultura parecem retroceder, que ficamos mais tentados a responder com raiva ou desespero. Em nossos mundos digital e geograficamente isolados, é muito fácil permanecermos confortáveis em nossa indignação e sensação de estarmos certos (como a princípio eu queria fazer com Raphael). São sentimentos compreensíveis, mas temos outra opção, defendida por nossos maiores líderes morais, desde Martin Luther King Jr. a Mahatma Gandhi. Podemos ser a mudança que desejamos ver. Em uma sociedade que nos pressiona a ver nossos semelhantes como inimigos, podemos perguntar: *O que posso aprender com essa pessoa?*

Imagine um mundo em que o padrão não fosse criticar quem é diferente de nós, e sim *perguntar*. Como trataríamos o outro se cultivássemos a curiosidade, se procurássemos compreender sentimentos, pensamentos e experiências, em vez de julgar apenas o que vemos na superfície? E se passássemos mais tempo escutando e menos tempo falando? E se dedicássemos tempo e energia para refletir sobre o que escutamos, para nos permitir aprender com os outros e, quem sabe, até mudar nossos pensamentos e sentimentos?

A organização Braver Angels, dedicada a despolarizar a política, marca o caminho de compreensão e conexão que perguntar pode abrir. Eu a adaptei da seguinte forma:[4]

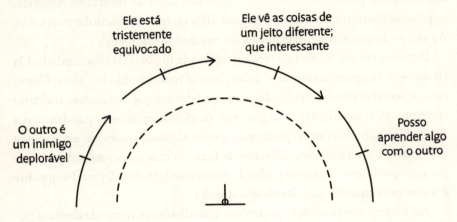

Quando não perguntamos, é muito fácil ficar preso no lado esquerdo[5] do arco. A divisão e o conflito crescem desse lado e as possibilidades de trabalhar junto e encontrar soluções criativas para problemas em comum são praticamente nulas. Mas quando perguntamos "O que posso aprender com essa pessoa?", começamos a nos mover para o lado direito do arco, rumo à compreensão, à empatia e ao aprendizado. É aí que a cooperação, a criatividade e a comunidade se tornam possíveis.

Felizmente, esse mundo não existe só na imaginação. Há pessoas que já lideram esse movimento, mesmo em meio às divisões mais devastadoras e duradouras do mundo. Aziz Abu Sarah é uma delas. Ele foi criado em Jerusalém Oriental, onde sofreu regularmente a violência antipalestina. Quando tinha 10 anos, seu irmão foi morto por soldados israelenses. Aziz passou a adolescência furioso e ressentido, sonhando em se vingar das pessoas do "outro lado", que haviam feito sua família e comunidade passar por tanto sofrimento sem qualquer explicação. Mas algo começou a mudar nele quando, para estudar hebraico, passou um tempo em Jerusalém Ocidental, a poucos quarteirões da casa de sua infância e a um mundo de distância daquele que conhecia. De repente, o "outro lado" não era mais pessoas abstratas, e sim estudantes de verdade que frequentavam a mesma sala de aula

EPÍLOGO

que ele. Conforme iam conversando e trocando histórias sobre as diferentes experiências que viveram crescendo em lados opostos da cidade, Aziz percebeu que onde sempre vira divisão, poderia haver conexão. Como refletiu mais tarde: "No momento em que você começa a compartilhar histórias, a conversar e a escutar as pessoas — o que as move, o que as fez mudar, o que as inspira —, você humaniza o outro."[6]

Essa constatação levou Aziz ao trabalho de pacificação, a resolver as diferenças entre as profundas divisões do conflito Israel-Palestina. Seu pai, que havia perdido um filho e vários outros familiares devido à violência decorrente desse conflito, não ficou nem um pouco feliz. Um dia, Aziz o convenceu a participar de um evento para promover a paz que organizara para pessoas de ambos os lados que haviam perdido familiares no conflito. Ele ficou sentado durante todo o simpósio, calado, ouvindo os palestrantes, e depois, para horror de Aziz, levantou a mão e fez uma pergunta muito delicada: perguntou se o Holocausto de fato tinha acontecido. A sala ficou em silêncio. Aziz se preparou para a inevitável indignação coletiva.

Mas então, um dos líderes israelenses que participavam do evento, cujo pai havia sido prisioneiro em Auschwitz, decidiu deixar de lado sua raiva e responder à pergunta com seriedade. "Não tenho expectativas de que você saiba algo que nunca aprendeu", disse. Assim, o homem propôs um encontro entre o próprio pai e o pai de Aziz, no Museu do Holocausto. Então, algo incrível aconteceu. Setenta palestinos (todos haviam tido familiares mortos por soldados israelenses) levantaram a mão e perguntaram se também poderiam ir. Admitiram não saberem nada sobre o Holocausto.

Esse momento, em que ambos os lados optaram pela curiosidade em vez da condenação, por perguntar e escutar em vez de julgar, criou a possibilidade de aprendizado, algo que antes não existia. Depois que o grupo de palestinos visitou o Museu do Holocausto, os israelenses começaram a manifestar interesse em aprender também sobre a história palestina. Ao ser entrevistado pela organização Braver Angels, Aziz relatou que, quinze anos após essa interação, grupos de israelenses e palestinos ainda se reúnem todos os anos para escutar as histórias e aprender sobre a cultura uns dos outros.

Quando a pergunta "O que posso aprender com essa pessoa?" se torna central em nossa vida, vemos em todos uma fonte de conhecimentos, experiências e ideias, inclusive naqueles que antes rejeitávamos como equivocados, ignorantes ou além de nossa compreensão. Isso abre a possibilidade de tratar cada pessoa que encontramos com respeito e apreço, de vê-la como uma professora, não como inimiga.

Não sei quanto a você, mas estou pronto para ir além de uma sociedade que passa tempo demais no lado "o outro é inimigo" do arco. Quero viver em um mundo rico em curiosidade e compreensão interpessoal, onde as pessoas façam perguntas e ouçam de fato as respostas. Como escreveu Mónica Guzmán, integrante sênior de práticas públicas da Braver Angels e autora do maravilhoso livro *I Never Thought of It That Way*: "Que momento perfeito para experimentar novas maneiras de escutar, para aplicar a radical ideia de que ninguém está além da compreensão e ver o que isso revela."[7]

O poeta Rainer Maria Rilke, certa vez, exortou um jovem protegido a "viver as perguntas", permitindo que o guiasse gentilmente a uma forma diferente de se relacionar consigo mesmo, com os outros e com o mundo que o cercava.[8] Pergunte a si mesmo: Como seria viver a pergunta "O que posso aprender com essa pessoa?" em todas as minhas interações?

Somente o tempo e a intenção podem dar essa resposta. O que posso garantir é que buscar essa meta abrirá portas de possibilidades antes inimagináveis para você e para todos aqueles com quem interage nessa aventura.

AGRADECIMENTOS

Quando contei a um amigo que estava escrevendo este livro, ele disse: "Escrever livros parece ser uma daquelas coisas que todo mundo quer fazer, até perceber como é difícil." E, de fato, eu só descobri como é difícil depois de me comprometer a escrevê-lo.

Foi uma das experiências profissionais que fez com que eu me sentisse mais humilde. Mas, assim como aconteceu com outras experiências assustadoras e transformadoras de minha vida — como ter filhos e reorientar minha carreira para criar mudanças sistêmicas na sociedade —, as recompensas superaram em muito as dificuldades. Isso só foi possível graças à comunidade de mentores, amigos, colaboradores, colegas de equipe, parceiros e entes queridos que se uniram para me apoiar neste projeto.

Serei eternamente grato aos muitos professores e mentores que moldaram meu pensamento e cujas impressões digitais estão espalhadas por toda esta obra. Diana Smith correu riscos quando me admitiu em seu programa de doutorado intensivo e aplicado em Dinâmica Humana e Mudança nas Organizações [Human Dynamics and Change in Organizations (HDCO), em inglês]. Diana é profissional acadêmica por excelência e uma das pessoas mais reflexivas que conheço. Ela suportou minhas inquirições incessantes, minhas críticas imaturas e arrogantes e minha incansável fome por mais! A isso retribuiu com graça, humor e, o mais importante, com as lentes do desenvolvimento. Os três anos que passei estudando sob sua orientação e os muitos outros de mentoria e amizade que se seguiram moldaram minhas habilidades e, acima de tudo, o rumo da minha vida. Também sou grato aos colegas do HDCO: Emma Barnes Brown, Kathryn Flynn, Erica Ariel Fox e Neil Pearse, cujas amizade e paciência aguçaram meu pensamento e me ajudaram a crescer; e aos professores excepcionais, como Iris Bagwell, Amy Edmondson, Bill Torbert, Michael Jensen e muitos outros. O HDCO nunca teria sido possível sem a visão criativa e a generosidade de Mark Fuller, Joe Fuller e Alan Kantrow, entre diversos outros líderes da Monitor Group.

Quando entrei na Monitor, o lema de recrutamento e seleção era "Um lugar para os otimistas mudarem o mundo" e, para mim, foi isso mesmo. Passei quase a primeira década da minha carreira crescendo profissionalmente lá. Na época, eu não tinha ideia da sorte que era trabalhar em um ambiente tão cuidadoso, criativo, curioso e comprometido. Foi lá que conheci Chris Argyris, cujo conhecimento inovador está no cerne de todo este livro. Sempre lembrarei de nossas reuniões em sua sala, onde ele compartilhava comigo, com tanta paciência e generosidade, ideias, livros e histórias.

O legado de Chris foi continuado de maneira brilhante por Diana Smith e seus colegas, Phil McArthur e Bob Putnam, sócios da Action Design, que tornou os conceitos brilhantes de Chris — como a escada da inferência, defesa e inquirição, o *loop* de aprendizagem simples e duplo, e os sistemas operacionais Modelo I *versus* Modelo II — ainda mais acessíveis e disponíveis para líderes do mundo todo. Seus principais modelos e abordagens — como os caminhos de aprendizagem, os padrões de consciência, a escada da inferência, defesa e inquirição de alta qualidade, bem como suas habilidades para envolver os alunos e desenvolver competências — estão impressos em meu cérebro e infundem cada capítulo deste livro. Agradeço pelas experiências que vivi colaborando, convivendo e aprendendo com Bob e Phil ao longo dos anos. **Também recomendo muito trabalhar com a Action Design e frequentar o Action Design Institute para quem quiser se aprofundar nas ideias que apresentei.** Aprenda mais em www.actiondesign.com (site em inglês). Os livros e recursos provenientes da Action Design, como a *Action Science*, e os livros de Diana *The Elephant in the Room* [*O elefante na sala*, em tradução livre], *Divide or Conquer* [*Dividir ou conquistar*] e *Remaking the Space Between Us* [*Reconstruindo o espaço entre nós*] foram textos fundamentais para esta obra.

AGRADECIMENTOS

Como se não bastasse toda essa ajuda que recebi para crescer profissionalmente, também sou grato pelos anos que passei na Monitor aprendendo e trabalhando com David Kantor, um luminar no campo da terapia de sistemas familiares. Com apenas um olhar, ele era capaz de ver o que estava acontecendo em uma sala melhor que qualquer um, reconhecendo padrões de dinâmica interpessoal e vendo o fundo da alma de cada pessoa. David aplicou a equipes e líderes empresariais sua pesquisa profunda sobre famílias, e os programas que criou moldaram não apenas seus participantes, mas também minha prática. Sua teoria sobre os domínios da comunicação — significado, afeto e poder — fundamenta o capítulo sobre escuta deste livro, e grande parte de meu trabalho profissional repousa na base intelectual que ele estabeleceu para mim e para o mundo. Também deixo agradecimentos especiais a Shani Harmon e Neil Pearse, que ajudaram a traduzir e aplicar a obra de David de maneira muito envolvente e prática.

A Monitor investiu pesado para levar o excelente trabalho de Chris, David e da Action Design a seus consultores e clientes no mundo todo. Os principais líderes nisso foram Jamie Higgins e Jim Cutler, que me acolheram sob suas asas e continuam sendo mentores e amigos queridos até hoje.

Jamie foi minha gerente por muitos anos, quando desenvolvemos e lideramos um programa global chamado Giving and Receiving Feedback. Ela me ensinou, treinou e corrigiu intensamente, e, ao mesmo tempo, me deu muito espaço para administrar, construir, criar e ensinar outras pessoas. Sua orientação generosa e sábia moldou minha carreira em vários momentos. Ela também me deu feedback inestimável sobre cada palavra deste livro, combinando imenso incentivo, crítica honesta, lentes de profissional e olhos de águia na correção gramatical e ortográfica. Este livro é muito mais forte pelas muitas ideias e sugestões, grandes e pequenas, que ela me deu pelo caminho. E fez tudo isso enquanto conciliava um trabalho intenso e uma vida plena e agitada.

Jim Cutler me convidou para a Human Assets Business Unit (mais tarde chamada Lattice Partners) da Monitor e tem sido meu mentor desde então. Ele e Mark Fuller patrocinaram meus esforços para criar um software que traduzisse grande parte desse trabalho em ferramentas digitais de suporte ao desempenho, mesmo quando a visão ia mais longe que a tecnologia. Jim também aguentou meus conselhos imaturos sobre tudo que ele poderia fazer melhor quando estava criando e liderando um negócio; um dos meus momentos favoritos (e dele) em nosso relacionamento aconteceu após muitos anos, quando liguei para ele, já cheio de cicatrizes de batalha depois de liderar grandes equipes, e me desculpar por minha arrogância ao criticar sua liderança. Ligo para Jim sempre que tenho um grande dilema sobre liderança ou enfrento um ponto de inflexão na carreira, e ele sempre tem conselhos generosos e perspicazes. Jim não só leu e comentou cada palavra de cada capítulo do original desta obra, como também me ofereceu exemplos próprios para que eu compartilhasse no livro, mesmo que não mostrassem seus momentos profissionais de maior orgulho. Com isso, foi o exemplo de liderança vulnerável e focada na aprendizagem defendida neste livro.

A Monitor me presenteou com muitos outros mentores e amigos, bem mais do que caberia citar aqui; por isso, destacarei apenas alguns. Joe Babiec foi meu gestor durante anos em projetos de desenvolvimento econômico, o que me encheu de propósito moral e curvas de aprendizado acentuadas. O padrão de rigor intelectual de Joe não é igual ao de ninguém que conheço e me serviu como um campo de treinamento para análise e construção de estrutura. A crença dele em mim e em nossa amizade foi muito importante ao longo dos anos, e seu feedback crítico nos primeiros esboços deste livro só fortaleceu ainda mais nosso elo. Vanessa Kirsch e Kelly Fitzsimmons, que fundaram a New Profit Inc., me proporcionaram oportunidades de crescer e causar impacto em minha carreira, como a possibilidade de ser aprendiz de David Levy, que virou meu amigo e mentor. A ampla experiência de David, a crença em mim, a generosidade com seu tempo e seus contatos e a disposição para desafiar e impulsionar são sempre um imenso apoio para a minha pessoa.

Depois de trabalhar cinco anos com David, Vanessa e Kelly dando suporte à Teach For America, sua fundadora e CEO na época, Wendy Kopp, me pediu para liderar uma parte da organização. Eu pretendia tirar uma licença de dois anos da Monitor, mas logo me apaixonei pelo setor e fiquei na TFA por uma década. Sou muito grato a Wendy por essa oportunidade e mais responsabilidades do que eu merecia, além de imensos recursos para fazer meu trabalho. Aprendi muito com meus colegas durante o tempo que passei na TFA, entre eles Susan Asiyanbi, Monique Ayotte-Hoeltzel, Latricia Barksdale, Jemina Bernard, Katie Bowen, Tracy-Elizabeth Clay, Sara Cotner, Lora Cover, Michelle Culver, Aimee Eubanks Davis, Steven Farr, Charissa Fernandez, Doug Friedlander, Kwame Griffith, Josh Griggs,

AGRADECIMENTOS

Erin Gums, Jenee Henry Wood, Maia Heyck-Merlin, Kevin Huffman, Paul Keys, Elisa Kim, Min Kim, Sarah Koegler, Andrew Mandel, Frances Messano, Mike Metzger, Kunjan Narechania, Annie O'Donnell, Matt Petersen, Andrea Pursley, Ted Quinn, Rachel Schankula, Ben Schumacher, Eric Scroggins, Zoe Stemm-Calderon, Katie Tennessen Hooten, Sarah Kirby Tepera e Omari Todd (em memória), e muitos outros. Meu gerente na TFA durante quase todo esse tempo, Matt Kramer, me ensinou muito sobre capacitar a gestão, liderar com otimismo e pensamento rigoroso. Elisa Villaneuva Beard, atual CEO da TFA, mostrou-me com forte compromisso com a justiça, coração valente, amor, persistência, trabalho em equipe e esperança, o que significa *mergulhar de cabeça*. As lições que aprendi com os amigos e colegas generosos da TFA permeiam este livro e serão para sempre base de minha liderança.

Entre meus colegas favoritos na TFA estava Aylon Samouha, com quem liderei equipes durante vários anos. Nós nos divertíamos tanto como líderes que decidimos reunir a banda de novo quando abrimos a Transcend, em 2015. Muitas pessoas nos disseram que éramos loucos, que os modelos de co-CEO nunca funcionam. Algumas pessoas a princípio até se recusaram a investir na Transcend porque não acreditavam que esse modelo de liderança pudesse dar certo. Mas Aylon e eu desafiamos as probabilidades juntos e curtimos muito. Tenho certeza de que eu nunca poderia ter fundado e liderado uma organização como a Transcend sem essa parceria. Há pouco tempo, uma pessoa me entrevistou sobre os segredos da coliderança e perguntou se temos muitos conflitos. "Claro que temos. Se concordássemos em tudo, qual seria o sentido de sermos dois? Nossa força está no fato de termos perspectivas diferentes", expliquei. Aylon e eu atuamos com base na filosofia de que, quando discordamos, é porque ainda não chegamos à melhor resposta, mas que, com o diálogo, ou um convencerá o outro ou encontraremos uma via nova e superior. Aylon foi um grande defensor do projeto deste livro, sujeitou-se a diversas entrevistas para a obra e pôs diante de mim um espelho, amorosamente, nas muitas ocasiões em que deixei de praticar o que prego.

Talvez o mais importante seja que Aylon foi meu parceiro na montagem da equipe de colegas mais mágica que já tive o privilégio de conhecer e liderar, incluindo nosso corpo de liderança original, que em nossa aversão, na época, a qualquer coisa que lembrasse estrutura organizacional convencional, chamávamos de "The Wildcats". Nesse grupo estava Emily Rummo, que foi nossa primeira COO contratada e que, literalmente, construiu aquele lugar alicerçado no amor e no compromisso com a excelência. Jenee Henry Wood moldou a Transcend como uma verdadeira organização de aprendizagem, com profundidade, sabedoria, rigor e o maior coração do mundo, tudo isso sua marca registrada. Lavada Berger desempenhou quase todas as funções na empresa, espalhando a cada passo seu toque mágico, que combina uma humanidade profunda com sonhos ousados e integridade impecável. Jenn Charlot aportou seu altíssimo padrão de excelência, com sua disposição para apontar objeções, vulnerabilidade poderosa e compromisso de estar superpróxima do trabalho. Cada um desses humanos me ensinou muito e todos fizeram contribuições únicas e valiosas para este livro.

A colideranca da Transcend foi, de longe, a mais formativa e gratificante de minhas experiências profissionais, e as histórias e os conhecimentos que obtive aparecem ao longo desta obra. Eu poderia preencher um livro inteiro com agradecimentos a todos que tornaram isso possível, mas, por uma questão de espaço, vou me limitar a agradecer aos financiadores e investidores que acreditam em nós, ao conselho e aos conselheiros que dedicam coletivamente centenas de horas não remuneradas para defender nossa missão; às comunidades e aos sistemas escolares e outras organizações com as quais temos o privilégio de ter parceria e, acima de tudo, aos meus talentosos colegas de equipe, que investem sua vida para transformar a educação e promover oportunidades de aprendizagem para todos. Nenhuma das histórias e nenhum conhecimento que este livro traz seria possível sem eles. Quatro em particular, Jenee Henry Wood, Lavada Berger, Arielle Ritvo Kinder e Estefany Lopez, fizeram de tudo não só para revisar os esboços deste livro, mas também para compartilhar diariamente comentários, experiências e ideias, ensinando-me muito.

Os conceitos-chave deste livro foram semeados pela primeira vez em minha mente em meados da década de 1990, com a incrível orientação de dois professores que tive na Brown University, os psicólogos sociais Kari Edwards e Joachim Krueger. Como adoro sofrer, enquanto trabalhava na Monitor e na Teach For America, passei dez anos fazendo aulas noturnas para concluir um doutorado no Columbia University Teachers College na área de aprendizagem de adultos e desenvolvimento de liderança. Muitas das ideias que aprendi naquele curso são a base não só da minha liderança, como também deste livro. Serei eternamente grato a meus orientadores do

AGRADECIMENTOS

curso, os professores Victoria Marsick e Lyle Yorks, por impulsionarem meu pensamento, me exporem a conceitos poderosos e me darem espaço para assumir a responsabilidade por meu aprendizado.

Embora este livro tenha passado mais de duas décadas tomando forma em minha mente, apenas há poucos anos foi que uma voz me disse: *Chegou a hora*. E foi tão alto que eu escutei. Alex Johnston me incentivou a dar ouvidos a essa voz e me ajudou a encontrar coragem, confiança e tempo para realizar o projeto. Mas o momento não era dos melhores — eu precisava liderar uma organização em rápido crescimento enquanto criava dois adolescentes e enfrentava problemas de saúde pessoal, tudo durante uma pandemia global, que já havia cobrado seu preço. Felizmente, encontrei muitos colaboradores brilhantes, cuja parceria foi imprescindível para que o projeto deste livro vingasse.

Conheci Emily Irving a cavalo, no sopé da cordilheira Absaroka, em Wyoming. Eu havia ido ao Bitterroot Ranch, de férias com meu filho, Jacob, para ver como era tocar uma boiada. Emily era vaqueira lá, começamos a conversar e nos fizemos muitas perguntas. Fiquei sabendo que, antes de se mudar para Wyoming para trabalhar em uma remota fazenda de cavalos e gado, ela havia feito doutorado em sociologia e comportamento organizacional em Harvard. Nós nos conectamos com base em nosso interesse comum em comportamento humano e comunicação. Vi que ela era uma pensadora profunda e uma pessoa extraordinariamente curiosa. No fim da semana, fui até o curral onde ela preparava os cavalos para o passeio da tarde e lhe entreguei meu cartão de visita.

Quando a temporada no rancho acabou, Emily concordou em trabalhar comigo no livro. No começo, ela me deu apoio na pesquisa, mas logo se tornou uma colaboradora próxima em tudo, desde as ideias até a redação. Emily desenterrou histórias e informações de meu passado. Ensinou-me o que era escrever não ficção criativa e a acessar minha voz autêntica. Também me ajudou a ser confiante para assumir e contar minha história e a resolver questões complicadas sobre o que significa ser um homem branco escrevendo um livro sobre dinâmica interpessoal e como fazê-lo com responsabilidade. Elevou a importância de perguntar em prol da conexão humana, para além do simples valor da informação que aprendemos.

Emily não só me ajudou a dar vida ao conceito do livro, mas também logo se tornou uma amiga e parceira de confiança. Navegamos juntos pelas várias reviravoltas que surgem em qualquer colaboração próxima, e nos apoiamos nas práticas deste livro, fazendo perguntas com curiosidade e escutando as experiências um do outro. O que aprendemos não só nos deu conhecimento valioso, como também validou e refinou as ideias do livro. Sem dúvida, ele é mais profundo, mais rico, mais justo e mais centrado graças à colaboração próxima de Emily.

O que Emily e eu desenvolvemos, Sara Grace elevou a um nível superior. Sara é uma profissional consumada, uma escritora, editora e colaboradora talentosa. É uma pensadora perspicaz e uma verdadeira amiga crítica. Ela viu o potencial do manuscrito, mas também reconheceu que ele precisava de uma grande força de sustentação. Encontrou e corrigiu as falhas de lógica e as lacunas nas histórias. Trabalhou a meu lado para desmontar alguns capítulos e remontá-los de uma maneira que transmitisse ainda melhor a intenção original. Emily nunca teve medo de falar quando minhas ideias não eram tão boas, mas também acolhia bem minha resistência, e nossas discussões nos levavam a um lugar melhor. Como um escultor que cinzela uma pedra para revelar o anjo que se esconde nela, Sara encontrou as partes mais interessantes e convincentes do que havíamos escrito e as destacou. Deixou a prosa do livro mais concisa, com um ritmo melhor e mais fácil. Talvez o mais importante para você, caro leitor, seja que ela reduziu os capítulos para que não ficassem tão arrastados.

Obrigado a Kendal Dooley, o incrível designer gráfico responsável pelas imagens reproduzidas neste livro. Dizem que uma imagem vale mais que mil palavras, e o talento artístico de Kendal ajudou a pegar conceitos complexos e deixá-los mais fáceis de compreender. Foi uma alegria trabalhar com ele.

Obrigado a Mark Fuller e Joe Fuller, fundadores da Monitor Group, onde trabalhei durante quase uma década. Em diversas ocasiões, Mark apostou em mim, me incentivou a pensar grande e me recebia quando eu lhe pedia conselhos e apoio. Por vários telefonemas e e-mails, ele me encorajou e me deu sugestões perspicazes sobre o conteúdo deste livro, bem como ideias sobre como divulgá-lo. Agradeço também a Joe por ser um grande conselheiro e um exemplo brilhante e por estar sempre disponível para me dar apoio. A organização que Mark e Joe construíram é especial de muitas maneiras, assim como eles são como líderes e seres humanos.

Obrigado à professora Amy Edmondson, que em diversas ocasiões ao longo de minha carreira me atendeu, tanto para me afirmar como para me

AGRADECIMENTOS

desafiar, de forma encorajadora e solidária. Agradeço também ao professor Adam Grant, que fez comentários promissores sobre os conceitos centrais do livro, além de apontar lacunas importantes e compartilhar ideias e fontes para preenchê-las. A pesquisa e liderança inovadoras de Amy e Adam me deram uma base intelectual crítica para as ideias deste livro.

Obrigado a Kim Scott por se engajar comigo nas ideias aqui contidas e, acima de tudo, por defender a importância de separar o joio do trigo. Também sou grato a Kim por compartilhar suas ideias com nossos colegas de equipe da Transcend, que ficaram encantados e profundamente afetados.

Obrigado a Parker Palmer por falar comigo para a parte de pesquisa deste livro e por compartilhar ideias bastante úteis sobre escuta, aprendizagem e humanidade.

Obrigado à professora Niobe Way por mergulhar fundo em perguntas curiosas, conexão e desenvolvimento humano e por me convidar para discussões incríveis com seu grupo de pesquisa.

Obrigado a Warren Berger, o "perguntologista" mundial por excelência, por atender às minhas ligações inesperadas, por se encontrar comigo e compartilhar generosamente sua experiência e dicas sobre perguntas, redação de livros e construção de um campo de pensadores sobre o tema do perguntar.

Obrigado a todos, cujos nomes apareceram de maneira real ou fictícia, e cujas histórias forneceram ilustrações úteis dos pontos-chave deste livro. O que aprendi com cada um de vocês enriqueceu minha compreensão do Ask Approach.

Também quero agradecer às muitas pessoas que, de diversas maneiras, compartilharam tempo, ideias e feedback sobre o conteúdo e a distribuição do livro. Além dos já mencionados, muitos dos quais contribuíram para partes da proposta e/ou manuscrito deste livro, gostaria de agradecer às seguintes pessoas, que colaboraram significativamente com este projeto:

Nicole Abi-Esber, Jenny Anderson, Susan Asiyanbi, Joe Babiec, Scott Berney, Jen Bird, Rhonda Broussard, Mohit Chandra, Joel Chasnoff, Jim Collins, Hanne Collins, Sara Cotner, David Daniels, Stephen Dubner, Melanie Dukes, Amelia Dunlop, Shereen El Mallah, Susan Engel, Kareem Farah, Benjamin Finzi, Kathryn Flynn, Orly Friedman, Chong-Hao Fu, Bill George, Thaly Germain, Steve Goldbach, Maia Heyck-Merlin, Debby Irving, Barbara Koltuv, Phil McArthur, Max Koltuv, David Levy, Divya Mani, Jamie McKee, Mike Metzger, Fred Muench, Adam Neaman, Richard Nyankori, Dana O'Donavan, Michael Passero, Eboo Patel, Bruce Patton, Amanda Ripley, Irene Rosenfeld, Jenn Rothberg, Emily Rummo, Jon Schwartz, Mijail Serruya, Adam Simon, Tom St. Hilaire, Shay Stewart-Bouley, Yutaka Tamura, Tyler Thigpen, Ari Wallach, Andy Wetzler, Lauren Wetzler.

Este livro é mais forte graças a todas as suas contribuições, mas todos os erros, omissões e deficiências são meus.

Obrigado também a todos os meus amigos e colegas (vocês sabem quem são) que responderam com tanto apoio quando eu disse que estava empreendendo este projeto maluco. Quando vocês disseram "É o livro perfeito para você escrever", me deram muita coragem, força e confiança.

Serei eternamente grato ao meu agente, Howard Yoon, da WME Agency. Olhando para trás, é incrível que Howard tenha concordado em me receber. Apareci com duas páginas de texto todo bagunçado, com o estilo de escrita de um consultor de gestão — ou seja, nada atraente, e muito menos com cara de algo que renderia um grande contrato. Mesmo assim, Howard viu algo na ideia e me aceitou. Ele me ajudou a reformular o conceito inicial, me deu feedback, página após página, e me orientou para melhorar minha escrita. No final, quando conseguimos colocar todas as partes da proposta em um único documento, fiquei impressionado com o que ele havia me ajudado a criar.

Um enorme obrigado a meu editor, Dan Ambrosio, do Hachette Book Group, que viu o valor deste livro e os vários públicos que poderia influenciar. Desde o início, Dan foi positivo e entusiasta. Foi meu parceiro em todos os aspectos do processo de publicação e encontrou um bom equilíbrio entre me dar espaço para criar e, ao mesmo tempo, fazer sugestões direcionadas a melhorar a legibilidade e a utilidade prática do livro para os leitores.

Por último, mas não menos importante, quero agradecer à minha família. Meus pais, John e Pat Wetzler, foram os primeiros a nutrir meu amor pelo aprendizado. Eles aceitaram minhas muitas perguntas, fizeram inúmeros sacrifícios e lutaram para que eu tivesse estudo de qualidade. Minha esposa, Jennifer Goldman-Wetzler, me apoiou neste projeto desde o primeiro dia. Como já havia escrito um livro, ela sabia do imenso trabalho e sacrifício necessários, mas, como sempre, me incentivou a me dedicar à minha paixão. Também foi uma poderosa parceira de pensamento para aprimorar as ideias e fez uma edição apurada para fortalecer a prosa. Meus filhos, Jacob e Eden, são um saco sem fundo de curiosidade e alegria, cujas perguntas e paixão me

AGRADECIMENTOS

inspiram todos os dias. Ambos me deram feedback sobre o conteúdo e os gráficos do livro, e Jacob desenvolveu a tecnologia para o Ask Assessment, que você pode encontrar no site em inglês www.AskApproach.com. E um agradecimento final à nossa cachorrinha, Breeze, que, à sua maneira, foi exemplo de curiosidade — o mais importante é que me fez companhia no sofá durante horas a fio enquanto eu escrevia, de manhã ou à noite. Amo todos vocês.

NOTAS

PREFÁCIO

1. Amy Edmondson, *O jeito certo de errar: Como as falhas nos ensinam a prosperar*. Rio de Janeiro: Intrínseca, 2024.

INTRODUÇÃO: UM CONVITE A UM SUPERPODER

1. Pesquisa do ano de 2011 conduzida pela MaristPoll. Curiosamente, para muitos grupos, incluindo não brancos, mulheres e a geração X, *ler a mente* foi o favorito.
2. Glen Levy, "Forget Flying: Americans Want to Read Minds and Travel Through Time", *Time*, 10/fev/2011, https://maristpoll.marist.edu/wp-content/misc/usa-polls/US101115/Super%20Powers/Super%20Power%20Preference.htm.
3. Nicholas Epley, *Mindwise: How We Understand What Others Think, Believe, Feel, and Want* (Nova York: Knopf, 2014).
4. Epley, *Mindwise*.
5. Epley, *Mindwise*. Como prova de que superestimamos nossa capacidade de ler a linguagem corporal, Epley aponta a taxa de sucesso extremamente baixa do programa SPOT da TSA (menos de 1%). Ver "Michael S. Schmidt e Eric Lichtblau, "Racial Profiling Rife at Airport, U.S. Officers Say", *New York Times*, 12/ago/2012, https://www.nytimes.com/2012/08/12/us/racial-profiling-at-boston-airport-officials-say.html.
6. Tal Eyal, Mary Steffel e Nicholas Epley, "Perspective Mistaking: Accurately Understanding the Mind of Another Requires Getting Perspective, Not Taking Perspective", *Journal of Personality and Social Psychology* 114 (2018): 547-571, https://doi.org/10.1037/pspa0000115.

7. Esta citação vem de uma entrevista com Epley feita por Michelle McQuaid, "Can You Mind Read? With Nick Epley", *Making Positive Psychology Work*, podcast, 2018.
8. Elaine D. Eaker e Margaret Kelly-Hayes, "Self-Silencing and the Risk of Heart Disease and Death in Women: The Framingham Offspring Study", in *Silencing the Self Across Cultures: Depression and Gender in the Social World*, editado por Dana C. Jack e Alisha Ali (Nova York: Oxford University Press, 2010), 399-414, https://doi.org/10.1093/acprof:oso/9780195398090.003.0020.
9. Ver, por exemplo, Denise M. Sloan, "Self-Disclosure and Psychological Well--Being", in *Social Psychological Foundations of Clinical Psychology*, editada por James E. Maddux e June Price (Nova York: Guilford Press, 2010), 212-225. Ver também Dorota Weziak-Bialowolska, Piotr Bialowolski e Ryan M. Niemiec, "Being Good, Doing Good: The Role of Honesty and Integrity for Health", *Social Science & Medicine* 291 (dez/2021): 114494, https://www.sciencedirect.com/science/article/abs/pii/S0277953621008261?via%3Dihub.
10. Morrison disse isso durante um discurso proferido em 1981, na reunião anual do Ohio Arts Council.

CAPÍTULO 1: O NÃO DITO

1. Se achar essa metodologia interessante e quiser se aprofundar nas ideias deste livro, recomendo que visite www.actiondesign.com (site em inglês). A Action Design traduziu as ideias de Chris Argyris em excelentes métodos de aprendizagem e reflexão interpessoal, e seus fundadores estão entre meus mentores mais importantes no processo de aprendizagem para esta obra.
2. Frances J. Milliken, Elizabeth W. Morrison e Patricia F. Hewlin, "An Exploratory Study of Employee Silence: Issues That Employees Don't Communicate Upward and Why*", *Journal of Management Studies* 40, nº 6 (2003): 1453-1476, https://onlinelibrary.wiley.com/doi/abs/10.1111/1467-6486.00387.
3. Milliken, Morrison e Hewlin, "An Exploratory Study of Employee Silence".

CAPÍTULO 2: POR QUE AS PESSOAS NÃO DIZEM TUDO

1. Nicole Abi-Esber *et al.*, "Just Letting You Know... Underestimating Others' Desire for Constructive Feedback", *Journal of Personality and Social Psychology* 123, nº 6 (2022): 1362-1385, https://doi.org/10.1037/pspi0000393.
2. Abi-Esber *et al.*, "Just Letting You Know".
3. Como coach, sempre que ensino uma pessoa que está pensando em dizer algo a alguém, a primeira coisa que digo é: "Se os papéis fossem invertidos e a pessoa tivesse algo a lhe dizer, mas tivesse medo de ferir seus sentimentos, você desejaria que ela falasse?" Na maioria das vezes, a pessoa responde "Claro que sim", apesar de ela mesma tentar "proteger" o outro das mesmas informações.

NOTAS

4. Lauren Vogel, "Why Do Patients Often Lie to Their Doctors?", *Canadian Medical Association Journal* 191, nº 4 (2019): E115, https://doi.org/10.1503/cmaj.109-5705.

5. Shay Stewart-Bouley e Debby Irving coapresentam uma série de palestras, cujo título é "Tell Me the Truth: Exploring the Heart of Cross-Racial Conversation" ["Diga a verdade: explorando o essencial para uma conversa interracial, em tradução livre], na qual representam conversas difíceis sobre vários temas, ao vivo, no palco ou virtualmente. Shay Stewart-Bouley é uma mulher negra, palestrante e educadora antirracismo, diretora executiva da Community Change Inc. e disruptora profissional na *Black Girl in Maine Media*. Debby Irving é uma mulher branca, educadora antirracismo e autora do livro *Waking Up White, and Finding Myself in the Story of Race* [*Acordando branca e encontrando meu papel na história das raças*, em tradução livre] (Cambridge, MA: Elephant Room Press, 2014). As ideias deste parágrafo resultaram de uma entrevista realizada com Stewart-Bouley e Irving.

6. David A. Thomas, "Race Matters", *Harvard Business Review*, 1/abr/2001, https://hbr.org/2001/04/race-matters.

7. Shelley J. Correll e Caroline Simard, "Research: Vague Feedback Is Holding Women Back", *Harvard Business Review*, 29/abr/2016, https://hbr.org/2016/04/research-vague-feedback-is-holding-women-back.

8. Thomas, "Race Matters".

9. Ned T. Sahin *et al.*, "Sequential Processing of Lexical, Grammatical, and Phonological Information Within Broca's Area", *Science* 326, nº 5951 (2009): 445-449, https://doi.org/10.1126/science.1174481. Os dados deste estudo refletem a velocidade de processamento do cérebro em milissegundos. Encontrei a tradução em palavras por minuto e a interpretação desses dados em Oscar Trimboli, *How to Listen: Discover the Hidden Key to Better Communication* [*Como ouvir: Descubra os segredos para melhorar sua comunicação*, em tradução livre] (Vancouver, BC: Page Two Books, 2022), 35.

10. Daphna Motro *et al.*, "The 'Angry Black Woman' Stereotype at Work", *Harvard Business Review*, 31/jan/2022, https://hbr.org/2022/01/the-angry-black-woman-stereotype-at-work.

11. Maura Cheeks, "How Black Women Describe Navigating Race and Gender in the Workplace", *Harvard Business Review*, 26/mar/2018, https://hbr.org/2018/03/how-black-women-describe-navigating-race-and-gender-in-the-workplace.

12. Em seu livro *Vou te dizer o que penso* (Nova York: Knopf, 2021), Joan Didion refletiu: "Escrevo para descobrir o que estou pensando, o que estou olhando, o que vejo e o que isso significa." Além disso, a citação "Escrevo para descobrir o que sei" é atribuída a Flannery O'Connor, ao passo que a citação "Escrevo para descobrir o que penso" foi atribuída a Stephen King.

13. Esta história foi transmitida por uma fonte confidencial que estava com Kissinger quando ele disse isso.

14. Susan Cain, *O poder dos quietos: Como os tímidos e introvertidos podem mudar um mundo que não para de falar*. Rio de Janeiro: Sextante, 2019.

260 FAÇA A PERGUNTA CERTA

15. "Workplace Burnout Survey | Deloitte US", Deloitte United States, s/d., acessado em 9/mar/2023, https://www2.deloitte.com/us/en/pages/about-deloitte/articles/burnout-survey.html.

16. "The Impact of Discrimination", Apa.org, 2015, acessado em 21/abr/2023, https://www.apa.org/news/press/releases/stress/2015/impact.

17. Marissa Shandell e Michael Parke, "The Paradoxical Relationship Between Employee Burnout and Voice on Well-Being", *Academy of Management Proceedings* 2022, nº 1 (2022): 16933, https://doi.org/10.5465/AMBPP.2022.16933abstract.

18. A expressão "síndrome da impostora" foi cunhada em 1978 pelas psicólogas Pauline Rose Clane e Suzanne Imes para descrever as experiências das mulheres com alto nível de conquistas. Desde então, foi ampliada para descrever a experiência psicológica de "dúvida persistente sobre as próprias habilidades ou realizações, acompanhada pelo medo de ser exposto como uma fraude, apesar da evidência do sucesso da pessoa" (fonte original: Merriam-Webster), e renomeada de "fenômeno da impostora".

19. Victoria L. Brescoll, "Who Takes the Floor and Why", *Administrative Science Quarterly*, fev/2012, https://doi.org/10.1177/0001839212439994.

Capítulo 3: Escolha a curiosidade

1. Tara Brach faz referência a esta citação anônima em "The Power of Deep Listening: Part I", *The Power of Deep Listening*, Tara Brach.com, 2021, podcast, https://www.tarabrach.com/deep-listening-pt-1/?cn-reloaded=1.

2. George Loewenstein, "The Psychology of Curiosity: A Review and Reinterpretation", *Psychological Bulletin* 116 (1994): 75-98, https://doi.org/10.1037/0033-2909.116.1.75.

3. Matthias J. Gruber, Bernard D. Gelman e Charan Ranganath, "States of Curiosity Modulate Hippocampus-Dependent Learning via the Dopaminergic Circuit", *Neuron* 84, nº 2 (2014): 486-496, https://doi.org/10.1016/j.neuron.2014.08.060.

4. Um conceito relacionado bastante utilizado nas ciências sociais é a curiosidade interpessoal, que Jordan Litman e Mark Pezzo definem como "o desejo de novas informações sobre as pessoas". Jordan A. Litman e Mark V. Pezzo, "Dimensionality of Interpersonal Curiosity", *Personality and Individual Differences* 43 (2007): 1448-1459, https://doi.org/10.1016/j.paid.2007.04.021.

5. As definições de "curiosidade diversiva" e "curiosidade epistêmica" provêm de Ian Leslie, *Curious: The Desire to Know and Why Your Future Depends on It* (Nova York: Basic Books, 2015), 17-20 (versão digital).

6. Hanne K. Collins *et al.*, "Underestimating Counterparts' Learning Goals Impairs Conflictual Conversations", *Psychological Science* 33, nº 10 (2022): 1732-1752, https://doi.org/10.1177/09567976221085494.

7. Celeste Kidd e Benjamin Y. Hayden, "The Psychology and Neuroscience of Curiosity", *Neuron* 88, nº 3 (2015): 449-460, https://doi.org/10.1016/j.neuron.2015.09.010.

NOTAS

8. Para saber mais sobre o assunto, recomendo ouvir o programa de rádio e podcast *Choose to Be Curious*, de Lynn Borton, https://lynnborton.com.

9. Essa citação provém de Viktor E. Frankl (1905-1997), *A vontade de sentido: Fundamentos e aplicações da logoterapia* (Rio de Janeiro: Paulus Editora, 2011). Agradeço ao excelente e importante livro de Marilee Adams, *Faça as perguntas certas e viva melhor* (Pinheiros: Gente, 2005), tanto por enfatizar a importância de escolher um caminho de aprendizado e perguntas em vez de julgamento, quanto por apontar as palavras de Viktor Frankl sobre esse tema.

10. Ouvi pela primeira vez a frase "ideias fortes, controle frouxo" [strong ideas, loosely held] de Phil McArthur, da Action Design. Uma frase relacionada [strong ideas, weakly held] é originalmente atribuída ao prognosticador tecnológico Paul Saffo e é explicada por ele em seu blog https://saffo.com/02008/07/26/strong-opinions--weakly-held/.

11. Chris Argyris desenvolveu a "escada da inferência" como uma ferramenta para o que ele chamou de "*loop* de aprendizagem duplo" (mencionada no Capítulo 10 deste livro), um tipo de aprendizagem que produz não apenas mudanças comportamentais, mas também uma mudança mais profunda em crenças e valores do aprendiz. A escada da inferência é detalhada no livro *Action Science: Concepts, Methods, and Skills for Research and Intervention* (São Francisco: Jossey-Bass, 1985), do qual Chris foi coautor com Robert Putnam e Diana Smith, bem como neste artigo: https://hbr.org/1977/09/double-loop-learning-in-organizations. O conceito foi também popularizado pelo livro *A quinta disciplina*, do professor do MIT Peter Senge (Nova York, Doubleday Business, 1990). Para mais informações, visite https://actiondesign.com/resources/readings/ladder-of-inference.

12. Daniel Kahneman, *Rápido e devagar: Duas formas de pensar.* (São Paulo: Objetiva, 2012).

13. R. S. Nickerson, "Confirmation Bias: A Ubiquitous Phenomenon in Many Guises", *Review of General Psychology* 2, nº 2 (1998): 175-220, https://doi.org/10.1037/1089-2680.2.2.175.

14. A estrutura "caminhos de aprendizagem" da Action Design, da qual isso foi adaptado, refere-se a "nossas coisas" como nosso "modelo".

15. Edward Jones e Richard Nisbett, *The Actor and the Observer: Divergent Perceptions of the Causes of Behavior* (Nova York: General Learning Press, 1971).

16. L. Ross, "The Intuitive Psychologist and His Shortcomings: Distortions in the Attribution Process", in *Advances in Experimental Social Psychology*, vol. 10, editado por L. Berkowitz (Nova York: Academic Press, 1997), 173-220.

17. *Empathy: The Human Connection to Patient Care*, Cleveland Clinic, 2013, https://www.youtube.com/watch?v=cDDWvj_q-o8.

18. Shankar Vedantam, "How to Really Know Another Person", *Hidden Brain*, 2022, podcast, https://hiddenbrain.org/podcast/how-to-really-know-another-person/.

262   FAÇA A PERGUNTA CERTA

19. O modelo completo, chamado "padrões de consciência", também torna explícita a imagem espelhada: o que podemos ver que os outros não podem (por exemplo, o que enfrentamos, nossas intenções, como elas se manifestam e seu impacto sobre nós). É importante que tomemos consciência daquilo que o outro não consegue ver, pois isso também é um ponto cego que muitas vezes esquecemos e que preenchemos com histórias e suposições erradas.

20. A expressão "sequestro da amígdala" foi cunhada por Daniel Goleman em seu livro *Inteligência emocional: A teoria revolucionária que redefine o que é ser inteligente* (São Paulo: Objetiva, 1996), para descrever uma resposta emocional imediata e avassaladora que é desproporcional ao evento real em questão.

21. Jacqueline Brassey, pesquisadora sênior da McKinsey, discute esse círculo vicioso na sua TED Talk no TEDxINSEAD, apresentada em julho de 2018, https://www.ted.com/talks/jacqueline_brassey_authentic_confidence_through_emotional_flexibility.

22. Tricia Hersey, *Descansar e resistir: Um manifesto* (São Paulo: Fontanar, 2024).

23. Holly MacCormick, "How Stress Affects Your Brain and How to Reverse It", *Scope* (blog), 7/out/2020, https://scopeblog.stanford.edu/2020/10/07/how-stress-affects-your-brain-and-how-to-reverse-it/.

CAPÍTULO 4: CRIE UM ESPAÇO SEGURO

1. NeuroLeadership Institute, *Asked for Vs. Unasked for Feedback*, 2018, https://vimeo.com/291804051.

2. Amy C. Edmondson, "Learning from Mistakes Is Easier Said Than Done: Group and Organizational Influences on the Detection and Correction of Human Error", *Journal of Applied Behavioral Science* 32, nº 1 (1996): 5-28, https://doi.org/10.1177/0021886396321001.

3. Nossa sociedade tem uma dívida de gratidão para com Brené Brown, não só por normalizar, mas também por destacar a força e o valor que advêm da vulnerabilidade.

4. Leslie Perlow, *When You Say Yes but Mean No: How Silencing Conflict Wrecks Relationships and Companies* (Nova York: Crown Business, 2003).

5. Agradeço ao professor da Wharton, Adam Grant, por salientar a importância disso.

6. J. Lee Cunningham *et al.*, "Seeing Oneself as a Valued Contributor: Social Worth Affirmation Improves Team Information Sharing", *Academy of Management Journal* (2020), ISSN 0001-4273.

7. NeuroLeadership Institute, *Asked for Vs. Unasked for Feedback*.

8. Scott Barry Kauffman, "Adam Grant: Think Again", *Psychology Podcast*, 2021, https://podcasts.apple.com/us/podcast/adam-grant-think-again/id942777522?i=1000507702458.

NOTAS

Capítulo 5: Faça perguntas de qualidade

1. Pesquisa realizada pela Mu Sigma com seus clientes de consultoria. Tom Pohlmann e Neethi Mary Thomas, "Relearning the Art of Asking Questions", *Harvard Business Review*, 27/mar/2015, https://hbr.org/2015/03/relearning-the-art-of-asking-questions.

2. Por exemplo, veja a página 46 de "The Ladies' and Gentlemen's Etiquette", de Eliza Bisbee Duffey (Filadélfia: Porter and Coates, 1877): "Nunca faça perguntas impertinentes; e sob esta categoria podem ser incluídas quase todas as perguntas. Algumas autoridades em etiqueta chegam ao ponto de dizer que todas as perguntas são tabus. Assim, se quiser perguntar sobre a saúde do irmão de seu amigo, diga "Espero que seu irmão esteja bem", e não "Como está o seu irmão?".

3. Einav Hart, Eric M. VanEpps e Maurice E. Schweitzer, "The (Better Than Expected) Consequences of Asking Sensitive Questions", *Organizational Behavior and Human Decision Processes* 162 (jan/2021): 136-154, https://doi.org/10.1016/j.obhdp.2020.10.014.

4. Margaret J. Wheatley, *Turning to One Another: Simple Conversations to Restore Hope to the Future*, 2ª edição ampliada. (Oakland, CA: Berrett-Koehler Publishers, 2009).

5. Roger Fisher, William L. Ury e Bruce Patton, *Como chegar ao sim: A negociação de acordo sem concessões* (Niterói: Comunita, 1994).

6. Em *Como chegar ao sim*, de Fisher, Ury e Patton, são chamadas de "posições", que são diferentes dos interesses e das preocupações subjacentes.

7. Jerome Bruner, "Life as Narrative", *Social Research* 54, nº 1 (1987): 11-32.

Capítulo 6: Escute para aprender

1. Atul Gawande, "Curiosity and What Equality Really Means", *New Yorker*, s/d., acessado em 24/mar/2023, https://www.newyorker.com/news/news-desk/curiosity-and-the-prisoner.

2. Gawande, "Curiosity and What Equality Really Means".

3. "Accenture Research Finds Listening More Difficult in Today's Digital Workplace", Accenture, s/d., acessado em 24/mar/2023, https://newsroom.accenture.com/news/accenture-research-finds-listening-more-difficult-in-todays-digital--workplace.htm,

4. Bob Thompson e Hugh Sullivan, "Now Hear This! Most People Stink at Listening [excerpt]", *Scientific American*, 3/mai/2013, acessado em 24/mar/2023, https://www.scientificamerican.com/article/plateau-effect-digital-gadget-distraction--attention/.

5. Kenneth Savitsky *et al.*, "The Closeness-Communication Bias: Increased Egocentrism Among Friends Versus Strangers", *Journal of Experimental Social Psychology* 47, nº 1 (2011): 269-273, https://doi.org/10.1016/j.jesp.2010.09.005.

6. Susan Cain, *O poder dos quietos*.
7. "Listening as a Spiritual Practice", *Friends Journal*, 13/set/2020, https://www.friendsjournal.org/listening-as-a-spiritual-practice/.
8. *Shohola*, na língua algonquina, significa "lugar de paz" e provém dos lenapes, indígenas que habitavam a terra onde agora é o Camp Shohola.
9. Conforme citado em M. M. Owen, "The Psychologist Carl Rogers and the Art of Active Listening", Aeon, s/d., acessado em 22/abr/2023, https://aeon.co/essays/the-psychologist-carl-rogers-and-the-art-of-active-listening.
10. Kate Murphy, *You're Not Listening: What You're Missing and Why It Matters* (Nova York: Celadon Books, 2020), 1.
11. David Kantor chamou esses três canais de "significado", "afeto" e "poder", mas mudei os nomes para facilitar a memorização. Seu trabalho se baseia no trabalho do pioneiro de Carl Rogers sobre escuta, que enfatiza que a verdadeira escuta — ou "escuta ativa", como ele chamava — demanda prestar atenção não apenas nas palavras em si, mas também na emoção e no significado que subjazem a elas, uma prática de atenção profunda que requer empatia e concentração. Para saber mais sobre este tema e sobre o trabalho de David, recomendo seu livro *Reading the Room: Group Dynamics for Coaches and Leaders* (San Francisco: Jossey-Bass, 2012).
12. Adrian F. Ward *et al.*, "Brain Drain: The Mere Presence of One's Own Smartphone Reduces Available Cognitive Capacity", *Journal of the Association for Consumer Research* 2, nº 2 (2017): 140-154, https://doi.org/10.1086/691462.
13. Oscar Trimboli, *How to Listen: Discover the Hidden Key to Better Communication* (Vancouver, BC: Page Two Books, 2022), 164-165, versão Kindle.
14. Tara Brach, *The Power of Deep Listening I*, Tara Brach.com (podcast), 2021, https://www.tarabrach.com/deep-listening-pt-1/?cn-reloaded=1.
15. Conforme citado em uma entrevista em podcast com Ezra Klein, "The Tao of Rick Rubin", *The Ezra Klein Show*, 2023, https://podcasts.apple.com/us/podcast/the-tao-of-rick-rubin/id1548604447?i=1000599009150.
16. A expressão "tempo de espera" foi cunhada pela cientista educacional Mary Budd Rowe em 1972 para descrever a duração do intervalo entre a pergunta de um professor e a resposta de um aluno. Em sua pesquisa, Rowe descobriu que, quando os professores esperavam calados durante pelo menos três segundos depois de fazer uma pergunta, os alunos demonstravam mais criatividade e aprendizagem. Esse conceito foi, mais tarde, ampliado por Robert Stahl em 1985 para incluir a reflexão e o processamento que ocorrem para professor e aluno durante essa pausa. Ver também Mary Budd Rowe, "Wait Time: Slowing Down May Be a Way of Speeding Up!", *Journal of Teacher Education* 37, nº 1 (1986): 43-50, https://doi.org/10.1177/002248718603700110.
17. Richard Davis, "Tactics for Asking Good Follow-Up Questions", *Harvard Business Review*, 7/nov/2014, https://hbr.org/2014/11/tactics-for-asking-good-follow-up-questions.

NOTAS

18. Hanne K. Collins, "When Listening Is Spoken", *Current Opinion in Psychology* 47 (out/2022): 101402, https://doi.org/10.1016/j.copsyc.2022.101402.

19. Dotan R. Castro *et al.*, "Mere Listening Effect on Creativity and the Mediating Role of Psychological Safety", *Psychology of Aesthetics, Creativity, and the Arts* 12, nº 4 (2018): 489-502, https://doi.org/10.1037/aca0000177.

20. Michael Bungay Stanier, *Faça do coaching um hábito: Fale menos, pergunte mais e mude seu estilo de liderança*. Rio de Janeiro: 2019.

21. Debby, que teve essa ideia junto com seu marido, Bruce, a chamava de escuta "Back to Me" (BTM), e eu fiz a adaptação com base no conceito deles.

CAPÍTULO 7: REFITA E RECONETE-SE

1. De Pirkei Avot 5:22.

2. Esse processo reflexivo é adaptado de outro desenvolvido por Chris Argyris e Donald Schön chamado *loop* de aprendizagem simples e *loop* de aprendizagem duplo, e de uma estrutura desenvolvida por Diana Smith e pela Action Design chamada "caminhos de aprendizagem". O *loop* de aprendizagem duplo produz não só mudanças comportamentais, mas também uma mudança mais profunda nas crenças e nos valores do indivíduo ou da organização, que altera o resultado futuro pretendido. Ambos os conceitos foram originalmente empregados pelo teórico cibernético W. R. Ashby, que comparou o *loop* simples a um termostato, que liga ou desliga o aquecimento em função de uma temperatura predefinida, enquanto o duplo implica a mudança do circuito todo. Argyris e Schön aplicaram esse modelo às organizações, definindo o *loop* de aprendizagem duplo como "aprendizagem comportamental que modifica as variáveis governantes (valores, normas, objetivos) de uma teoria em uso — a teoria da ação que pode ser inferida com base no comportamento". https://actiondesign.com/resources/readings/double-loop-learning. Ver também C. Argyris e D. A. Schön, *Theory in Practice: Increasing Professional Effectiveness* (São Francisco: Jossey-Bass, 1974).

3. Jon Kabat-Zinn, *Aonde quer que você vá, é você que está lá*. Rio de Janeiro: Sextante, 2020.

4. Brené Brown cunhou a expressão "ressaca de vulnerabilidade" em seu livro *Eu achava que isso só acontecia comigo: Como combater a cultura da vergonha e recuperar o poder e a coragem*. Rio de Janeiro: Sextante, 2019.

5. "Gratitude Definition | What Is Gratitude", Greater Good, s/d., acessado em 28/mar/2023, https://greatergood.berkeley.edu/topic/gratitude/definition.

6. Ver, por exemplo, Sara B. Algoe, Laura E. Kurtz e Nicole M. Hilaire, "Putting the 'You' in 'Thank You': Examining Other-Praising Behavior as the Active Relational Ingredient in Expressed Gratitude", *Social Psychological and Personality Science* 7, nº 7 (2016): 658-666, https://doi.org/10.1177/1948550616651681.

266   FAÇA A PERGUNTA CERTA

CAPÍTULO 8: FAÇA DA PERGUNTA O *SEU* SUPERPODER

1. A espiral da maestria é adaptada de uma versão encontrada em um livro de 1960 chamado *Management of Training Programs*, à qual Paul R. Curtiss e Phillip W. Warren fazem referência em *The Dynamics of Life Skills Coaching* (Prince Albert, Saskatchewan: Training Research and Development Station, 1973). Também foi usada pela Gordon Training International e inspirada no modelo de dinâmica espiral de desenvolvimento evolutivo de Don Edward Beck e Christopher Cowan, com base no trabalho de Clare Graves. Para mais informações, consulte Don Edward Beck e Christopher C. Cowan, *Spiral Dynamics: Mastering Values, Leadership, and Change* (Oxford, Inglaterra: Blackwell Publishing, 1996).
2. Adam Gopnik, *The Real Work: On the Mystery of Mastery* (Nova York: Liveright, 2023), 8.

CAPÍTULO 9: FAÇA DA PERGUNTA O SUPERPODER DE SUA *ORGANIZAÇÃO*

1. Alexander Newman, Ross Donohue e Nathan Eva, "Psychological Safety: A Systematic Review of the Literature", *Human Resource Management Review* 27, nº 3 (2017): 521-535, https://doi.org/10.1016/j.hrmr.2017.01.001.
2. Filip Lievens *et al.*, "Killing the Cat? A Review of Curiosity at Work", *Academy of Management Annals* 16, nº 1 (2022): 179-216, https://doi.org/10.5465/annals.2020.0203.
3. Daniel Jiménez-Jiménez e Raquel Sanz-Valle, "Innovation, Organizational Learning, and Performance", *Journal of Business Research* 64, nº 4 (2011): 408-417, https://doi.org/10.1016/j.jbusres.2010.09.010.
4. A expressão "inteligência coletiva" foi cunhada e popularizada pela professora da Harvard Business School Linda Hill e seus colegas Greg Brandeau, Emily Truelove e Kent Lineback no livro que publicaram, *Collective Genius: The Art and Practice of Leading Innovation* (Boston: Harvard Business Review Press, 2014). Embora neste livro eu o utilize de uma maneira diferente, baseia-se em noções fundamentalmente semelhantes.
5. "Glossier and Customer Centricity in the Digital Age—Consumer Products, Marketing & Strategy, Weekly Column Executive Search", MBS Group, 17/fev/2023, https://www.thembsgroup.co.uk/internal/glossier-beautiful-on-the-inside-too/.
6. É importante ressaltar que, desse último grupo, 63% disseram que recomendariam a empresa em que trabalhavam como um ótimo lugar para trabalhar, ao passo que apenas 6% dos indivíduos da primeira categoria declararam que diriam o mesmo. Mark Murphy, "This Study Shows the Huge Benefits When Leaders Are Vulnerable", *Forbes*, 4/abr/2021, acessado em 21/abr/2023, https://www.forbes.com/sites/markmurphy/2019/04/21/this-study-shows-the-huge-benefits-when-leaders-are-vulnerable/.

NOTAS

7. Lievens *et al.*, "Killing the Cat?".
8. Adaptado de Alain de Botton, que disse: "Qualquer pessoa que não tenha vergonha de quem era no ano passado não está aprendendo o suficiente."

CAPÍTULO 10: FAÇA DA PERGUNTA O SUPERPODER DA *PRÓXIMA GERAÇÃO*

1. Barbara Tizard e Martin Hughes, *Young Children Learning* (Oxford, England: Blackwell Publishing, 2008).
2. "Mums Asked Nearly 300 Questions a Day by Kids", *Business Standard*, 29/mar/2013, https://www.business-standard.com/article/pti-stories/mums-asked--nearly-300-questions-a-day-by-kids-113032900197_1.html.
3. De acordo com o psicólogo do desenvolvimento de Harvard, Paul Harris, "se observarmos os tipos de pergunta que fazem, cerca de 70% das crianças procuram informação, em vez de, por exemplo, permissão para fazer algo. Se analisarmos essas perguntas, 20% a 25% delas vão além de perguntar apenas fatos, como, 'Onde estão minhas meias?'. As crianças pedem explicações, como. 'Por que meu irmão está chorando?'. Se uma criança passar uma hora por dia, entre os 2 e 5 anos, com um cuidador que converse e interaja com ela, fará 40 mil perguntas, nas quais pedirá algum tipo de explicação. É um número enorme de perguntas". "'Why Won't You Answer Me?'" Salon.com, 20/mai/2012, acessado em 21/abr/2023, https://www.salon.com/2012/05/20/why_wont_you_answer_me/.
4. Susan L. Engel, *The Hungry Mind: The Origins of Curiosity in Childhood* (Cambridge, MA: Harvard University Press, 2015), 132.
5. Po Bronson e Ashley Merryman, "The Creativity Crisis", *Newsweek*, 10/jul/2010, https://www.newsweek.com/creativity-crisis-74665. No entanto, pesquisas recentes sugerem que a curiosidade interpessoal continua desempenhando um papel importante no desenvolvimento social e emocional durante a adolescência. Consulte See Jinjoo Han *et al.*, "Interpersonal Curiosity and Its Association with Social and Emotional Skills and Well-Being During Adolescence", *Journal of Adolescent Research*, abr/2023, https://doi.org/10.1177/07435584231162572.
6. Tizard e Hughes, *Young Children Learning*.
7. Mónica Guzmán, *I Never Thought of It That Way: How to Have Fearlessly Curious Conversations in Dangerously Divided Times* (Dallas: BenBella Books, Inc., 2022).
8. James Baldwin, *Nobody Knows My Name: More Notes of a Native Son* (Nova York: Vintage Books, 1993).
9. A citação e o estudo a que se fez referência são de uma palestra proferida por Engel no Williams College em 2011, na qual ela discutiu muitas das ideias e pesquisas abordadas em seu livro *The Hungry Mind: The Origins of Curiosity*, https://www.youtube.com/watch?v=Wh4WAdw-oq8.
10. "Teaching Teens the Art of Interpersonal Curiosity", blog post, Rooted Ministry, 19/jan/2021, https://rootedministry.com/teaching-teens-the-art-of-interperso-nal-curiosity/.

11. Niobe Way e Joseph D. Nelson, "The Listening Project: Fostering Curiosity and Connection in Middle Schools", in *The Crisis of Connection: Roots, Consequences, and Solutions* (Nova York: New York University Press, 2018), 274-298.

12. Veja, por exemplo, trabalhos sobre a teoria da autodeterminação na educação e na aprendizagem, como Edward Deci *et al.*, "Motivation and Education: The Self-Determination Perspective", *Educational Psychologist* 26, nº 3-4 (1991): 325-346, https://doi.org/10.1080/00461520.1991.9653137. Para uma revisão dos efeitos relativos das recompensas intrínsecas *versus* extrínsecas nos resultados de aprendizagem, consulte Edward L. Deci, Richard Koestner e Richard M. Ryan, "Extrinsic Rewards and Intrinsic Motivation in Education: Reconsidered Once Again", *Review of Educational Research* 71, nº 1 (2001): 1-27, https://doi.org/10.3102/00346543071001001.

13. "Askable Adult Campaign—Vermont Network", s/d., acessado em 21/abr/2023, https://www.vtnetwork.org/askableadult/.

14. O professor do MIT Hal Gregersen se refere a essa estratégia como "anotar a pergunta que produziu a resposta". Hal B. Gregersen, *Questions Are the Answer: A Breakthrough Approach to Your Most Vexing Problems at Work and in Life* (Nova York: Harper Business, 2018), 164-165 (edição Kindle).

EPÍLOGO: VIVA AS PERGUNTAS, CONSERTE O MUNDO

1. "Ronni Abergel, Inventor of the Human Library™", Human Library Organization, 30/mar/2023, https://humanlibrary.org/dt_testimonials/ronni-abergel-inventor-of-the-human-library/.

2. Mike Rhodes, "Human Library Aims to Erase Prejudices", blog post, *Muncie Journal*, 10/jul/2021, https://www.munciejournal.com/2021/07/human-library-aims-to-erase-prejudices/.

3. Rhodes, "Human Library Aims to Erase Prejudices".

4. Essa figura é adaptada da estrutura da Braver Angels "A Transformação Emocional e Intelectual da Despolarização", que pode ser vista em https://braverangels.org.

5. Este contínuo não tem nada a ver com "esquerda" e "direita" políticas.

6. A citação e a história provêm de uma entrevista com Aziz Abu Sarah, por Randy Lioz, "Want to Fight Polarization? Take a Vacation!", *The Braver Angels Podcast*, 2023, https://podcasts.apple.com/us/podcast/what-curiosity-can-teach-us-monica-guzman-with-ciaran/id1457136401?i=1000584016020.

7. Mónica Guzmán, *I Never Thought of It That Way: How to Have Fearlessly Curious Conversations in Dangerously Divided Times* (Dallas: BenBella Books, Inc., 2022), 234.

8. Rainer Maria Rilke e Mary D. Herter Norton, *Cartas a um jovem poeta*, edição revisada (Nova York: W. W. Norton, 1993).

OBRAS CONSULTADAS

Abel, Jennifer E.; Vani, Preeti; Abi-Esber, Nicole; Blunden, Hayley; e Schroeder, Juliana. "Kindness in Short Supply: Evidence for Inadequate Prosocial Input". *Current Opinion in Psychology* 48 (dez/2022): 101458. https://doi.org/10.1016/j.copsyc.2022.101458.

Abi-Esber, Nicole; Abel, Jennifer E.; Schroeder, Juliana; e Gino Francesca. "'Just Letting You Know...' Underestimating Others' Desire for Constructive Feedback". *Journal of Personality and Social Psychology* 123, nº 6 (2022): 1362-1385. https://doi.org/10.1037/pspi0000393.

"Accenture Research Finds Listening More Difficult in Today's Digital Workplace". s/d. Acessado em 24/mar/2023. https://newsroom.accenture.com/news/accenture-research-finds-listening-more-difficult-in-todays-digital-workplace.htm.

Adams, Marilee G. *Faça as perguntas certas e viva melhor.*

Alexander, Elizabeth. *American Sublime: Poems.* St. Paul, MN: Graywolf Press, 2005.

Algoe, Sara B.; Kurtz, Laura E.; e Hilaire, Nicole M. "Putting the 'You' in 'Thank You': Examining Other-Praising Behavior as the Active Relational Ingredient in Expressed Gratitude". *Social Psychological and Personality Science* 7, nº 7 (2016): 658-666. https://doi.org/10.1177/1948550616651681.

Argyris, Chris. "Good Communication That Blocks Learning". *Harvard Business Review*, 1/jul/1994. https://hbr.org/1994/07/good-communication-that-blocks-learning.

――――――――. *Overcoming Organizational Defenses: Facilitating Organizational Learning.* Boston: Allyn and Bacon, 1990.

――――――――. "Skilled Incompetence". *Harvard Business Review*, 1/set/1986. https://hbr.org/1986/09/skilled-incompetence.

270   FAÇA A PERGUNTA CERTA

_____. "Teaching Smart People How to Learn". *Harvard Business Review*, 1/mai/1991. https://hbr.org/1991/05/teaching-smart-people-how-to-learn.

_____. *Teaching Smart People How to Learn*. Harvard Business Review Classics Series. Boston: Harvard Business Press, 2008.

Argyris, Chris; Putnam, Robert; e Smith, Diana McLain. *Action Science. The Jossey-Bass Social and Behavioral Science Series*. São Francisco: Jossey-Bass, 1985.

Argyris, Chris e Schön, Donald A. *Organizational Learning II: Theory, Method and Practice*. Addison-Wesley OD Series. Reading, MA: Addison-Wesley, 1998.

_____. *Theory in Practice: Increasing Professional Effectiveness*. Jossey-Bass Higher and Adult Education Series. São Francisco: Jossey-Bass, 1992.

Asch, S. "Effects of Group Pressure upon the Modification and Distortion of Judgments". *In Groups, Leadership and Men; Research in Human Relations*, 177-190. Oxford, Inglaterra: Carnegie Press, 1951.

Ashcroft, Paul; Brown, Simon; e Garrick, Jones. *The Curious Advantage*. Laïki Publishing, 2020.

"Askable Adult Campaign—Vermont Network". s/d. Acessado em 21/abr/2023. https://www.vtnetwork.org/askableadult/.

"Atul Gawande: Curiosity and What Equality Really Means". *New Yorker*. s/d. Acessado em 24/mar/2023. https://www.newyorker.com/news/news-desk/curiosity-and-the-prisoner.

Baldwin, James. *Nobody Knows My Name: More Notes of a Native Son*. Nova York: Vintage Books, 1993.

Beck, Don Edward e Cowan, Christopher C. *Spiral Dynamics: Mastering Values, Leadership and Change; Exploring the New Science of Memetics*. Oxford, Inglaterra: Blackwell Publishing, 2009.

Berger, Warren. *The Book of Beautiful Questions: The Powerful Questions That Will Help You Decide, Create, Connect and Lead*. Nova York: Bloomsbury USA, 2018.

_____. *A More Beautiful Question: The Power of Inquiry to Spark Breakthrough Ideas*. Nova York: Bloomsbury USA, 2014.

"BioLINCC: Framingham Heart Study (FHS) Offspring (OS) and OMNI 1 Cohorts". s/d. Acessado em 1/abr/2023. https://biolincc.nhlbi.nih.gov/studies/framoffspring/.

Brach, Tara. *The Power of Deep Listening I*. Tara Brach.com, 2021. Podcast. https://www.tarabrach.com/deep-listening-pt-1/?cn-reloaded=1.

_____. *Radical Compassion: Learning to Love Yourself and Your World with the Practice of RAIN*. Nova York: Viking, 2019.

Brescoll, Victoria L. "Who Takes the Floor and Why". *Administrative Science Quarterly*, fev/2012. https://doi.org/10.1177/0001839212439994.

OBRAS CONSULTADAS

Bronson, Po e Merryman, Ashley. "The Creativity Crisis". *Newsweek*, 10/jul/2010. https://www.newsweek.com/creativity-crisis-74665.

Broussard, Rhonda. *One Good Question: How Countries Prepare Youth to Lead*, edição estadunidense, Nova York: TBR Books, 2021.

Brown, Brené. *A coragem para liderar: Trabalho duro, conversas difíceis, corações plenos*. Rio de Janeiro: BestSeller, 2019.

—————————. *Eu achava que isso só acontecia comigo: Como combater a cultura da vergonha e recuperar o poder e a coragem*. Rio de Janeiro: Sextante, 2019.

Bruner, Jerome. "Life as Narrative". *Social Research* 54, nº 1 (1987): 11-32.

Cain, Susan. *O poder dos quietos: Como os tímidos e introvertidos podem mudar um mundo que não para de falar*. Rio de Janeiro: Sextante, 2019.

Castro, Dotan R.; Anseel, Frederik; Kluger, Avraham N.; Lloyd, Karina J.; e Turje-man-Levi, Yaara. "Mere Listening Effect on Creativity and the Mediating Role of Psychological Safety". *Psychology of Aesthetics, Creativity and the Arts* 12, nº 4 (2018): 489-502. https://doi.org/10.1037/aca0000177.

Cheeks, Maura. "How Black Women Describe Navigating Race and Gender in the Workplace". *Harvard Business Review*, 26/mar/2018. https://hbr.org/2018/03/how-black-women-describe-navigating-race-and-gender-in-the-workplace.

Clance, Pauline Rose e Imes, Suzanne Ament. "The Imposter Phenomenon in High Achieving Women: Dynamics and Therapeutic Intervention". *Psychotherapy: Theory, Research & Practice* 15 (1978): 241-247. https://doi.org/10.1037/h0086006.

Coghlan, David e Brydon-Miller, Mary (eds.). *The Sage Encyclopedia of Action Research*. Thousand Oaks, CA: SAGE Publications, 2014.

Collins, Hanne K. "When Listening Is Spoken". *Current Opinion in Psychology* 47 (out/2022): 101402. https://doi.org/10.1016/j.copsyc.2022.101402.

Collins, Hanne K.; Dorison, Charles A.; Gino, Francesca; e Minson, Julia A. "Underestimating Counterparts' Learning Goals Impairs Conflictual Conversations". *Psychological Science* 33, nº 10 (2022): 1732-1752. https://doi.org/10.1177/09567976221085494.

Correll, Shelley J. e Simard, Caroline. "Research: Vague Feedback Is Holding Women Back". *Harvard Business Review*, 29/abr/2016. https://hbr.org/2016/04/research--vague-feedback-is-holding-women-back.

Creelman, David. "Interview: Robert Putnam, Applying Argyris" (out/2003) https://actiondesign.com/resources/readings/applying-argyris.

Cunningham, J. Lee, Julia; Gino, Francesca; Cable, Dan M.; e Staats, Bradley R. "Seeing Oneself as a Valued Contributor: Social Worth Affirmation Improves Team Information Sharing". *Academy of Management Journal* 64, nº 6 (2021): 1816-1841. https://doi.org/10.5465/amj.2018.0790.

Davis, Richard. "Tactics for Asking Good Follow-Up Questions". *Harvard Business Review*, 7/nov/2014. https://hbr.org/2014/11/tactics-for-asking-good-follow-up-questions.

Deci, Edward L.; Koestner, Richard; e Ryan, Richard M. "Extrinsic Rewards and Intrinsic Motivation in Education: Reconsidered Once Again". *Review of Educational Research* 71, nº 1 (2001): 1-27. https://doi.org/10.3102/00346543071001001.

Deci, Edward L.; Vallerand, Robert J.; Pelletier, Luc G.; e Ryan, Richard M. "Motivation and Education: The Self-Determination Perspective". *Educational Psychologist* 26, nº 3-4 (1991): 325-346. https://doi.org/10.1080/00461520.1991.9653137.

Didion, Joan. *Vou te dizer o que penso*. Rio de Janeiro: HarperCollins Brasil, 2023.

Dubner, Stephen J. "Can I Ask You a Ridiculously Personal Question?" *Freakonomics Radio*, 2021. Podcast. https://freakonomics.com/podcast/can-i-ask-you-a-ridiculously-personal-question-ep-451/.

Duffey, Eliza Bisbee. *The Ladies' and Gentlemen's Etiquette: A Complete Manual of the Manners and Dress of American Society*. Filadélfia: Porter and Coates, 1877.

Dunlop, Amelia. *Elevating the Human Experience: Three Paths to Love & Worth at Work*. Hoboken, NJ: Wiley, 2022.

Eaker, Elaine D. e Kelly-Hayes, Margaret. "Self-Silencing and the Risk of Heart Disease and Death in Women: The Framingham Offspring Study". In *Silencing the Self Across Cultures: Depression and Gender in the Social World*, ed. Dana C. Jack e Alisha Ali. Nova York: Oxford University Press, 2010. https://doi.org/10.1093/acprof:oso/9780195398090.003.0020.

Edmondson, Amy C. *A organização sem medo: Criando segurança psicológica no local de trabalho para aprendizado, inovação e crescimento*. Rio de Janeiro: Alta Books, 2020.

_____. "Learning from Mistakes Is Easier Said Than Done: Group and Organizational Influences on the Detection and Correction of Human Error". *Journal of Applied Behavioral Science* 32, nº 1 (1996): 5-28. https://doi.org/10.1177/0021886396321001

Edmondson, Amy C. e Smith, Diana McLain. "Too Hot to Handle? How to Manage Relationship Conflict". *California Management Review* 49, nº 1 (2006): 6.

Empathy: The Human Connection to Patient Care. Cleveland Clinic. 2013. https://www.youtube.com/watch?v=cDDWvj_q-o8.

Engel, Susan L. *The Hungry Mind: The Origins of Curiosity in Childhood*. Cambridge, MA: Harvard University Press, 2015.

Epley, Nicholas. *Mindwise: How We Understand What Others Think, Believe, Feel and Want*. Nova York: Knopf, 2014.

Eyal, Tal; Steffel, Mary; e Epley, Nicholas. "Perspective Mistaking: Accurately Understanding the Mind of Another Requires Getting Perspective, Not Taking Pers-

OBRAS CONSULTADAS

pective". *Journal of Personality and Social Psychology* 114 (2018): 547-571. https://doi.org/10.1037/pspa0000115.

Fisher, Roger; Ury, William; e Patton, Bruce. *Como chegar ao sim: A negociação de acordo sem concessões*. Rio de Janeiro: Sextante, 2018.

Fosslien, Liz e Duffy, Molly West. *Big Feelings: How to Be Okay When Things Are Not Okay*. Londres: Canongate Books, 2022.

Glaser, Judith E. *Conversational Intelligence: How Great Leaders Build Trust and Get Extraordinary Results*. Nova York: Abingdon, 2016.

"Glossier and Customer Centricity in the Digital Age—Consumer Products, Marketing & Strategy, Weekly Column Executive Search". MBS Group. 17/fev/2023. https://www.thembsgroup.co.uk/internal/glossier-beautiful-on-the-inside-too/.

Goleman, Daniel. *Inteligência emocional: A teoria revolucionária que redefine o que é ser inteligente*. São Paulo: Objetiva, 2012.

Gopnik, Adam. *The Real Work: On the Mystery of Mastery*. Nova York: Liveright, 2023.

Grant, Adam M. *Pense de novo: O poder de saber o que você não sabe*. Rio de Janeiro: Sextante, 2021.

"Gratitude Definition | What Is Gratitude". Greater Good. s/d. Acessado em 28/mar/2023. https://greatergood.berkeley.edu/topic/gratitude/definition.

Greene, Robert e Elffers, Joost. *As 48 leis do poder*. Rio de Janeiro: Rocco, 2000.

Gregersen, Hal B. *Questions Are the Answer: A Breakthrough Approach to Your Most Vexing Problems at Work and in Life*. Nova York: Harper Business, 2018.

Gruber, Matthias J.; Gelman, Bernard D.; e Ranganath, Charan. "States of Curiosity Modulate Hippocampus-Dependent Learning via the Dopaminergic Circuit". *Neuron* 84, nº 2 (2014): 486-496. https://doi.org/10.1016/j.neuron.2014.08.060.

Guzmán, Mónica. *I Never Thought of It That Way: How to Have Fearlessly Curious Conversations in Dangerously Divided Times*. Dallas: BenBella Books, Inc., 2022.

———. "What Curiosity Can Teach Us". *The Braver Angels*, 2022. Podcast. https://podcasts.apple.com/us/podcast/what-curiosity-can-teach-us-monica-guzman-with-ciaran/id1457136401?i=1000584016020.

Hall, Edward T. *The Silent Language*. Nova York: Anchor Books, 1990.

Hari, Johann. *Stolen Focus: Why You Can't Pay Attention*. Nova York: Crown, 2021.

Hart, Einav; VanEpps, Eric M.; e Schweitzer, Maurice E. "The (Better Than Expected) Consequences of Asking Sensitive Questions". *Organizational Behavior and Human Decision Processes* 162 (jan/2021): 136-154. https://doi.org/10.1016/j.obhdp.2020.10.014.

Healy, Patrick. "A Phone Call with Angela Lansbury Changed Me". *New York Times*, 15/out/2022. https://www.nytimes.com/2022/10/15/opinion/angela-lansbury-memory-dead.html.

Hersey, Tricia. *Descansar e resistir: Um manifesto.* São Paulo: Fontanar, 2024.

Hill, Linda A. *Collective Genius: The Art and Practice of Leading Innovation.* Boston: Harvard Business Review Press, 2014.

"The Impact of Discrimination". Apa.org, 2015. Acessado em 21/abr/2023.

Jiménez-Jiménez, Daniel e Sanz-Valle, Raquel. "Innovation, Organizational Learning and Performance". *Journal of Business Research* 64, nº 4 (2011): 408-417. https://doi.org/10.1016/j.jbusres.2010.09.010.

Joiner, Bill e Josephs, Stephen. *Agilidade na liderança: cinco níveis de maestria para antecipar e iniciar mudanças.* Rio de Janeiro: Rocco: 2007.

Jones, Edward e Nisbett, Richard. *The Actor and the Observer: Divergent Perceptions of the Causes of Behavior.* Nova York: General Learning Press, 1971.

Kabat-Zinn, Jon. *Aonde quer que você vá, é você que está lá.* Rio de Janeiro: Sextante, 2020.

Kahneman, Daniel. *Rápido e devagar.* São Paulo: Objetiva. 2012.

Kantor, David. *Reading the Room: Group Dynamics for Coaches and Leaders.* São Francisco: Jossey-Bass, 2012.

Kashdan, Todd B. *The Art of Insubordination: How to Dissent and Defy Effectively.* Nova York: Avery, 2022.

_____. *Curious? Discover the Missing Ingredient to a Fulfilling Life.* Nova York: Harper, 2010.

Kauffman, Scott Barry. "Adam Grant: Think Again". *Psychology Podcast,* 2021. https://podcasts.apple.com/us/podcast/adam-grant-think-again/id942777522?i=1000507702458.

Kidd, Celeste e Hayden, Benjamin Y. "The Psychology and Neuroscience of Curiosity". *Neuron* 88, nº 3 (2015): 449-460. https://doi.org/10.1016/j.neuron.2015.09.010.

Kimball, Robert. "COMMENTARY: Thinking of Life: Dealing in Certainties—UPI Archives". UPI, 1/jan/2001. https://www.upi.com/Archives/2001/01/01/COMMENTARY-Thinking-of-Life-Dealing-in-certainties/4154978325200/.

Klein, Ezra. "The Tao of Rick Rubin". *The Ezra Klein Show,* 2023. Podcast. https://podcasts.apple.com/us/podcast/the-tao-of-rick-rubin/id1548604447?i=1000599009150.

"The Ladder of Inference | Resources". Action Design. s/d. Acessado em 28/mar/2023. https://actiondesign.com/resources/readings/ladder-of-inference.

Leslie, Ian. *Curious: The Desire to Know and Why Your Future Depends on It.* Nova York: Basic Books, 2015.

Levy, Glen. "Forget Flying: Americans Want to Read Minds and Travel Through Time". *Time,* 10/fev/2011. https://newsfeed.time.com/2011/02/10/forget-flying--americans-want-to-time-travel-and-read-minds/.

OBRAS CONSULTADAS

Lievens, Filip; Harrison, Spencer H.; Mussel, Patrick; e Litman, Jordan A. "Killing the Cat? A Review of Curiosity at Work". *Academy of Management Annals* 16, nº 1 (2022): 179-216. https://doi.org/10.5465/annals.2020.0203.

Lioz, Randy. "Want to Fight Polarization? Take a Vacation!" *The Braver Angels*, 2023. Podcast. https://podcasts.apple.com/us/podcast/what-curiosity-can-teach-us-monica-guzman-with-ciaran/id1457136401?i=1000584016020.

"Listening as a Spiritual Practice". *Friends Journal*, 13/set/2020. https://www.friendsjournal.org/listening-as-a-spiritual-practice/.

Loewenstein, George. "The Psychology of Curiosity: A Review and Reinterpretation". *Psychological Bulletin* 116 (1994): 75-98. https://doi.org/10.1037/0033-2909.116.1.75.

Lydon-Staley, David. *Choose to Be Curious*. s/d. Podcast.

MacCormick, Holly. "How Stress Affects Your Brain and How to Reverse It". *Scope* (blog), 7/out/2020. https://scopeblog.stanford.edu/2020/10/07/how-stress-affects-your-brain-and-how-to-reverse-it/.

Maquiavel, Nicolau. *O Príncipe*.

Marquardt, Michael J. *Leading with Questions: How Leaders Find the Right Solutions by Knowing What to Ask*. Edição revista e atualizada. São Francisco: Jossey-Bass, 2014.

McQuaid, Michelle. "Can You Mind Read? With Nick Epley". *Making Positive Psychology Work*, 2018. Podcast.

Mehrabian, Albert. "Communication Without Words". In *Communication Theory*, ed. C. David Mortensen, 2ª edição. Routledge, 2008.

Milliken, Frances J.; Morrison, Elizabeth W.; e Hewlin, Patricia F. "An Exploratory Study of Employee Silence: Issues That Employees Don't Communicate Upward and Why*". *Journal of Management Studies* 40, nº 6 (2003): 1453-1476. https://doi.org/10.1111/1467-6486.00387.

Motro, Daphna; Evans, Jonathan B.; Ellis, Aleksander P. J.; e Benson III, Lehman "The 'Angry Black Woman' Stereotype at Work". *Harvard Business Review*, 31/jan/2022. https://hbr.org/2022/01/the-angry-black-woman-stereotype-at-work.

Murphy, Kate. *You're Not Listening: What You're Missing and Why It Matters*. Nova York: Celadon Books, 2020.

Murphy, Mark. "This Study Shows the Huge Benefits When Leaders Are Vulnerable". *Forbes*, 21/abr/2019. Acessado em 21/abr/2023. https://www.forbes.com/sites/markmurphy/2019/04/21/this-study-shows-the-huge-benefits-when-leaders-are-vulnerable/.

NeuroLeadership Institute. *Asked for Vs. Unasked for Feedback*. 2018. https://vimeo.com/291804051.

Newman, Alexander; Donohue, Ross; e Eva, Nathan. "Psychological Safety: A Systematic Review of the Literature". *Human Resource Management Review* 27, nº 3 (2017): 521-535. https://doi.org/10.1016/j.hrmr.2017.01.001.

Nickerson, Raymond S. "Confirmation Bias: A Ubiquitous Phenomenon in Many Guises". *Review of General Psychology* 2, nº 2 (1998): 175-220. https://doi.org/10.1037/1089-2680.2.2.175.

"Our Story". *The Braver Angels*, s/d. Podcast. Acessado em 24/abr/2023. https://braverangels.org.

Owen, M. M. "The Psychologist Carl Rogers and the Art of Active Listening | Aeon Essays". Aeon, s/d. Acessado em 22/abr/2023. https://aeon.co/essays/the-psychologist-carl-rogers-and-the-art-of-active-listening.

Pence, Lara. *Dr. Cart Hart: On Being and Seeing the Human.* Curious Minds, 2021.

Perlow, Leslie A. *When You Say Yes but Mean No: How Silencing Conflict Wrecks Relationships and Companies and What You Can Do About It.* Nova York: Crown Business, 2003.

Pohlmann, Tom e Thomas, Neethi Mary. "Relearning the Art of Asking Questions". *Harvard Business Review,* 27/mar/2015. https://hbr.org/2015/03/relearning-the-art-of-asking-questions.

"Research: Vague Feedback Is Holding Women Back". *Harvard Business Review,* 29/abr/2016. Acessado em 9/mar/2023. https://hbr.org/2016/04/research-vague-feedback-is-holding-women-back.

Rhodes, Mike. "Human Library Aims to Erase Prejudices". *Muncie Journal* (blog), 10/jul/2021. https://www.munciejournal.com/2021/07/human-library-aims-to-erase-prejudices/.

Rilke, Rainer Maria e Norton, Mary D. Herter. *Letters to a Young Poet.* Edição revisada. Nova York: W. W. Norton, 1993.

Ripley, Amanda. *High Conflict: Why We Get Trapped and How We Get Out.* Nova York: Simon & Schuster, 2021.

Rogers, Carl R. e Farson, Richard. *Active Listening.* Mansfield Centre, CT: Martino Publishing, 2015.

"Ronni Abergel, Inventor of the Human Library™", Human Library Organization. 30/mar/2023. https://humanlibrary.org/dt_testimonials/ronni-abergel-inventor-of-the-human-library/.

Rooted Ministry. "Teaching Teens the Art of Interpersonal Curiosity" (blog), 19/jan/2021. https://rootedministry.com/teaching-teens-the-art-of-interpersonal-curiosity/.

Ross, Lee. "The Intuitive Psychologist and His Shortcomings: Distortions in the Attribution Process". In *Advances in Experimental Social Psychology*, ed. Leonard Berkowitz: 173-220. Nova York: Academic Press, 1997.

OBRAS CONSULTADAS

Rowe, Mary Budd. "Wait Time: Slowing Down May Be a Way of Speeding Up!", *Journal of Teacher Education* 37, nº 1 (1986): 43-50. https://doi.org/10.1177/002248718603700110.

Rudolph, Jenny; Taylor, Steve; e Foldy, Erica. "Collaborative Off-Line Reflection: A Way to Develop Skill in Action Science and Action Inquiry". In *Handbook of Action Research*. Thousand Oaks, CA: SAGE Publications, 2000.

Sahin, Ned T.; Pinker, Steven; Cash, Sydney S.; Schomer, Donald; e Halgren, Eric. "Sequential Processing of Lexical, Grammatical and Phonological Information Within Broca's Area". *Science* 326, nº 5951 (2009): 445-449. https://doi.org/10.1126/science.1174481.

Savitsky, Kenneth; Keysar, Boaz; Epley, Nicholas; Carter, Travis e Swanson, Ashley. "The Closeness-Communication Bias: Increased Egocentrism Among Friends Versus Strangers". *Journal of Experimental Social Psychology* 47, nº 1 (2001): 269-273. https://doi.org/10.1016/j.jesp.2010.09.005.

Schein, Edgar H. *Humble Inquiry: The Gentle Art of Asking Instead of Telling.* São Francisco: Berrett-Koehler Publishers, 2013.

Schmidt, Michael S. e Lichtblau, Eric. "Racial Profiling Rife at Airport, U.S. Officers Say". *Nova York Times*, 12/ago/2012. https://www.nytimes.com/2012/08/12/us/racial-profiling-at-boston-airport-officials-say.html.

Schön, Donald A., ed. *The Reflective Turn: Case Studies in and on Educational Practice.* Nova York: Teachers College Press, 1991.

Scott, Kim. *Just Work: Get Sh*t Done, Fast & Fair.* Nova York: St. Martin's Press, 2021.

———. *Radical Candor: How to Get What You Want by Saying What You Mean.* Edição revista e atualizada. Londres: Pan Books, 2019.

Sesno, Frank. *Ask More: The Power of Questions to Open Doors, Uncover Solutions and Spark Change.* Nova York: AMACOM, 2017.

Shandell, Marissa e Parke, Michael. "The Paradoxical Relationship Between Employee Burnout and Voice on Well-Being". *Academy of Management Proceedings*, nº 1 (2022): 16933. https://doi.org/10.5465/AMBPP.2022.16933abstract.

Sloan, Denise M. "Self-Disclosure and Psychological Well-Being". In *Social Psychological Foundations of Clinical Psychology*, 212-225. Nova York: Guilford Press, 2010.

Smith, Diana McLain. *Divide or Conquer: How Great Teams Turn Conflict into Strength.* Nova York: Portfolio, 2008.

———. *Elephant in the Room: How Relationships Make or Break the Success of Leaders and Organizations.* São Francisco: Jossey-Bass, 2011.

———. "Keeping a Strategic Dialogue Moving". In *Corporate Communication: A Strategic Approach to Building Reputation*, editado por Peggy Simcic Brønn e Roberta Wiig Berg. Oslo, Noruega: Gyldendal Norsk Forlag, 2002.

Sobel, Andrew e Panas, Jerold. *Power Questions: Build Relationships, Win New Business, and Influence Others*. Hoboken, NJ: Wiley, 2012.

Solin, Daniel. *Ask: How to Relate to Anyone*. Silvercloud Publishing, 2020. Standard, Business. "Mums Asked Nearly 300 Questions a Day by Kids". 29/mar/2013. https://www.business-standard.com/article/pti-stories/mums-asked-nearly--300-questions-a-day-by-kids-113032900197_1.html.

Stanier, Michael Bungay. *Faça do coaching um hábito: Fale menos, pergunte mais e mude seu estilo de liderança*. Rio de Janeiro: Sextante, 2019.

Stone, Douglas; Patton, Bruce; e Heen, Sheila. *Difficult Conversations: How to Discuss What Matters Most; [Updated with Answers to the 10 Most Frequently Asked Questions about Difficult Conversation]*. Edição de décimo aniversário da 2ª edição. Nova York/Londres: Penguin Books, 2010.

Thomas, David A. "Race Matters". *Harvard Business Review*, 1/abr/2001. https://hbr.org/2001/04/race-matters.

Thompson, Andrea. "Speed of Thought-to-Speech Traced in Brain". Live Science. 15/out/2009. https://www.livescience.com/5780-speed-thought-speech-traced--brain.html.

Thompson, Bob e Sullivan, Hugh. "Now Hear This! Most People Stink at Listening [excerpt]". *Scientific American*. s/d. Acessado em 24/mar/2023. https://www.scientificamerican.com/article/plateau-effect-digital-gadget-distraction-attention/.

Thompson, Sherwood. *Encyclopedia of Diversity and Social Justice*. Lanham, MD: Rowman & Littlefield, 2015.

Tizard, Barbara e Hughes, Martin. *Young Children Learning*. Oxford, Inglaterra: Blackwell Publishing, 2008.

Trimboli, Oscar. *How to Listen: Discover the Hidden Key to Better Communication*. Vancouver, BC: Page Two Books, 2002.

Vedantam, Shankar. "How to Really Know Another Person". *Hidden Brain*, 2022. Podcast. https://hiddenbrain.org/podcast/how-to-really-know-another-person/.

Vogel, Lauren. "Why Do Patients Often Lie to Their Doctors?". *Canadian Medical Association Journal* 191, nº 4 (2019): E115-E115. https://doi.org/10.1503/cmaj.109-5705.

Wallace, David Foster. *This Is Water: Some Thoughts, Delivered on a Significant Occasion About Living a Compassionate Life*. Nova York: Little, Brown, 2009.

Ward, Adrian F.; Duke, Kristen; Gneezy, Ayelet; e Bos, Maarten W. "Brain Drain: The Mere Presence of One's Own Smartphone Reduces Available Cognitive Capacity". *Journal of the Association for Consumer Research* 2, nº 2 (2017): 140-154. https://doi.org/10.1086/691462.

"Water Cooler Chat & Why to Encourage Water Cooler Conversation". Axero Solutions (blog), 28/ago/2020. https://axerosolutions.com/blog/water-cooler-chat--11-smart-reasons-to-encourage-it.

OBRAS CONSULTADAS

Way, Niobe e Nelson, Joseph D. "The Listening Project: Fostering Curiosity and Connection in Middle Schools". In *The Crisis of Connection: Roots, Consequences and Solutions*, editado por Niobe Way, Alisha Ali, Carol Gilligan e Pedro Noguera, 274-298. Nova York: New York University Press, 2018.

Weziak-Bialowolska, Dorota; Bialowolski, Piotr; e Niemiec, Ryan M. "Being Good, Doing Good: The Role of Honesty and Integrity for Health". *Social Science & Medicine* 291 (dez/2021): 114494. https://doi.org/10.1016/j.socscimed.2021.114494.

Wheatley, Margaret J. *Turning to One Another: Simple Conversations to Restore Hope to the Future*. 2ª edição ampliada. A BK Life Book. Oakland, CA: BerrettKoehler Publishers, 2009.

"'Why Won't You Answer Me?'". Salon.com, 20/mai/2012. Acessado em 21/abr/2023. https://www.salon.com/2012/05/20/why_wont_you_answer_me/.

Williams College. *The Hungry Mind: The Origins of Curiosity*. 2011. https://www.youtube.com/watch?v=Wh4WAdw-oq8.

Wise, Will e Littlefield, Chad. *Ask Powerful Questions: Create Conversations That Matter*. 2ª edição. CreateSpace Independent Publishing Platform, 2017.

"Workplace Burnout Survey", Deloitte United States. s/d. Acessado em 9/mar/2023. https://www2.deloitte.com/us/en/pages/about-deloitte/articles/burnout-survey.html.

Zurn, Perry e Bassett, Danielle S. *Curious Minds: The Power of Connection*. Cambridge, MA: MIT Press, 2022.

Este livro foi composto na tipografia Adobe
Janson Pro, em corpo 10/15, e impresso em
papel off-white no Sistema Cameron da
Divisão Gráfica da Distribuidora Record.